SCHRIFTEN ZUR GELDTHEORIE UND GELDPOLITIK

Herausgegeben von
Prof. Dr. Hans-Hermann Francke, Freiburg
Prof. Dr. Alois Oberhauser, Freiburg

Band 10

Die amerikanische Sparkassenkrise

Dierk Brandenburg

Centaurus Verlag & Media UG 1994

Zum Autor: *Dr. Dierk Brandenburg* studierte Volkswirtschaftslehre an der Universität Freiburg und an der London School of Economics mit den Schwerpunkten Geldpolitik und Finanzwissenschaft. 1993 Promotion. Derzeit ist der Autor als Credit Risk Analyst bei der Bank für Internationalen Zahlungsausgleich in Basel tätig.

Die Deutsche Bibliothek – CIP-Einheitsaufnahme

Brandenburg, Dierk:
Die amerikanische Sparkassenkrise / Dierk Brandenburg. –
Pfaffenweiler : Centaurus-Verl.-Ges., 1994
   (Schriften zur Geldtheorie und Geldpolitik ; 10)
   Zugl.: Freiburg (Breisgau), Univ., Diss., 1993
   ISBN 978-3-89085-901-9   ISBN 978-3-86226-889-4 (eBook)
   DOI 10.1007/978-3-86226-889-4
NE: GT

ISSN 0941-1194

Satz: Vorlage des Autors

Vorwort

Die vorliegende Arbeit über "Die amerikanische Sparkassenkrise" wurde im Sommer 1993 von der Wirtschaftswissenschaftlichen Fakultät der Albert-Ludwigs-Universität Freiburg im Breisgau als Dissertation angenommen.

Die Anregung zur Beschäftigung mit diesem Thema gab mein Doktorvater Prof. Dr. Francke. Ihm sei an dieser Stelle seine Unterstützung gedankt. Danken möchte ich auch den Teilnehmern des Doktorandenseminars am Institut für Finanzwissenschaft und Monetäre Ökonomie für ihre kritischen und konstruktiven Beiträge. Besonders bin ich dabei Dr. Jochen Michaelis, Dipl.-Vw. Judith Safford und Dr. Alexander Spermann verpflichtet.

Für die Aufnahme in die "Schriften zur Geldtheorie und Geldpolitik" danke ich den beiden Herausgebern.

Freiburg im Breisgau
Oktober 1993
                                        Dierk Brandenburg

Inhaltsverzeichnis

Einleitung

Abschnitt I: Chronologie der Amerikanischen Sparkassenkrise

Abbildungsverzeichnis

Diagrammverzeichnis

Tabellenverzeichnis

Anhangsverzeichnis

Abkürzungsverzeichnis

ADC	Acquisition, Development and Construction Loan
ARM	Adjustable Rate Mortgage
BIF	Bank Insurance Fund
CEBA	Competitive Equality Banking Act (1987)
CD	Certificate of Deposit
CP	Commercial Paper
FDIC	Federal Deposit Insurance Corporation
FHLB	Federal Home Loan Bank
FHLBB	Federal Home Loan Bank Board
FHLBS	Federal Home Loan Bank System
FHLMC	Federal Home Loan Mortgage Corporation (Freddy Mac)
FNMA	Federal National Mortgage Association (Fannie Mae)
FICO	Financing Corporation
FIRREA	Financial Institutions Recovery, Reform, and Enforcement Act (1989)
FRB	Federal Reserve Board
FSLIC	Federal Savings and Loan Insurance Corporation
GAAP	Generally Acepted Accounting Principles
GAO	General Accounting Office
GNMA	Government National Mortgage Association (Ginnie Mae)
HOLA	Home Owner's Loan Act (1932)
ICC	Income Capital Certificate
LoLR	Lender of Last Resort
MBS	Mortgage Backed Security
MMC	Money Market Certificate
MMDA	Money Market Deposit Account
MMMF	Money Market Mutual Fund
MSB	Mutual Savings Bank
NHA	National Housing Act (1935)
NOW	Negotiable Order of Withdrawal
NWC	Net Worth Certificate
OTS	Office of Thrift Supervision
QTL	Qualified Thrift Lender Test
RAP	Regulatory Accounting Principles (FHLBB)
REFCORP	Resolution Finance Corporation
RTC	Resolution Trust Corporation
SAIF	Savings Institutions Insurance Fund
SLA	Savings and Loan Association
TAP	Tangible Asset Position

Einleitung

1. Problemstellung

Bei der amerikanischen Sparkassenkrise, genauer der Krise der Savings and Loan Associations, handelt es sich um ein Ereignis, das nicht nur in der Öffentlichkeit, sondern auch unter den ansonsten eher zurückhaltenden Ökonomen mit dem Superlativ "größte Finanzkrise aller Zeiten" umschrieben wird. Gemeint sind dabei die etwa 1.700 Sparkasseninsolvenzen[1] zwischen 1980 und 1989, die dem amerikanischen Steuerzahler Kosten in Höhe von etwa 100 Mrd. $ verursachten. Hinzu kamen noch etwa 500-600 weitere Insolvenzen seit 1989, die die kumulierte Rechnung auf insgesamt etwa 350-500 Mrd. $ erhöhten[2]. Die finanziellen Folgen des Debakels werden die öffentlichen Haushalte noch bis über das Jahr 2000 hinaus belasten. Die Sparkassenkrise kann dabei nicht allein als ein zufälliges Ereignis betrachtet werden. Die Ursache lag zu wesentlichen Teilen in der Struktur des Spezialbankensystems und in der Ausgestaltung der staatlichen Einlagengarantie. Hierbei handelt es sich um Probleme, die nicht nur in den USA, sondern auch in anderen Ländern anzutreffen sind. So gibt es auch in Deutschland zahlreiche Einlagensicherungssysteme. Auf dem Höhepunkt der Krise im Jahre 1989 dominierte denn auch bei allen Verantwortlichen in den USA die Devise *"Never Again!"*[3], und die Regierung erließ ein weitreichendes Reformgesetz, den Financial Institutions Reform, Recovery and Enforcement Act (FIRREA).

Die Ursachen der Krise wurden vor allem im Hinblick auf die Frage diskutiert, inwieweit die Depositenversicherung, die Federal Savings and Loan Insurance Corporation (FSLIC) und die seit 1980 betriebene Deregulierungspolitik als Ursachen der Krise betrachtet werden können. *Lawrence White* (1991), eines der letzten Mitglieder des Federal Home Loan Bank Boards, der 1989 aufgelösten obersten Regulierungs- und Aufsichtsbehörde der Savings and Loan Associations, prägte in dieser Diskussion die Formulierung vom opportunity-ability-incentive mix. Hiernach eröffnete die Deregulierung den Savings and Loan Associations seit 1980 eine Reihe neuer Geschäftssparten und erweiterte Refinanzierungsspielräume. In Kombination mit einer Depositenversicherung, die die Verbindlichkeiten der Savings and Loan Associations garantierte,

---

1) Barth / Bartholomew / Bradley (1990) Tab. 1.

2) Siehe den Bericht des General Accounting Office, des Rechnungshofes der USA vom März 1990; zit. im HANDELSBLATT, *Auch offizielle Schätzungen sprechen von 500 Mrd. $* Nr. 71, 10.4.1990.

3) So der damalige amerikanische Finanzminister Brady 1989 bei den Beratungen über den FIRREA. Zit. in Scott (1990) S. 34.

ohne einen Einfluß darauf zu nehmen, was mit den versicherten Geldern geschah, wurden zahlreiche schwach oder sogar negativ kapitalisierte Sparinstitute veranlaßt, exzessive Risiken einzugehen, um auf diese Weise die bevorstehende Insolvenz abzuwenden[1]. Andere Autoren, wie z. B. der ehemalige
Chefökonom des Federal Home Loan Bank Boards *James Barth*[2], sahen die
Ursache der Sparkassenkrise vor allem in den Anreizen, die aus der Prämienstruktur der Depositenversicherung resultierten. Ähnlich hatte bereits *Edward
Kane* (1985) argumentiert, der seine Argumentation später durch die Public
Choice Theorie untermauerte[3].

Die genannten Autoren zeigen die Eckpunkte der Sparkassenkrise auf: Die
enge Regulierung des Sparkassensektors brachte Rentabilitätsprobleme hervor-
gebracht, die bei den Sparkassen seit Beginn der 80er Jahre zu einer wachsenden Anzahl von Insolvenzen führten. Die Deregulierung beseitigte einen Teil
dieser Probleme, verschärfte aber zugleich die Wettbewerbsbedingungen
innerhalb des Sparkassensektors und zwischen den Sparkassen und den Geschäftsbanken. Der Trend wurde durch die verstärkt einsetzende Verbriefung
von Hypothekarkrediten, dem Kerngeschäft der Sparkassen, noch intensiviert.
Folge dieser Entwicklung war ein Konsolidierungsprozeß, der durch spektaku-
läre Insolvenzen und Übernahmen begleitet war. Die seit 1985 verstärkt auftretenden Wertberichtigungen für notleidende Realkredite im Südwesten der
USA verschärften diese Entwicklung und gaben Anlaß zu der These, daß besondere regionale Entwicklungen wie fallende Öl- und Immobilienpreise, die Krise
mitverursacht haben[4].

Im Hinblick auf die Einlagenversicherung stand vor allem die fixe Prämienstruktur im Mittelpunkt der Debatte, die bei den Savings and Loan Associations im deregulierten Umfeld zu Moral Hazard und exzessiven Risiken
führte. In den 80er Jahren gelang es der Bankenaufsicht nicht, diese Risiken zu
kontrollieren und den Moral Hazard zu begrenzen. Dennoch war die Prämienstruktur in Kombination mit der Deregulierung nicht das einzige Problem.
Zwischen 1980 und 1990 wurde es zahlreichen Savings and Loan Associations
teilweise über Jahre erlaubt, mit nur wenig oder gar keinem Eigenkapital zu
operieren. Ein Faktor, der ebenfalls Moral Hazard begünstigte, da die Eigentümer der Unternehmen nicht mehr die Risiken ihrer Entscheidungen tragen
mußten. Hauptgläubiger und in vielen Fällen einziger Gläubiger dieser insolventen Unternehmen war die staatliche Depositenversicherung FSLIC. Aus
diesem Zusammenhang resultierten letztlich auch die enormen Kosten, die dem
Versicherer entstanden. Die Kosten waren dabei sowohl auf die große Zahl von

---

1) Siehe White (1990) S. 69 und White (1991) S. 223.
2) Siehe Barth / Hudson / Page (1991).
3) Siehe Kane (1989)
4) Siehe Horvitz (1990)

Insolvenzen zurückzuführen, als auch auf eine substanzielle Erhöhung der Kosten jeder einzelnen Insolvenz während der 80er Jahre. Einlagenversicherung und Deregulierung, ihre Konsequenzen und ihr Zusammenwirken bildeten den Kern des Sparkassenproblems der 80er Jahre. In dieser Arbeit sollen nun die Wirkungszusammenhänge dargestellt und analysiert werden.

2. Aufbau der Arbeit

Die vorliegende Arbeit gliedert sich in drei Hauptabschnitte. Im ersten Abschnitt wird die Chronologie der Sparkassenkrise wiedergegeben. Daran anschließend wird im zweiten Abschnitt die Rolle des Einlagenversicherers untersucht. Im dritten Abschnitt folgt ein Zinsspannenvergleich zwischen den amerikanischen Sparkassen und den dortigen Geschäftsbanken.

Der chronologische Überblick im *ersten Hauptabschnitt* beginnt mit der Gründung der ersten Savings and Loan Associations im 19. Jahrhundert. Die damalige Spezialisierung wird in den 30er Jahren dieses Jahrhunderts gesetzlich fixiert und zwingt die Savings and Loan Associations fortan in eine extreme Fristentransformation. Erst nach dem zweiten Weltkrieg beginnt der Aufstieg der Savings and Loan Associations zu ihrer heutigen Bedeutung. Die Fristentransformation stellt jedoch seit den 60er Jahren angesichts volatiler Zinsen eine wachsende Bedrohung dar.

Die eigentliche Sparkassenkrise beginnt 1979, als die amerikanische Notenbank eine Hochzinspolitik einleitet. Hierdurch wird eine erste Welle von Sparkasseninsolvenzen ausgelöst. Eine Duration-Analyse zeigt, daß die Sparkassen sich von dieser Krise nicht erholen können. Die wirtschaftspolitische Reaktion auf die Zinskrise liegt in einer weitgehenden Deregulierung der Portefeuilles und in der Gewährung von Eigenkapitalhilfen durch die Einlagenversicherung.

Auf eine Phase der Erholung folgt 1985 eine Kreditkrise, die erneut zu einer Welle von Insolvenzen führt. Diesen Insolvenzen ist der Einlagenversicherer FSLIC jedoch nicht mehr gewachsen, so daß eine wachsende Zahl von überschuldeten Instituten weiterhin am Markt tätig bleibt. Erst 1987 wird ein Gesetz verabschiedet, das zusätzliche Finanzmittel bereitstellt. Bereits 1988 zeigt sich jedoch, daß diese Mittel nicht ausreichen und daß die Verluste der Sparkassen immer weiter anwachsen. Erst 1989 kann ein Reformgesetz verabschiedet werden, das ein entschlosseneres Vorgehen der Aufsichtsbehörden erlaubt.

Im *zweiten Hauptabschnitt* wird der Frage nachgegangen, welche Rolle die staatliche Einlagenversicherung für den Verlauf und das Ausmaß der Krise gespielt hat. Hierbei sind zunächst einmal theoretische Überlegungen zur

4

Struktur der Einlagenversicherung und zu deren Zusammenwirken mit der übrigen Bankenregulierung anzustellen. Ziel von Bankenregulierung und Einlagenversicherung ist es, schädlichen externen Effekten von Bankeninsolvenzen, den Schalterstürmen, vorzubeugen. Die Depositenversicherung stellt dabei neben der Bankenregulierung einen komplementären zusätzlichen Schutzmechanismus dar.

Anhand des Äquivalenzprinzips wird der Versicherungsvertrag zwischen Versicherer und Banken untersucht. Die potentiellen Verbindlichkeiten des Versicherers lassen sich dabei mit Hilfe des Optionsmodells analysieren. Hier zeigt sich die große Bedeutung des Eigenkapitals für die Risikoposition des Versicherers und die aversen Anreize, die daraus resultieren, daß der Versicherer überschuldete Unternehmen nicht rechtzeitig schließt. Die Einlagenversicherung mindert die Schaltersturmgefahr, jedoch um den Preis des aus dem Versicherungsverhältnis resultierenden Moral Hazards seitens der versicherten Banken. Der Moral Hazard entsteht, da der Einlagenversicherer nicht in der Lage ist, den Preis der von ihm übernommenen Garantie dem Risiko der einzelnen Bank anzupassen. Innerhalb des Portefeuillemodells lassen sich die Auswirkungen der Einlagenversicherung auf die Risikopolitik der Kreditinstitute untersuchen. Hierbei wird zwischen Portefeuille- und Kapitalstrukturrisiko unterschieden.

Im *dritten Hauptabschnitt* soll der Frage nachgegangen werden, welche Auswirkungen die Deregulierungspolitik auf die Rentabilität des Sparkassensektors in den 80er Jahren hatte. Es werden hier die längerfristigen Perspektiven der Savings and Loan Associations als spezialisierter Realkreditfinanzierer in einem deregulierten Umfeld betrachtet. Zunächst erfolgt ein Überblick über die wichtigsten Maßnahmen und die Ziele der Deregulierung seit 1980. Im Anschluß daran werden die Auswirkungen auf die Rentabilität der Sparkassen mit Hilfe der Zinsspannenanalyse untersucht. Der Untersuchungszeitraum reicht von 1970 bis 1990 und es wird hier ein Querschnittsvergleich mit den entsprechenden Spannen der Commercial Banks, den Hauptkonkurrenten der Sparkassen, vorgenommen. Der Zinsspannenvergleich zeigt, daß es den Sparkassen in den 80er Jahren nicht gelang, sich in einem deregulierten Umfeld gegenüber den Geschäftsbanken zu behaupten.

Ein wesentliches Problem stellt dabei nicht allein die Deregulierung dar, sondern vor allem der Trend zur Verbriefung im Bereich des privaten Realkredits, der die Savings and Loan Associations als Finanzintermediäre zunehmend überflüssig macht. Langfristig ist davon auszugehen, daß die Savings and Loan Associations aufgrund ihrer schwachen Eigenkapitalposition im Geschäftsbankensektor aufgehen werden und als eigenständige Institutsgruppe nicht überleben werden können.

Abschnitt I:
Chronologie der Amerikanischen Sparkassenkrise

1. Die Vorgeschichte der Sparkassenkrise

1.1 Historische Entwicklung der Sparkassen

Die ersten amerikanischen Sparkassen bilden sich Anfang des 19. Jahrhunderts nach englischen Vorbildern. Bei der Geschäftstätigkeit stehen sozialpolitische Aufgaben im Vordergrund[1]. Es entstehen zwei unterschiedliche Typen von Sparkassen, die Mutual Savings Banks (MSB) und die Savings and Loan Associations (SLA), aus denen sich der Sparkassenbereich auch noch heute zusammensetzt.

Vorbild der Mutual Savings Banks sind die seit Mitte des 18. Jahrhunderts in England existierenden Friendly Societies, Organisationen der Wohlfahrtspflege, durch die die ärmeren Bevölkerungsschichten zu Sparsamkeit und Vorsorge ermuntert werden sollen. Dadurch will man die im Zuge der beginnenden Industrialisierung aufkommende Armut eindämmen und die staatliche Fürsorge entlasten. Die Idee einer derartigen gemeinnützigen Organisation liegt auch der ersten amerikanischen Mutual Savings Bank zugrunde, die 1816 in Boston gegründet wird. Eine solche Sparkasse befindet sich im Eigentum ihrer Einleger, deren Einlagen zugleich den Charakter von genossenschaftlichen Anteilen besitzen[2].

Wenige Jahre später wird 1832 in Philadelphia die erste Savings and Loan Association gegründet. Hierbei orientiert man sich wiederum am englischen Vorbild, der Building and Loan Society. Die Mittel der Mitglieder sollen nach dem Kollektivprinzip ausschließlich zum Eigenheimbau oder -erwerb durch die Mitglieder verwendet werden. Beiden Institutionen gemeinsam sind die Einleger, die sich im wesentlichen aus privaten Haushalten mit geringen bis mittleren Einkommen zusammensetzen[3]. In der Mittelverwendung setzen die beiden Formen von Sparkassen hingegen unterschiedliche Akzente. Die Savings and Loan Associations halten fast ausschließlich Realkredite, die zunächst überwiegend an Mitglieder vergeben wurden. Bei den Mutual Savings Banks dominiert allein das Motiv der sicheren Geldanlage, was zu einem etwas geringeren

---

1) Eine ähnliche Motivation liegt auch den seit Ende des 18. Jahrhunderts in Deutschland existierenden Sparkassen zugrunde. Vgl. Schierenbeck (1987) S. 68 f..

2) Vgl. Pilzer / Deitz (1989) S. 18-30

3) vgl. Geisst (1988) S. 66-83.

6

Anteil von Realkrediten am Gesamtportefeuille führt[1]. Im Zuge der Erschlie-
ßung Nordamerikas breiten sich die Savings and Loan Associations über das
gesamte Land aus und werden zur dominierenden Kraft auf dem Realkreditmarkt[2]. Ermöglicht wird diese Expansion durch die geringe Konkurrenz der Geschäftsbanken, die an kostenintensiven Kleinsparern kein Interesse haben und
über lukrativere Möglichkeiten verfügen, ihre Mittel außerhalb des Realkredit-
bereichs zu investieren[3].

Bei den ersten Savings and Loan Associations handelt es sich um lose Zusammenschlüsse, die aufgelöst werden, sobald alle Mitglieder ihre Bauprojekte
finanziert haben. Erst später geht man zu revolvierenden Systemen über, bei
denen fortlaufend Mitglieder aufgenommen werden und ausscheiden[4]. Als
Genossenschaften befinden sich die Sparkassen im Besitz ihrer Einleger, deren
Einlagen nicht als Depositen, sondern als Anteile bezeichnet werden. Kapital
wird allein durch Gewinnthesaurierung gebildet. In den westlichen Bundesstaaten bilden sich aber auch Savings and Loan Associations auf Aktienbasis,
denen es möglich ist, mit mehr Eigenkapital zu arbeiten. Erleichtert wird die
Kapitalbildung der Savings and Loan Associations durch die Steuergesetzge-
bung, die die Unternehmen, in Anerkennung des gemeinnützigen Charakters
der Savings and Loan Associations, seit 1863 von jeder Ertragsbesteuerung
durch die Bundesregierung oder die Einzelstaaten befreit.
Bereits 1892 gründen die Savings and Loan Associations eine bundesweite
Interessenorganisation, um die Idee der Savings and Loan Association in den
USA populär zu machen. Diese erlangt einen erheblichen Einfluß auf alle die
Savings and Loan Associations betreffenden Gesetze[5]. In den 20er Jahren dieses
Jahrhunderts erreicht die Anzahl der Savings and Loan Associations ihren
Höhepunkt mit über 12.000 einzelnen Genossenschaften. Die einsetzende
Weltwirtschaftskrise und die Bankenzusammenbrüche der Jahre 1930-33 lassen
die Sparkassen allerdings nicht unberührt und so wird die Anzahl der Savings
and Loan Associations in den folgenden Jahren wieder dezimiert. Insgesamt
kommt es bis 1935 zu 1.700 Insolvenzen. Dabei sind die Savings and Loan

---

1) Zu Unterschieden und Gemeinsamkeiten von Mutual Savings Banks und Savings and Loan
   Associations vgl. Silverberg (1990) S. 2 ff..

2) Im Gegensatz zu den Savings and Loan Associations blieben die Mutual Savings Banks auf
   den Nordosten der USA beschränkt und wurden in den übrigen Staaten nicht konzessioniert.
   Gemessen am Bilanzvolumen besaßen letztere jedoch bis in die 30er Jahre ein größeres
   Gewicht als die Savings and Loan Associations (Benston (1986) S. 28).

3) Siehe Brumbaugh (1988) S.4

4) Siehe Farbritius / Borges (1989) S. 18-20 und Brumbaugh (1988) S. 16-18.

5) Siehe Barth / Regalia (1988) S. 142 ff. und Brumbaugh (1988).

Associations jedoch erheblich weniger betroffen als die Geschäftsbanken[1]. Ursache der Zusammenbrüche ist die steigende Arbeitslosigkeit und die Vermögensverluste der Haushalte aus Bankenzusammenbrüchen. Bei den Savings and Loan Associations führt dies zu Einlagenabzügen und Kreditausfällen, denen nur wenig Kapital und liquide Reserven gegenüberstehen[2]. Die Bankenzusammenbrüche beenden in den USA die Periode des Free Banking und der Gesetzgeber verabschiedet 1933 eine umfangreiche Neuregulierung des Finanzsektors, in die auch der Sparkassensektor miteinbezogen wird[3]. Zu diesem Zeitpunkt beginnt die Geschichte der modernen Sparkassen, und hier liegt der Ausgangspunkt der modernen Sparkassenkrise.

1.2 Die Neuordnung des amerikanischen Sparkassensystems in den dreißiger Jahren

1.2.1 Motive der Sparkassenregulierung

Die Weltwirtschaftskrise und das Versagen des Federal Reserve Systems als Lender of Last Resort der Geschäftsbanken, veranlaßt die Bundesregierung und den Kongreß zur Verabschiedung einer Anzahl von Reformgesetzen. Die Gesetzgebung zielt auf die Wiederherstellung des Vertrauens in das Bankensystem und auf die Verhinderung zukünftiger Bankenzusammenbrüche. Im Mittelpunkt stehen dabei die Probleme der Geschäftsbanken, die von den Schalterstürmen am stärksten betroffen waren. Die Einführung eines gesetzlich fixierten Trennbankensystems, der Regulation Q und einer staatlichen Einlagenversicherung waren die wesentlichen Eckpunkte der Reformen[4].

Gleichzeitig werden aber auch wesentliche die Savings and Loan Associations betreffende Gesetze verabschiedet. Namentlich handelt es sich dabei um den Federal Home Loan Bank Act (1932), den Home Owners Loan Act (1933) und den National Housing Act (1935). Hier tritt bei den Savings and Loan Associations neben das Sicherheitsmotiv der Regulierung der Geschäftsbanken, ein weiteres sozialpolitisch geprägtes Ziel in den Vordergrund. Die Savings and Loan Associations werden zur Förderung des privaten Eigenheimbaus. Hierzu

---

1) 1925 existierten 12.403 Savings and Loan Associations, diese Anzahl verminderte sich bis 1940 auf 7.521 Institute, darunter 1.700 Insolvenzen. Zahlen aus Brumbaugh (1988) Table 1-1 S.7 und S. 8 f.. Vgl. auch Barth / Bartholomew / Labich (1989), S. 367.

2) Ganz im Gegensatz dazu entwickelten sich die Mutual Savings Banks, die während der Schalterstürme eine sichere Alternative zu den Geschäftsbanken darstellten, da sie keine Sichteinlagen entgegen nahmen (Vgl. Pilzer/Deitz (1989) S.33).

3) Vgl. Hütz (1990) S. 35. Die Periode des Free Banking umfaßt den Zeitraum von 1837-1933, die Zeit danach wird als Regulated Banking bezeichnet.

4) Vgl. hierzu auch Kap. II.1.3 dieser Arbeit.

wird ein privilegierter Kapitalkreislauf innerhalb des Haushaltssektors geschaffen, durch den ein steter Strom von privaten Hypotheken zu günstigen Konditionen bereitgestellt werden soll. Dies macht eine besondere Regulierung der Sparkassen notwendig, um einen Teil des Marktes für Ersparnisse vom übrigen Kapitalmarkt zu segmentieren[1]. Auf diese Weise sollen vermeintliche Nachteile, die die privaten Haushalte als Nachfrager auf dem Kapitalmarkt haben, ausgeglichen werden. Zusammengenommen bilden diese drei Gesetze das starre Korsett, innerhalb dessen sich die Sparkassen bis Anfang der 80er Jahre bewegen dürfen.

1.2.2 Der Federal Home Loan Bank Act von 1932

Durch den Federal Home Loan Bank Act (FHLB-Act) wird das System der Federal Home Loan Banks (FHLBS) geschaffen. Analog zu dem seit 1913 existierenden Federal Reserve System, dient es den Savings and Loan Associations als Liquiditätsquelle und Lender of Last Resort. Die Federal Home Loan Banks nehmen ihre Mittel am Kapitalmarkt auf und leiten sie in Form sogenannter Advances an ihre Mitglieder gegen entsprechende Sicherheiten weiter[2]. Dadurch soll ein Liquiditätsausgleich in dem stark regionalisierten Geschäft der Sparkassen erzielt werden. Die Savings and Loan Associations können ihre Finanzierungskosten tendenziell senken, da die Federal Home Loan Banks auf den Märkten von ihrer Zwitterform profitieren und die Mittel günstiger aufnehmen können als einzelne Savings and Loan Associations.

Die zwölf regionalen Federal Home Loan Banks sind Zwitter zwischen Privatunternehmen und staatlicher Behörde. Ihr Kapital gehört den Mitgliedssparkassen, wodurch diese also über die Dividendenausschüttung an den Gewinnen beteiligt sind. Gleichzeitig unterliegen die FHLBs dem direkten Einfluß der Bundesregierung und nehmen selbst eine Aufsichtsfunktion gegenüber ihren Mitgliedern wahr[3]. Innerhalb der einzelnen FHLBs wird dabei eine strenge Trennung dieser Funktionen vorgenommen, die als Chinese Wall-Prinzip bezeichnet wird.[4]

Auf nationaler Ebene wird durch den FHLB-Act ein dreiköpfiges Federal Home Loan Bank Board (FHLBB) mit Sitz in Washington eingerichtet, dem die

---

1) Neben die Segmentierung treten noch Subventionen durch Steueranreize und indirekte Kreditgewährung des Staates an bestimmte soziale Gruppen. Im internationalen Vergleich trifft dies auch auf andere Industrieländer, in geringerem Ausmaß auch für Deutschland, zu (Vgl. Rosen (1981) S. 144 f.). Eine umfassende Darstellung der amerikanischen Wohnungsbaufinanzierung findet sich bei Weicher (1988) und Ball (1990). Siehe auch Kap. I.2.2.4. und III.2.2.1.1.

2) In der Regel werden Advances nur gegen erstklassige Hypotheken gewährt.

3) Zur Organisation der Federal Home Loan Banks vgl. White (1991) S. 54 und Brumbaugh (1988) S. 9.

4) Vgl. Silverberg (1990) S.4 und White (1991) S. 130.

Aufsicht der Federal Home Loan Banks obliegt. Das Gremium untersteht direkt dem Präsidenten der USA. Dieser bestimmt auch die Mitglieder unter Berücksichtigung des Parteienproporzes. Das FHLBB ist von Beginn an ein wesentlicher Einflußkanal der Sparkassenlobby. Die United States League of Savings Institutions gewinnt über die Mitglieder des FHLBB entscheidenden Einfluß auf alle die Sparkassen betreffenden Regulierungsmaßnahmen.

1.2.3 Der Home Owner's Loan Act von 1933

Unter dem Home Owner's Loan Act (HOLA) wird es dem FHLBB ein Jahr später ermöglicht, selbst Savings and Loan Associations mit einer Federal Charter zu konzessionieren. Hierbei handelt es sich um das wichtigste Sparkassengesetz. Die im HOLA niedergelegten Bestimmungen enthalten detaillierte Angaben für die Tätigkeit von Savings and Loan Associations, die bis heute den Sparkassensektor prägen. Im einzelnen handelt es sich dabei um folgende Vorgaben[1]:

1) *Genossenschaftliche Organisation:* Als Mutuals befinden sich die Savings and Loan Associations, genau wie die Mutual Savings Banks, im Eigentum ihrer Einleger. Dabei fungieren die Einlagen, deren Verzinsung die Gestalt einer nachträglichen Gewinnausschüttung hat, zugleich als Anteile.

2) *Regionalprinzip:* Die Geschäftstätigkeit einer Savings and Loan Association ist auf einen Radius von 80 km um ihren Sitz beschränkt. Modifikationen ergeben sich hier durch die einzelstaatliche Filialgesetzgebung, die gegebenenfalls die Gründung von Filialen erlaubt.

3) *Beschränktes Aktivgeschäft:* 80% der Aktiva müssen in Hypothekarkredite an private Haushalte investiert werden.

4) *Beschränktes Passivgeschäft:* Es dürfen nur Spareinlagen und FHLB-Advances zur Finanzierung verwendet werden.

5) *Pflichtmitgliedschaft bei einer Federal Home Loan Bank:* Eine bundesstaatlich konzessionierte Savings and Loan Association ist verpflichtet, Anteile an ihrer regionalen Federal Home Loan Bank zu erwerben.

---

1) Siehe Sect. 5 of the Home Owner's Loan Act of 1933 abgedruckt in Strunk / Case (1989) Appendix A, S. 164 f..

10

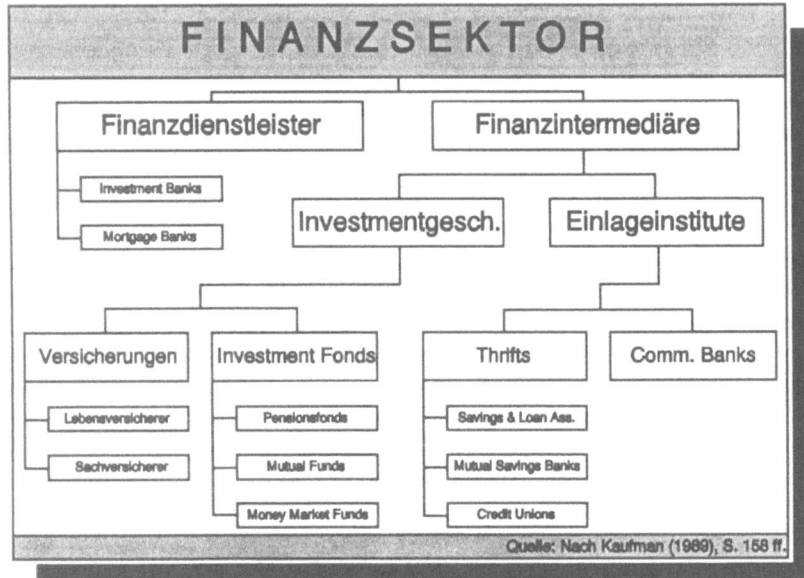

Diagramm 1: Struktur des amerikanischen Finanzsektors

Durch den HOLA wird die historisch gewachsene Spezialisierung der Savings and Loan Associations gesetzlich fixiert und den Sparkassen wird eine feste Rolle im Spezial- bzw. Trennbankensystem zugewiesen. Wichtigstes Merkmal dieses Systems ist die Abschottung der Einlageinstitute von den übrigen Institutionen des Finanzsektors durch die Regulierungspolitik - der sog. Regulatory Wall[1]. Es lassen sich zunächst zwei Hauptgruppen von Finanzinstitutionen unterscheiden. Auf der einen Seite sind dies reine Finanzdienstleister, wie bspw. die Investment Banks, und auf der anderen Seite die eigentlichen Finanzintermediäre, die sich aus den reinen Einlageinstituten und den sonstigen Intermediären wie Fonds und Versicherungen zusammensetzen (Diagramm 1)[2].
Die Unterteilung der Einlageinstitute in die sogenannten Thrifts und die Commercial Banks in Diagramm 1 läßt sich durch die unterschiedliche, gesetzlich vorgeschriebene[3] Bilanzstruktur der Sparkassen im Vergleich zu den

---

1) Siehe Kaufman (1989) S. 380.

2) Eine ausführliche Darstellung der amerikanischen Verhältnisse findet sich bei Kaufmann (1989), Dougall / Gaumitz (1986) und Geisst (1988). Zur Darstellung des deutschen Bankensystems und seiner Regulierung siehe Schierenbeck (1987), Büschgen (1989) und Münzer (1992).

3) Siehe Kap. I.2.2.3.

meisten Geschäftsbanken[1] näher bestimmen. Bei den Sparkassen handelt es sich um Realkreditinstitute, deren Kreditgeschäft im wesentlichen durch langfristige Hypothekarkredite an private Haushalte getragen wird. Dieser Typ von Spezialbank ist ebenfalls in Deutschland verbreitet und unterliegt auch hier besonderen Vorschriften. Im Gegensatz zu hiesigen Hypothekenbanken finanzieren sich die amerikanischen Sparkassen aber im wesentlichen über Spareinlagen privater Haushalte und nicht fristenkongruent über die Emission langfristiger Schuldverschreibungen. Die gesetzlich vorgeschriebene Bilanzstruktur - langfristige Forderungen aus Realkrediten, kurzfristige Verbindlichkeiten aus dem Einlagengeschäft - ist das zentrale Merkmal der amerikanischen Sparkassen.

Der HOLA hat aber noch eine weitere wichtige Implikation für den Sparkassensektor: Durch den HOLA kommt es im Bereich der Sparkassenregulierung zu einer konkurrierenden Gesetzgebung zwischen dem Bund und den Einzelstaaten der USA. Zunächst lag die Bankengesetzgebung historisch allein bei den Einzelstaaten. Die Einzelstaaten vergeben nach eigenem Ermessen Konzessionen, sog. Charters, an Investoren, die es diesen erlaubten, Sparkassen zu betreiben. Über das FHLBB beginnt auch der Bund, Sparkassen zu konzessionieren und zu beaufsichtigen. Diese zweigleisige Bankenregulierung und Aufsicht - als Duales System bezeichnet - hat erhebliche Konsequenzen für das amerikanische Sparkassensystem. Es existieren mehrere den Bankensektor betreffende Gesetze nebeneinander und, einhergehend mit der Kompetenzverteilung, auch unterschiedliche Aufsichtsorgane auf der Ebene des Bundes und der Einzelstaaten, die mit dem Vollzug der Gesetze betraut sind (Diagramm 2). Bei den Sparkassen erfolgt auf Bundesebene eine Überwachung durch das Federal Home Loan Bank Board (FHLBB). Zusätzlich gibt es in jedem Einzelstaat selbständige, Savings and Loan Commissioners genannte Behörden, die ihrerseits nach den Gesetzen des jeweiligen Staates handeln. Bei den einzelstaatlich konzessionierten Mitgliedern des Federal Home Loan Systems ergeben sich Kompetenzüberschneidungen. Zu bestimmten Zeitpunkten entstanden so erhebliche Differenzen in der Gesetzgebung für Sparkassen auf Bundes- und Einzelstaatenebene[2].

Das duale System führt zu einem noch strengerem Regionalprinzip bei der Zulassung von Sparkassen. Die Filialgesetzgebung erlaubt den Kreditinstituten in vielen Bundesstaaten nur wenige Standorte, in manchen Staaten nur einen . Seine Fortsetzung findet dieses Prinzip auf der Bundesebene in dem Interstate

---

1) Um unnötige Komplikationen zu vermeiden, wird die Problematik der Bank Holding Companies und der Thrift Holding Companies in dieser Untersuchung weitgehend ausgeklammert. In diesem Bereich ergeben sich nach 1982 erhebliche Überschneidungen, da es von da an Bank Holding Companies möglich war, Sparkassen zu erwerben. Vgl. Gondring (1989) und Kaufman (1989).

2) Vgl. Farbritius / Borges (1989) für Texas und Eichler (1989) für Californien.

12

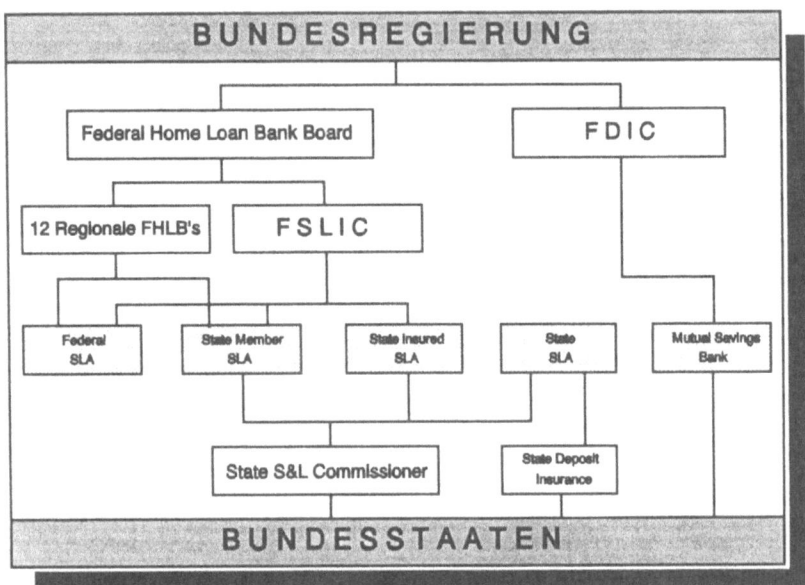

Diagramm 2:   Duales System der Bankenregulierung

Banking Verbot, das es den meisten Banken nicht erlaubt, Filialen außerhalb ihres Heimatstaates zu eröffnen[1]. Das duale System kann als eine der Hauptursachen für die große Anzahl und geringe Durchschnittsgröße der Sparkassen wie auch der Geschäftbanken in den USA angesehen werden, da es die Expansion von Großbanken außerhalb der Finanzzentren bremst. Gleichzeitig bedingt dies eine enge Verflechtung der kleinen Kreditinstitute mit der regionalen Wirtschaft und Konjunktur.

Tabelle 1 zeigt die Entwicklung des dualen Systems seit den 30er Jahren. Es zeigt sich, daß die Hälfte aller Savings and Loan Associations weiterhin unter einer einzelstaatlichen Konzession operiert, die ihnen mehr Freiräume in der Geschäftspolitik läßt. Erst in den 80er Jahren kann sich die Bundesebene in der Regulierungspolitik gegenüber den Einzelstaaten durchsetzen.

Zusammenfassend läßt sich festhalten: Der HOLA bietet den Savings and Loan Associations den Vorteil einer eigenen Regulierung, die, gemäß der

---

1) Zu diesem Aspekt vgl. Kareken (1986) S. 6-16. Kareken bezeichnet die Angst vor Großbanken als eines der zentralen Gestaltungselemente des US Bankenwesens. Vgl. auch Hütz (1990) S. 36. Die im McFadden Act von 1927 auf Bundesebene niedergelegten Bestimmungen beinhalten aber kein generelles Verbot des interstate banking, sondern überlassen es den Einzelstaaten, auf reziproker Basis eine Ausweitung der Banken zuzulassen.

Tabelle 1: Duales System im Sparkassensektor

	1935	1950	1960	1970	1980	1985	1989
Federal Chartered Savings and Loan Associations							
Anzahl	130	1.526	1.873	2.067	1.988	1.721	1.845
Aktiva (%)	8,4	50,1	53,8	54,6	55,3	63,4	77,7
State Chartered Savings and Loan Associations							
Anzahl	9.279	4.468	4.447	3.602	2.606	1.814	1.166
Aktiva (%)	91,6	49,9	46,2	45,4	44,7	36,6	26,3

Quelle: OTS (1989) Tab. A1 & A2; Federal Savings and Loan Associations enthalten auch die Federal Savings Banks

sozialpolitischen Zielsetzung der Gesetzgebung, das Ziel verfolgt, das Wachstum der Unternehmen selbst zu fördern[1]. Dieser Vorteil wird jedoch durch eine rigorose Beschränkung der Aktivitäten im Kredit- und Einlagengeschäft erkauft.

1.2.4 Der National Housing Act von 1934

Durch den National Housing Act (NHA) wird, die Einlagenversicherung der Savings and Loan Associations, die Federal Savings and Loan Insurance Corporation (FSLIC) unter dem Dach des FHLBB geschaffen. Die Mitgliedschaft in der FSLIC ist für die bundesstaatlich konzessionierten Savings and Loan Association obligatorisch. Einzelstaatlich konzessionierte Unternehmen können freiwillig Mitglied in der FSLIC werden, was auch ein Großteil der Savings and Loan Association im Laufe der Jahre in Anspruch nimmt[2]. Auf diese Weise eröffnet sich für das FHLBB ein Einflußkanal auf die einzelstaatlichen Unternehmen, die nun über die Mitgliedschaft in der Einlagenversicherung indirekt auch einer bundesstaatlichen Kontrolle unterstehen (Diagramm 2).

Gleichzeitig markiert der NHA auch einen Wandel in der Konzeption der Wohnungsbaupolitik. Man setzt nun nicht mehr allein auf den begrenzten

---

1) Vgl. Silverberg (1990) S. 4.
2) Siehe Tabelle 5. Ähnlich dem 40 Jahre später in Deutschland gebildeten System (eine umfassende Darstellung der deutschen Einlagenversicherung gibt Schmidt (1976 a, b, c, d) und (1990)), berücksichtigt man die spezifischen Eigenheiten verschiedener Institutsgruppen und schafft verschiedene staatliche Versicherer: Die Federal Deposit Insurance Corporation (FDIC) für die Geschäftsbanken, die FSLIC für die Savings and Loan Associations und 1971 auch eine gesonderte Einrichtung für die Kreditgenossenschaften, die Credit Unions (zu den Credit Unions und ihrem Sicherungsfonds vgl. Clair (1984)). Darüberhinaus existierte bis 1985 eine Anzahl einzelstaatlicher Garantiefonds, jedoch sind heute fast sämtliche Kreditinstitute bei den nationalen Organisationen versichert. Das Ende der Einlagenversicherung für Sparkassen unter der Regie der Einzelstaaten markieren die Insolvenzen der Fonds in Ohio und Maryland 1985. Vgl. Kane (1989b).

Kapitalkreislauf innerhalb des Haushaltssektors, sondern versucht, die Basis des Realkapitalmarktes durch eine Konsolidierung mit dem restlichen Kapitalmarkt auszuweiten. Ziel ist es, durch die Verbriefung von Realkrediten weitere Kapitalgeber zu finden[1]. Dazu bedurfte es der Standardisierung der Kredite in Form der sogenannten Conventional Mortgages. Hierbei handelt es sich um einen Hypothekarkredit mit einer Laufzeit von 20 bis 30 Jahren bei fester Verzinsung und konstanter Annuitätentilgung. Solche Kreditverträge werden von der FHA oder anderen privaten und staatlichen Organisationen bis zu einer bestimmten Höchstsumme versichert[2]. Für die Savings and Loan Associations wird die Conventional Mortgage zur dominierenden Kreditform.

1.3 Die Vorgeschichte der Sparkassenkrise

1.3.1 1945 - 1965: Das ruhige Leben des Monopolisten

In den zwei Jahrzehnten nach Beendigung des zweiten Weltkrieges erlebt der Sparkassensektor einen starken Wachstumsschub. Die Anzahl der Savings and Loan Associations erreicht zwar nicht den Umfang der 20er Jahre, dafür weitet sich aber das Geschäftsvolumen beträchtlich aus. Allgemein können ein starkes Wirtschaftswachstum, steigende verfügbare Einkommen und ein Anstieg der Bevölkerungszahl die Ausweitung des Geschäftsvolumens der Savings and Loan Associations erklären. Zugleich vollzieht sich die Entwicklung vor dem Hintergrund eines stabilen makroökonomischen Umfelds mit konstanten Wachstumsraten, stabilen Preisen und Zinsen[3]. Solche allgemeinen Faktoren erklären allein jedoch nicht den Aufstieg der Savings and Loan Associations zum wichtigsten Realkreditfinanzierer der USA. Es gelingt den Savings and Loan Associations in diesem Marktsegment nicht nur, ihr Geschäftsvolumen absolut auszudehnen, sondern sie weiten ihre Position auch relativ zu den Geschäftsbanken aus. Hielten die Savings and Loan Associations 1945 lediglich 3% aller Aktiva im Finanzsystem, so stieg ihr Anteil bis 1965 auf 14% aller Aktiva, während sich der Anteil der Geschäftsbanken in derselben Periode von 65% auf 36% verminderte (Tabelle 2). Die spezifischen Faktoren für diese Entwicklung liegen in der direkten und indirekten Subventionierung des Sparkassensektors durch die Regulierung.

---

1) Zur Entwicklung dieser Bestrebungen vgl. Weicher (1988) S. 310 ff.und Dougall / Gaumitz (1986) S. 246 ff.. Siehe auch Abschnitt III.4.

2) Vgl. Kaufman (1989) S. 429-433.

3) Vgl. Eichler (1989) S. 16 - 32. Bedeutsam war auch der Aufbau der regionalen Infrastruktur, durch die Bauland im Umfeld der Großstädte geschaffen wurde.

Tabelle 2: Marktanteile der wichtigsten Finanzintermediäre (%)

	1929	1933	1945	1955	1965	1970	1975	1980	1985	1989
Commercial Banks	60	51	65	44	36	40	37	39	30	33
SLA	7	7	3	9	14	14	16	16	16	12
MSB	9	12	7	8	6	6	6	4	3	3
Credit Unions	-	-	1	1	1	1	2	2	2	2
Lebensversicherer	16	23	18	21	17	16	13	12	12	13
MMMFs	-	-	-	-	-	-	-	2	4	4
Sonstige	8	7	6	17	26	33	26	25	33	33
Aktiva (Mrd. $)	110	90	247	424	921	1.283	2.136	3.834	6.603	9.870

Quelle: Department of Commerce (1991), Tab. 797; Zahlen für 1929 - 1965 aus Barth / Regalia (1988), S. 114.

Der wichtigste Faktor für die Entwicklung des Bankensystems in der Nach-
kriegszeit ist die Regulierung der Einlagenzinssätze durch die Federal Reserve
Bank, festgelegt durch die Regulation Q. Die Vorschrift wird zunächst dadurch,
daß sie *nicht* für die Einlagen bei Savings and Loan Associations gilt, zum
Lebenselixier der Savings and Loan Associations. Sie ermöglicht es ihnen,
einen beliebig hohen Zinssatz für ihre Gelder zu bezahlen. Dieser Zins liegt
aber durch die für die Konkurrenz geltende Regulation Q und die Geldpolitik
stets unter den langfristigen Hypothekenzinssätzen. Auf diese Weise ermöglicht
die Regulation Q den Savings and Loan Associations eine komfortable Zinsspanne[1]. Erleichtert wird die Expansion auch durch die Eigenkapitalregulierung
der Savings and Loan Associations durch das FHLBB, bzw. die FSLIC. Die
Vorschriften sehen lediglich eine geringe Quote vor[2].

Ein weiterer wesentlicher Vorteil der Savings and Loan Associations liegt
in der Besteuerung der Gewinne. Als Genossenschaften waren die Sparkassen
seit 1863 von der Besteuerung ausgenommen und das Privileg wurde im Home
Owners Loan Act von 1933 bestätigt. Dies wird zwar 1951 auf Druck der

---

1)   Vgl. Strunk / Case (1989) S.39: Regulation Q had served the business extremely well. It was
     a key reason the business developed into a set of significant financial institutions. Siehe auch
     Gibson (1974).

2)   Vgl. Strunk / Case (1989) S. 26 - 30. Die Anforderungen der FSLIC, die sogenannte Federal
     Insurance Reserve belief sich auf eine Quote von zunächst 5 % der Depositen. Die Savings
     and Loan Associations können, bedingt durch ihre Organisation als Genossenschaft, Eigenka-
     pital nur in Form einbehaltener Gewinne bilden. Es wurde ihnen daher zusätzlich eine
     zwanzigjährige Frist gewährt, die notwendige Kapitalbasis aufzubauen. Um das Wachstum
     weiter zu erleichtern, orientierte sich die Eigenkapitalreserve lediglich an einem fünfjährigen
     gleitenden Durchschnitt des Einlagenvolumens. Vgl. Brumbaugh (1988) S. 47.

Geschäftsbanken hin geändert, eine effektive Belastung tritt jedoch erst in den 60er Jahren auf[1].

Alle Faktoren zusammengenommen ermöglichen den Aufstieg der Savings and Loan Associations in einem Umfeld, in dem der Wettbewerb zwischen den verschiedenen Finanzintermediären stark eingeschränkt ist[2]. Als Finanzintermediäre betreiben die Sparkassen Fristen- und Losgrößentransformation, indem sie die Einlagen der privaten Haushalte in höherverzinsliche langfristige Kredite umwandeln. Diese Form der Zinsarbitrage sichert den Sparkassen bei stabilen Zinsen eine komfortable Zinsspanne und ermöglicht eine stetige Ausweitung des Geschäftsvolumens[3].

1.3.2 1965 - 1980: Zunehmender Wettbewerb

Bei diesem Zeitraum handelt es sich um die Übergangsperiode, die zur eigentlichen Krise der Sparkassen in den 80er Jahren führt. Die seit Mitte der 60er Jahre auftretenden Probleme der Sparkassen offenbaren schon bald die Schwächen der bestehenden Ordnung des Finanzsystems und lösen Reaktionen aus, die eine umfangreiche Neuordnung des Finanzsystems der USA erforderlich machen. Dieser Prozeß ist nicht auf den Sparkassensektor allein beschränkt, sondern erfaßt das gesamte Finanzsystem. Im Gegensatz zu den Problemen etwa der Geschäftsbanken, stand aber für die Sparkassen schon damals ihre Existenz als eigenständige Unternehmensgruppe auf dem Spiel. Eine seit Mitte der 60er Jahre anwachsende Inflationsrate bringt ein steigendes Zinsniveau und, vor dem Hintergrund ausgeprägter zyklischer Schwankungen, stärker variierende Zinssätze mit sich. Steigende Opportunitätskosten der Geldhaltung und höhere Preisrisiken sind die Folge dieser Entwicklung. Dennoch hält der Gesetzgeber an der bestehenden Regulierung fest. Dies hat eine Fülle von

---

1) Es konnten steuerfreie Reserven bis zu einer Höhe von 12% der Anteile bzw. Einlagen gebildet werden, was einer de facto Steuerbefreiung entsprach. Erst seit 1962 kam es zu einer effektiven Besteuerung der Gewinne von Savings and Loan Associations, die dann bis 1980 sukzessive auf 34% des steuerpflichtigen Gewinns angehoben wurde. Dabei waren sämtliche Steuerprivilegien an die Portfoliostruktur der Sparkassen geknüpft. Woerheide (1985) S. 7. und Farbritius / Borges (1989) S. 36. Das Privileg war jedoch an die Vorschriften der Steuerbehörde, dem Internal Revenue Service, gebunden. Diese verlangte ihrerseits, daß die Unternehmen mindestens 82% ihrer Aktiva in Hypothekarkrediten halten. Dadurch erfolgte eine weitere Beschränkung des Aktivgeschäfts für alle Unternehmen, die nicht vom FHLBB konzessioniert waren und den Vorschriften der Einzelstaaten unterlagen. Vgl. Barth / Regalia (1988) S. 130 ff.

2) Strunk / Case (1988) S. 39: Regulation Q was administered in a way that virtually guaranteed an operating profit for all but a small minority of institutions that were grossly inefficient.

3) Vgl. Gibson (1974) S. 597 - 600. Die Zinsspanne der Savings and Loan Associations lag bis 1965 bei durchschnittlich etwa 2% (Figure 2, S. 600).

Finanzinnovationen zur Folge, die - später unterstützt durch den technologischen Fortschritt im Bereich der Informationstechnologie - das bestehende Regulierungssystem durchlöchern. Fortlaufend müssen nun die Vorschriften für die Tätigkeit der Sparkassen und der anderen Finanzintermediäre verändert werden und die Schutzmauern zwischen den segmentierten Finanzintermediären beginnen langsam zu fallen[1].

Dreh- und Angelpunkt der Entwicklung ist aus Sicht der Sparkassen die Regulation Q. Steigende Finanzierungskosten und verstärkte Konkurrenz der Geschäftsbanken im Einlagengeschäft machen 1966 eine Einbeziehung der Sparkassen in die Zinsregulierung notwendig. Wesentlicher Bestandteil der neuen Regelung ist ein positives Differential zwischen den Sätzen, die die Sparkassen zahlen dürfen und den Sätzen, die für Geschäftsbanken gelten[2]. Die Ausweitung der Regulation Q erfüllt jedoch von Beginn an nicht die in sie gesetzten Erwartungen. Disintermediation ist die unmittelbare Folge dieser Maßnahme. Die Disintermediation setzt immer dann ein, wenn in rezessiven Phasen die kurzfristigen Zinssätze über die in der Regulation Q festgelegten Höchstgrenzen steigen, was während der Rezessionen von 1969, 1973 und 1979 regelmäßig der Fall ist[3]. Die Anleger reagieren mit Einlagenabzügen und investierten ihre Mittel zunehmend in Staatspapiere und höherverzinsliche Einlagenzertifikate, die nicht der Zinsregulierung unterliegen.

Der Einlagenwettbewerb macht eine grundlegende Umstrukturierung der Passivseite der Sparkassen erforderlich. Herkömmlicherweise wurden fast alle Einlagen in Form niedrigverzinslicher Sparkonten, sog. Passbook Accounts gehalten. Auf diese wurde ein einheitlicher, durch die Regulation Q bestimmter Zinssatz gezahlt. Die zunehmend elastischere Reaktion der Einleger auf Zinsänderungen, das sog. Hot Money-Problem[4], erfordert nun ein aktives Liability Management und die Einführung von neuen Einlageformen - Certificate Accounts -, die eine höhere Verzinsung bei längeren Laufzeiten aufweisen. Ebenfalls beginnen daraufhin einige Mutual Savings Banks, verzinsliche Sichteinla-

---

1) Vgl. Burns (1988) S. 11-24.

2) Siehe Strunk / Case (1989) S.40. Die Differenz zwischen den Sätzen für Savings and Loan Associations und Geschäftsbanken betrug im Durchschnitt 0,25 % für alle Fristigkeiten.

3) Vgl. Carron (1982) S. 4.

4) Gibson (1974) S. 597: ...the hot-money argument says that for any given rise in market interest rates more funds will tend to leave thrift institutions, that sharp increases in market rates will become increasingly frequent, and that the resulting flows will be so large as to bankrupt many thrift institutions." In seiner empirischen Untersuchung der Zinselastizitäten kam Gibson zu der Schlußfolgerung, daß die Einleger seit Mitte der 60er Jahre zunehmend sensibler auf Zinsänderungen reagierten. Eine Konkurrenz bestand aber nicht zwischen Sparkassen und Geschäftsbanken - gegen die die Regulation Q schützen sollte - sondern gegenüber den sonstigen Marktzinssätzen (ibid. S. 612).

gen in Form von Negotiable Orders of Withdrawals (NOW-Konten) anzubieten[1]. Diese Produkte, deren Zinssätze sich enger an den Marktzinsen orientierten, erhöhen die Refinanzierungskosten der Sparkassen insgesamt und nicht nur
in Perioden der Disintermediation. Hierdurch wurde die Rentabilität der Sparkassen langfristig gefährdet[2].

Den durch die Disintermediation hervorgerufenen Liquiditätsproblemen be-
gegnen die Sparkassen durch eine verstärkte Nutzung der Federal Home Loan
Banks. Das Federal Home Loan Bank System wandelt sich daraufhin von einem
Lender of Last Resort zu einem Lender of First Resort. Anstatt die Regulierung
zu verändern und den Savings and Loan Associations mehr Diversifizierung zu
gestatten, wird lediglich das FHLB-Systems als Subventionsinstrument genutzt.
Das langfristige Aktivgeschäft wird jedoch unverändert fortgeführt[3]. Bei dieser
Politik wird die fundamentale, in der Bilanzstruktur liegende, Zinsproblematik
nicht berücksichtigt. So bleibt die extreme Fristentransformation erhalten, die
in Zeiten schwankender Zinsen eine wachsende Gefahr für die Solvenz der
Savings and Loan Associations darstellt. Es handelt sich im wesentlichen um
eine Politik auf Kosten derjenigen Haushalte, die nicht in der Lage sind, mit
ihren Mitteln auf höherverzinsliche Anlagen auszuweichen.

Die Ursache dieser Verzögerung liegt in den unterschiedlichen Interessen der
einzelnen Bankengruppen, die sich ihre jeweilige Wettbewerbsnische erhalten
wollen. Eine echte Despezialisierung der Sparkassen erfordert einheitliche
Wettbewerbsbedingungen - ein Level Playing Field[4] -, die mehr direkte Konkurrenz der Kreditinstitute untereinander zulassen. 1980 wird schließlich mit
dem Depository Institutions Deregulation and Monetary Control Act (DID-
MCA)[5] ein erstes weitreichendes Reformgesetz verabschiedet.

Kern des Gesetzes ist aus Sicht der Sparkassen die partielle Portefeuille-
Deregulierung und die Abschaffung der Regulation Q. Diese Maßnahmen

---

1) Negotiable-Order-of-Withdrawal Konten waren die Antwort der Sparkassen auf die Automa-
ted-Transfer-Service (ATS) Konten der Geschäftsbanken. In beiden Fällen wurde bei einer bestimmten Mindesteinlage das Guthaben verzinst und zugleich war es möglich in beschränktem
Umfang Zahlungen an Dritte abzuwickeln, vgl. Blank (1991).

2) Zur Entwicklung der Einlagenstruktur in den Jahren 1966-1981 vgl. Carron (1982) S. 5-11.
Während der Anteil von niedrig verzinsten Passbook Accounts 1966 noch bei ca. 90 % lag,
ging dieser bis 1980 auf 23 % zurück (ibid. S.6).

3) In diesen Jahren wird zwar eine Fülle von Vorschriften erlassen, die auf eine Ausweitung der
Aktivitäten der Sparkassen zielen, die maßgebliche Beschränkung auf Realkredite blieb davon
aber unberührt. Vgl. Überblick bei Woerheide (1984) S. 8-18. Besonders hervorzuheben ist
die Einführung von variabel verzinslichen Hypothekarkrediten im Bundesstaat Kalifornien
1975. Diese konnten sich aber zunächst nicht bundesweit durchsetzen, da sich das FHLBB
und die meisten anderen Bundesstaaten der Einführung widersetzten. Vgl. Eichler (1989).

4) Siehe Balderston (1985).

5) Siehe Anhang 1.

erlauben es den Sparkassen ihre Aktivitäten stückweise auf das gesamte Bankgeschäft auszuweiten. In dieser Hinsicht handelt es sich um ein echtes Deregulierungsgesetz, das es von nun an Geschäftsbanken und Sparkassen ermöglicht, in allen Bereichen miteinander zu konkurrieren. Die Maßnahmen stehen in einem direkten inneren Zusammenhang: Wird die Regulation Q abgeschafft, so erhöht sich der Einlagenwettbewerb, wodurch eine wesentliche Subvention der Sparkassen beseitigt wird. Um nun den Kostenanstieg auffangen zu können, mußte den Sparkassen ein entsprechender Ausgleich auf der Aktivseite gewährt werden.

Zieht man indes in Betracht, daß die Regulation Q zu dem Zeitpunkt bereits in vielen Bereichen durchlöchert war, so stellt dieses Deregulierungspaket als ganzes gesehen lediglich eine passive Reaktion auf die Märkte dar[1]. Dem DIDMCA fehlen vor allem zwei wesentliche Komponenten. Das bestehende komplizierte Aufsichtssystem wird unverändert gelassen und die Einlagenversicherung wurde völlig ausgeklammert[2]. Über das FHLBB blieb der Sparkassenlobby ein wesentlicher Einflußkanal. Bei der Einlagenversicherung wurde die Garantiesumme von 40.000 $ auf 100.000 $ ausgeweitet, ohne die Auswirkungen der Portefeuille-Deregulierung auf die Ausgestaltung der Einlagenversicherung zu berücksichtigen.

Zusammenfassend läßt sich feststellen, daß bereits in den 70er Jahren Entwicklungen einsetzen, die den Bestand der Sparkassen langfristig gefährden. Deren Bilanzstruktur stellte in einem von starken Zinsschwankungen geprägten Umfeld eine ständige Bedrohung dar. Die Geschäftspolitik der Sparkassen und auch die staatliche Regulierungspolitik beruht allein in einer Spekulation auf fallende Zinssätze[3].

2. Eine Chronik der Sparkassenkrise in den 80er Jahren

2.1 Die Zinskrise von 1979 - 1982

2.1.1 Der Kurswechsel in der Geldpolitik

Angesichts der offenkundigen Probleme der 70er Jahre bedurfte es nun lediglich noch eines Auslösers für eine existenzbedrohende Ausweitung der latenten Krise. Einen solchen Schock verursacht der im Oktober 1979 vollzogene Paradigmawechsel in der amerikanischen Notenbankpolitik. Die fort-

---

1) Vgl. Gondring (1989) S. 148 ff..
2) Was in den folgenden Jahren zu den bereits beschriebenen Problemen führte. Siehe auch Kap. II.2.3.2
3) Siehe Kap. III.1.2

20

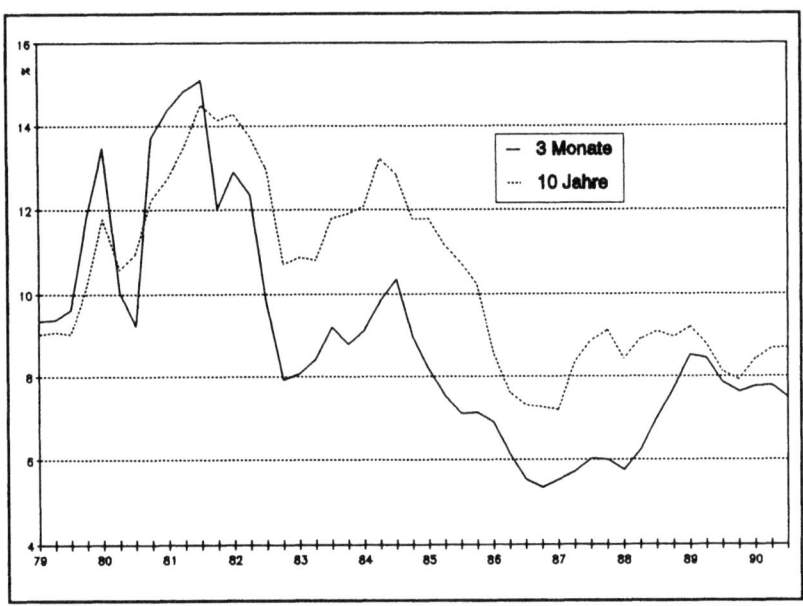

Abbildung 1: Umlaufrendite öffentlicher Anleihen in den USA 1979 - 1990

Quelle: IWF-International Financial Statistics; kurzfr. Zins: 3 mon. Treasury Bill; langfr. Zins: 10 jährige Staatsanleihen.

laufend steigende Inflationsrate veranlaßt das Federal Reserve Board, seine an der Stabilisierung des Zinsniveaus orientierte Politik aufzugeben und zu einer rigorosen am Geldmengenwachstum orientierten Anti-Inflationspolitik über-zugehen. Dieser Wechsel zu einer restriktiven Geldpolitik hat einen von den Märkten weitgehend nicht antizipierten Zinsanstieg zur Folge (Abbildung 1). Die veränderten Inflationserwartungen führen zugleich zu einer über lange Zeiträume inversen Fristigkeitsstruktur der Zinssätze. Die einsetzende Rezes-sion wird durch den realen Schock der zweiten Ölkrise verstärkt und die Nach-frage nach Hypothekarkrediten geht drastisch zurück.

Die Haushalte reagieren auf diese Entwicklung mit massiven Umschichtun-gen ihrer Portefeuilles zugunsten der Money Market Mutual Funds (MMMF), die von 1979 - 1982 eine explosionsartige Ausweitung erfahren. Diese ermögli-chen es auch den Kleinanlegern, der wichtigsten Kundengruppe der Savings and Loan Associations, von den hohen kurzfristigen Zinssätzen zu profitieren. Das Volumen der MMMFs verzehnfacht sich von 1979 bis 1982 um 232 Mrd $ (Tabelle 2 zeigt die Änderung der Marktanteile). Ein Großteil dieser Mittel,

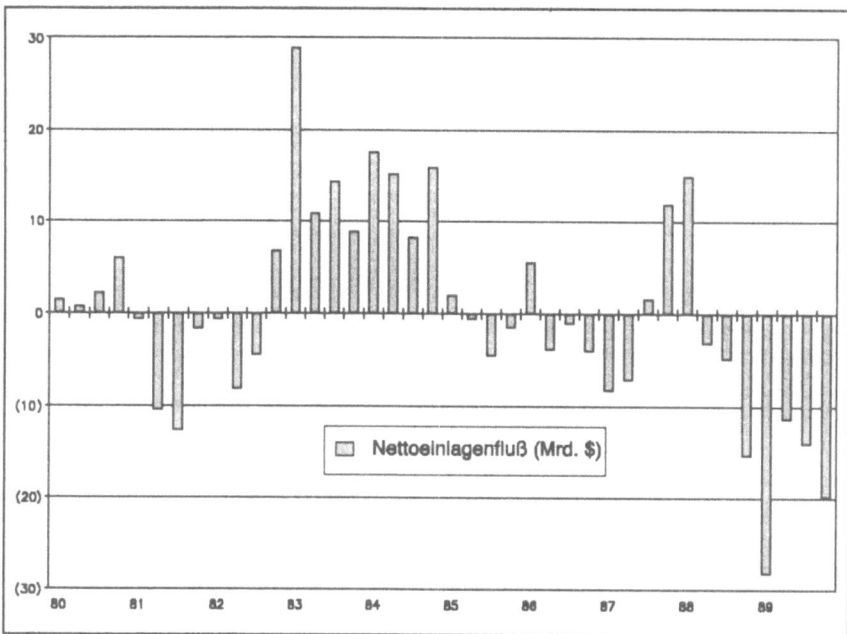

Abbildung 2: Netto-Einlagenströme bei FSLIC-versicherten Sparkassen 1980-1989

Netto-Einlagenfluß: Nettoeinlagenzuflüsse ohne Zinsgutschriften bei FSLIC-versicherten Sparkassen, Quartalswerte 1980:1 - 1989:4; Quelle: United States League of Savings Institutions (1989) Tab. 11, S. 26 und OTS (1989) Tab. A12, S. A-15.

insgesamt etwa 160 Mrd $, stammt dabei aus Vermögensumschichtungen der privaten Haushalte.

Unmittelbare Folge dieser Entwicklung ist ein Ertragseinbruch bei den Sparkassen. Um den Einlageabzügen zugunsten der MMMFs zu begegnen, sind erhebliche liquide Mittel erforderlich. Die Nettoeinlagenabzüge (ohne Zinsgut-schriften) belaufen sich bei den Savings and Loan Associations zwischen dem 4. Quartal 1979 und dem 3. Quartal 1982 auf 58 Mrd $ (Abbildung 2). Dies macht etwa 12% des 1979 erreichten Einlagevolumens aus. Der Erfolg der MMMFs ging also zu einem beträchtlichen Teil zu Lasten der Savings and

Loan Associations[1]. Die Rekordzinssätze der Jahre 1980-82 lassen so die Regulation Q völlig ineffektiv werden bzw. führen zu Disintermediation[2].

In dieser Situation befinden sich die Sparkassen in einem Dilemma: Sie können weiterhin versuchen, den Einlagenabzügen durch höherverzinsliche Einlageformen zu begegnen. Deren Kosten übersteigen jedoch schnell die Verzinsung der Aktivseite und führen zu entsprechenden Verlusten. Alternativ können sie die Einlagenabzüge hinnehmen, müssen dann aber ihre Aktiva weit unter pari liquidieren. Beide Strategien führen so unausweichlich zu massiven Verlusten[3]. Auf diese Weise machen in den Jahren 1981/82, in denen sich die Krise aufgrund anhaltend hoher Zinsen fortlaufend verstärkt, über 60% aller Sparkassen laufende Verluste. Ihren Höhepunkt erreicht die Zinskrise in der zweiten Hälfte des Jahres 1981 als 85% aller Savings and Loan Associations, die über 90% aller Aktiva kontrollieren, in der Verlustzone sind[4].

Die Verluste zehren bei vielen Unternehmen schnell das Eigenkapital auf, so daß es während der Zeit zu einer Rekordzahl von Insolvenzen und Fusionen kommt. Die Insolvenzen werden ausschließlich von der FSLIC abgewickelt, die eine Fusion der betroffenen Unternehmen im wesentlichen mit vermeintlich stärkeren Konkurrenten veranlaßt oder diese an Geschäftsbanken verkauft. Insgesamt fusionieren während des Zeitraums 847 Unternehmen, wodurch sich die Anzahl der rechtlich selbständigen Sparkassen um etwa 20% vermindert. In 361 Fällen muß die FSLIC eingreifen, um die Einlagen zu sichern[5]. Die restlichen Fusionen kamen, besonders bei kleineren Savings and Loan Associations, auf private Initiative hin zustande. Diese Daten markieren lediglich die Spitze des Eisbergs, da die offiziellen Sparkassenbilanzen die langfristigen Kredite trotz der Zinssteigerungen weiterhin zu historischen Anschaffungskosten ausweisen dürfen.

Mit Hilfe der Duration-Analyse lassen sich die tatsächlichen Vermögensverluste der Sparkassen näherungsweise bestimmen. Der Wert der Aktiva und Passiva errechnet sich hierbei als der Gegenwartswert der tatsächlichen Cash Flows[6].

---

1) Siehe Blank (1991) S. 29. und United States League of Savings Institutions (1989).

2) Die Zinsobergrenzen stagnierten 1980 bei 5 1/2 % - 8%, je nach Fristigkeit. Gleichzeitig stieg die Umlaufrendite der Staatspapiere bei kurzen Laufzeiten auf bis zu 15%.

3) Eine ausführliche Darstellung der Lage der Sparkassen während dieser Periode findet sich bei Carron (1982) und Mahoney / White (1985).

4) Siehe White (1991) S. 70.

5) Siehe Tabelle 10.

6) Das Duration-Konzept stellt ein Verfahren zur Bestimmung der durchschnittlichen Kapitalbindung beliebiger Aktiva dar (Siehe Kaufman (1982) und Kaufman (1989) S. 97-105 und S. 332-355). Neben der tatsächlichen Laufzeit eines Kredits geht die zeitlich gewichtete Struktur

(Fortsetzung...)

Bei den Hypothekarkrediten liegt die Duration erheblich unter der tatsächlichen Laufzeit, da eine zeitliche Gewichtung der Rückzahlungsströme vorgenommen wird. Ein Großteil der Kredite wird zudem von den Haushalten bereits vor Ende der vereinbarten Laufzeit gekündigt. Die 30-jährigen conventional mortgages werden von den Kreditnehmern im Schnitt bereits nach 12 Jahren gekündigt. Nimmt man die zeitliche Gewichtung hinzu, verringert sich die Duration eines typischen Hypothekarkredits weiter.

Eine Untersuchung von *Woerheide* (1984) schätzt die durchschnittliche Duration der Aktiva aller Savings and Loan Associations Ende 1981 auf 5,11 Jahre. Die Duration der Passiva betrug durchschnittlich etwa 1,58 Jahre[1]. Das entstehende Duration Gap betrug, bezogen auf das Eigenkapitalkonto 3,6 Jahre[2]. Über dieses Gap entfaltete der Zinsanstieg eine Hebelwirkung auf das Eigenkapital der Sparkassen. Bei einem durchschnittlichen Anstieg des Zinsniveaus zwischen 1980 und 1982 um 4% impliziert dies, daß der Wert des Eigenkapitals, sich innerhalb eines Jahres um 12,9% des Bilanzvolumens verminderte[3]. Der Zinsanstieg reichte also aus, um das vorhandene Eigenkapital der Sparkassen, das 1980 etwa 5% der Aktiva betrug, vollständig aufzuzehren. Der Wert der Aktiva sank sogar erheblich unter den der Verbindlichkeiten.

---

6) (...Fortsetzung)
der Rückzahlungsströme und der Zins in die Berechnung mit ein. Unter der Annahme einer flachen Zinstruktur läßt sich über die Duration die Zinselastizität von Vermögenswerten oder Verbindlichkeiten bestimmen. Das Zinsänderungsrisiko bei den Sparkassen resultiert dabei aus der Differenz zwischen der durchschnittlichen Duration aller Aktiva und der durchschnittlichen Duration aller Passiva. Übersteigt die Duration der Aktiva die der Passiva, so wirkt eine Zinserhöhung negativ auf den Marktwert des Eigenkapitals, da der Wert der Aktiva stärker sinkt als der der Passiva.

1) Woerheide (1985) S. 62 ff. Woerheide nimmt an, daß die Hypothekarkredite der Savings and Loan Associations eine durchschnittliche Laufzeit von 12 Jahren aufweisen. Durch die Annuitätentilgung, die konstante Rückflüsse während der gesamten Laufzeit aufweist, beträgt die Duration des Realkreditportfolios lediglich 5 Jahre. Auf der Einlagenseite wurde angenommen, daß sämtliche Passbook-Sparkonten eine Duration von 0,5 Jahren aufweisen, während die höherverzinslichen längerfristigen Einlagen eine Duration von 2 Jahren besitzen. Diese Annahmen sind problematisch, da die Duration, insbesondere der höher verzinslichen Einlagen selbst auf steigende Zinssätze reagiert und man gerade bei den wenigen den Savings and Loan Associations noch verbliebene Passbook-Konten von einer relativ geringen Zinsempfindlichkeit ausgehen muß.

2) Hierbei wurde die Duration der Passiva mit deren Anteil an der Bilanzsumme gewichtet. Siehe Kaufman (1989) S. 332 ff.

3) Bei starken Zinsschwankungen, wie Anfang der 80er Jahre stellt dieses lineare Maß lediglich ein Näherungsverfahren an die tatsächliche Zinselastizität der Vermögenswerte dar. Ebenfalls wird von einem einheitlichen Zinsatz ausgegangen, also von der Risiko- und Fristigkeitsstruktur der Zinssätze abstrahiert.

24

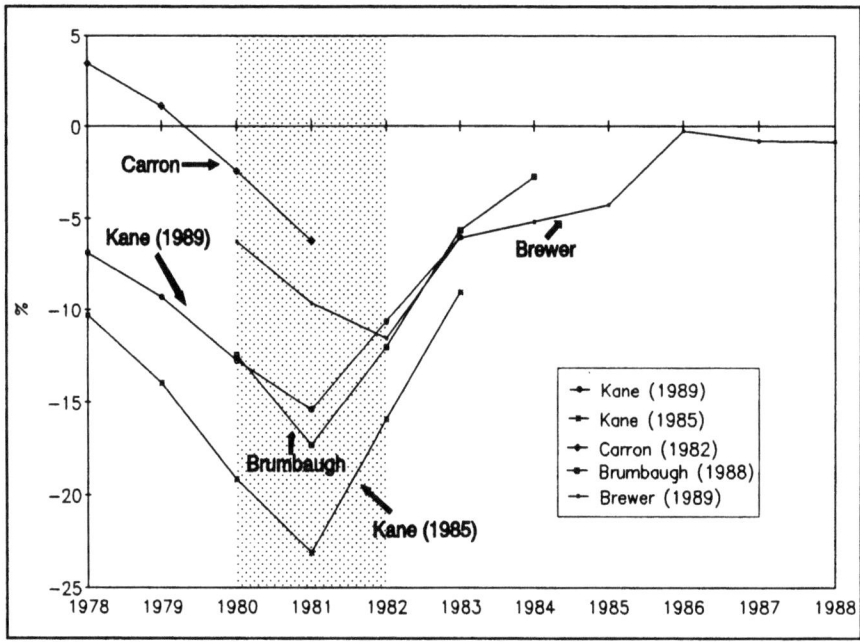

Abbildung 3: Marktwert des Eigenkapitals der Savings and Loan Associations 1979 - 1988

Marktwert des Eigenkapitals der FSLIC versicherten Sparkassen zum Jahresende, jew. in % der Bilanzsumme am Jahresende. Quelle: Kane (1985), Kane (1989), Brumbaugh (1988) in Kane (1989), Tabelle 3-1, S. 75; Carron (1982): Tabelle 2-2, S. 30; Brewer (1989): S. 3; eigene Berechnungen.

Abbildung 3 zeigt verschiedene Untersuchungen des Sparkassenvermögens während der 80er Jahre. Die Schätzungen des Ausmaßes der Wertverluste und damit auch der langfristigen Ertragsaussichten der Sparkassen geben dabei bezüglich des Ausmaßes der Vermögensverluste ein uneinheitliches Bild. Das kommt daher, daß diesen Schätzungen jeweils unterschiedliche Annahmen über die durchschnittliche Restlaufzeit der Realkreditportefeuilles zugrunde lagen. *Kane* (1985) nimmt bspw. bei seiner simplen Berechnungsmethode eine unendliche Laufzeit an, wodurch die Wertverluste entsprechend höher ausfallen. *Kane* (1989) korrigiert daher seine Ergebnisse von 1985 pauschal um 1/3 nach oben. Die anderen Untersuchungen berücksichtigten hingegen die Rückzahlungsgewohnheiten der Kreditnehmer.

Die Duration-Methode erweist sich so als ein recht grobes Maß, was vor allem auf die mangelnde Verfügbarkeit von Daten über den tatsächlichen Portefeuilleumschlag zurückzuführen ist. Man kann jedoch davon ausgehen, daß alle Sparkassen während der Hochzinsphase de facto überschuldet waren und nur durch die Politik der Aufsichtsbehörden und die Garantien der FSLIC am Leben gehalten wurden. In diesem Sinne erfüllte das bestehende Einlagensicherungssystem hier seine Aufgabe und verhinderte kurzfristig eine Finanzkrise, indem das Vertrauen der Gläubiger erhalten wurde.

Dieses Ergebnis ist nicht weiter überraschend, und es wird durch die in Kapitel III dieser Arbeit dargestellte Zinsspannenanalyse bestätigt. Interessant sind jedoch zwei weitere Aspekte der Duration-Analyse: Zum einen weist *Kane* (1985) in seiner Untersuchung darauf hin, daß eine negative Kapitalisierung bereits während der 70er Jahre bestanden hatte. Zu einem Zeitpunkt, zu dem die Sparkassen noch nominelle Gewinne auswiesen. Dies deutet auf eine Fehleinschätzung der Lage durch die Sparkassen hin, die in dieser Lage steuermindernde Abschreibungen hätten vornehmen können[1]. Stattdessen hatte man angesichts der hohen Zinsen jedoch auf Expansion und Aufstockung des bilanziellen Eigenkapitals gesetzt, um dem Zinsanstieg durch Neugeschäft zu begegnen. Diese Politik konnten die meisten Sparkassen später bei dem forcierten Zinsanstieg nicht mehr durchhalten. Desweiteren kommen *Brewer* (1989) und *Brumbaugh* (1988) zu dem Ergebnis, daß auch in den folgenden Jahren eine negative Kapitalisierung bestehen blieb. Der Zinsverfall seit Ende 1982 reichte demnach nicht aus, um die Lage der Sparkassen grundlegend zu verbessern[2].

Bei dieser Betrachtungsweise läßt sich deutlich die Schuld und das Versagen des Gesetzgebers erkennen: Obwohl die Probleme bereits seit Anfang der 70er Jahre bekannt sind, reagiert man nicht rechtzeitig auf die Veränderungen im Finanzsektor. Stattdessen hält man an dem bestehenden Regelwerk fest, das die Sparkassen unausweichlich in eine überzogene Fristentransformation und damit in die Insolvenz treibt. Jedoch handeln auch die Sparkassen naiv, indem sie

---

[1] Siehe Kane (1985) S. 97 f.

[2] Gegen die Duration-Analyse läßt sich einwenden, daß es sich um eine ceteris paribus Betrachtung handelt. Obwohl einheitlich etwa 80 % der Aktiva in langfristigen Realkrediten und Pfandbriefen gehalten werden, ist man auf Schätzungen über die tatsächliche Fälligkeitsstruktur der Sparkassenportefeuilles angewiesen. Die tatsächliche Fristigkeit selbst ist wiederum abhängig von der Zinsentwicklung. In Hochzinsphasen sinkt tendenziell der Umschlag des Portfolios, da weniger Kredit nachgefragt wird. In Niedrigzinsphasen hingegen steigt der Umschlag wieder an, da die teuren Kredite nun wiederum günstiger refinanziert werden (Vgl. Carron (1982) S. 20). Weitere Kritikpunkte: Für alle Kredite wird ein einheitliches Bonitätsrisiko unterstellt. Neben den Bonitätsrisiken ändert sich vor allem das Besicherungsrisiko bei schwankenden Grundstückspreisen (vgl. Kane (1985), Federal Reserve Bank of Boston (1981) S. 33-36, Carron (1982)). Weiterhin werden auch keine Off Balance Sheet-Positionen und immaterielle Vermögenswerte berücksichtigt (Vgl. Brewer (1989). Der einheitliche Zinssatz zur Diskontierung der Forderungen und Verbindlichkeiten stellt ebenfalls eine realitätsferne Annahme dar und ermöglicht es nicht, die Effekte von Änderungen in der Fristigkeitsstruktur der Zinssätze zu erfassen. Der Einfluß solcher Verschiebungen ist jedoch vergleichsweise gering (vgl. Woerheide (1985) S. 55 ff.).

trotz steigender Zinssätze und wachsender Risiken weiterhin expandieren. Dies geschieht allein in der Hoffnung auf einen baldigen Rückgang der Zinsen. Die Risiken hätten in dieser Situation auch durch Hedging-Maßnahmen begrenzt werden können. Insofern trifft auch die Sparkassen eine Mitschuld, weil sie nicht bereit sind die Kosten solcher Maßnahmen zu akzeptieren. Die Sparkassen und ihre Interessenvertretung, die United States League of Savings Institutions, sehen sich als Opfer einer verfehlten Regulierungspolitik. Der Staat, der sowohl für die Regulierung als auch letztlich für die Geldpolitik - die hier offenbar die Strapazierfähigkeit des Finanzsystems überschätzt - verantwortlich ist, sieht sich zu umfangreichen Stützungsmaßnahmen aufgerufen.

Die Geschäftsbanken hingegen halten 1979 liquidere Portefeuilles und sind in der Lage die steigenden Zinsen schneller an ihre Kreditkunden weiterzugeben. Ende 1982 bahnt sich jedoch auch für die Großbanken eine Krise an, als zunächst Mexiko und später auch andere südamerikanische Länder zahlungsunfähig werden. Dies geschieht nicht zuletzt aufgrund der hohen Zinsen in den USA. Das Zinsrisiko verwandelt sich auf diese Weise für die Großbanken in ein höheres Kreditrisiko[1].

2.1.2 Die Politik der Capital Forbearance als kurzfristige Stützungsmaßnahme

Neben die moralische Verantwortung des Staates trat in dieser Situation noch die gesetzliche Verpflichtung der FSLIC, den Einlegern im Falle einer Insolvenz den Schaden zu ersetzen. Eine Welle von Insolvenzen hätte in der damaligen Situation unweigerlich eine Insolvenz der FSLIC nach sich gezogen. Die Reserven und das Prämieneinkommen der FSLIC hätten nicht annähernd ausgereicht, den versicherten Einlegern die Wertverluste der Sparkassenportefeuilles zu ersetzen. Bereits 1980 hatte *Kopcke* die Verbindlichkeiten der FSLIC auf 100 Mrd. \$[2] geschätzt. Diese Gelder standen der FSLIC nicht zur Verfügung und hätten letztlich vom Staat aufgebracht werden müssen. In dieser Situation stellte eine Bestandsgarantie für alle Savings and Loan Associations für die FSLIC die günstigste Lösung dar. Zum einen aus Kostengründen, da man berechtigter Weise davon ausging, daß die Zinsen wieder sinken würden, zum anderen war es für alle Beteiligten die bequemere Lösung, da zunächst keine Steuermittel aufgewendet werden mußten. Es reichte in dieser Situation aus, daß der Kongreß für die Verbindlichkeiten der FSLIC garantierte und das Vertrauen der Einleger in die Savings and Loan Associations erhalten blieb.

Die 1980 durchgeführte Teil-Deregulierung kommt angesichts der Zuspitzung der Lage zu spät zur Beendigung der akute Krise. Kurzfristig geht es

---

1) Siehe Carron (1982a) S. 410 ff.
2) Diese Zahl, die auf Basis des Duration-Verfahrens errechnet war, wurde 1980 auf einer Konferenz von Kopcke (1981) vorgelegt. Vgl. auch Federal Reserve Bank of Boston (1981).

darum, den Zusammenbruch einer großen Anzahl von Sparkassen zu verhindern. Es müssen daher vor allem Übergangsregelungen gefunden werden, um
die Liquidität und die Solvenz weiter Teile des Sparkassensektors zu sichern.

Bezüglich der Liquidität stellen die Einlagenabzüge zugunsten der MMMF's,
die Ende 1981 ihren Höhepunkt erreichen, das größte Problem dar. Mit Hilfe
des FHLB-Systems können zwar entsprechende Mittel beschafft werden, diese
können jedoch nur zu entsprechenden Zinssätzen an die Mitglieder weitergegeben werden. Die Federal Reserve weigert sich, in dieser Situation als Lender
of Last Resort Subventionen an die Sparkassen zu geben, obwohl ihr diese
Möglichkeit seit 1980 gegeben war. Als Vorteil erweisen sich in dieser Situation die robusten Cash Flow-Eigenschaften der Hypothekarkredite. Die Sparkassenportefeuilles haben zwar eine geringe Durchschnittsverzinsung, generie-
ren aufgrund der Kombination von Kapitaldienst und -rückzahlung jedoch
relativ hohe Cash Flows. Diese Mittelzuflüsse dienen dem Ausgleich der
Einlagenabzüge. Insgesamt kann auf diese Weise eine Liquiditätskrise verhindert werden; auch kommt es nicht zu dem damals befürchteten silent run auf
die Sparkassen[1].

Direkte Subventionen zur Sicherung der Existenz der Sparkassen, die zu
jener Zeit einer Verstaatlichung weiter Teile des Sparkassensektors gleichge-
kommen wären, wurden in den Jahren 1981/82 vom Kongreß abgelehnt[2].
Jedoch stellt sich der Kongreß Ende 1982 mit der folgenschweren Full-Faith-
and-Credit-Erklärung[3] hinter sämtliche potentielle Verbindlichkeiten der
FSLIC. Damit wird implizit auch eine politische Garantie für alle von der
FSLIC am Leben gehaltenen Sparkassen abgegeben. Dies geschieht allerdings
in der Annahme, daß diese Garantie niemals eingelöst werden muß. Die Sparkassen sollen sich nach den Vorstellungen der Verantwortlichen vielmehr selbst
helfen und ihre Verluste durch Gewinne in den folgenden Jahren wieder ausgleichen. Auf diese Weise reduzieren sich auch die Kosten der FSLIC aus einer
sofortigen Abwicklung aller Insolvenzen.

Um das Überleben der Sparkassen zu sichern, bedarf es einer Verlängerung des Zeithorizontes, über den die entstandenen Verluste realisiert werden
müssen und zusätzlicher Anreize für Investoren, neues Kapital in die Branche
einzubringen. Dreh- und Angelpunkt der Strategie ist die Eigenkapitalregulierung des FHLBB[4].

---

1) Vgl. Carron (1982) und Carron (1983).

2) Verschiedene Pläne von direkter Zinssubventionierung wurden von der Regierung abgelehnt.
    Allein das steuerbegünstigte All Saver's Certificate und die bestehenden Verlustvortragsmög-
    lichkeiten enthalten Elemente einer direkten Subventionierung (Carron (1982) S. 72 ff.).

3) Die Resolution wurde im März 1982 im Rahmen des Garn-St.Germain-Gesetzes von beiden
    Häusern des Kongresses verabschiedet. Vgl. Kane (1985) S. 32.

4) Siehe die Chronologie zur Regulierungspolitik des FHLBB in Anhang 2.

Die Aufsichtsbehörden ergreifen zwei Maßnahmen, um die Zahl der über-schuldeten Unternehmen nach außen hin zu reduzieren: Angesichts der Tatsa-che, daß die meisten Sparkassen die Mindestanforderungen nicht mehr erfüllen, werden selbige gesenkt, um somit die Anzahl der Konkurse auf dem Papier zu reduzieren. Im November 1980 wird dem zufolge das Mindesteigenkapital von fünf Prozent[1] auf vier Prozent gesenkt, später wird es im Januar 1981 nochmals auf drei Prozent vermindert[2].

Als weiteres Miitel wird die Bemessungsgrundlage des bilanziellen Eigen-kapitals erweitert. Aus diesem Grund werden 1980 die Regulatory Accounting Principles (RAP) eingeführt, die sich wesentlich von den allgemeinen Bilanzie-rungsvorschriften, den Generally Accepted Accounting Principles (GAAP)[3], unterscheiden. Durch diese Manipulationen wird der Zeitraum der Verlustreali-sation verlängert, und die Unternehmen können die Mindestanforderungen an das bilanzielle Eigenkapital leichter erfüllen. Im folgenden sind die wichtigsten Änderungen der Bilanzierungsrichtlinien im einzelnen wiedergegeben[4].

Die Generally Accepted Accounting Principles ermöglichen den Sparkassen bereits eine Verlängerung der Verlustrealisation, da die niedrigverzinslichen Kredite trotz der Zinssteigerungen weiterhin zu Anschaffungskosten bewertet werden dürfen. Die Differenz zwischen durchschnittlicher Verzinsung und aktuellem Marktzins wirkt dabei wie eine Abschreibung der realisierten Ver-luste[5]. Das FHLBB erlaubt den Savings and Loan Associations im Rahmen seiner Regulatory Accounting Principles erweiterte Abschreibungsmöglich-keiten. Bei der Veräußerung von bestehenden Realkrediten können Loss Defer-rals in Höhe der Differenz zwischen Buch- und Marktwert des zugrundeliegen-den Aktivums gebildet werden[6]. Dieser Posten darf über die ursprüngliche Laufzeit des nun nicht mehr existierenden Aktivums abgeschrieben werden. Dadurch können kurzfristig Mittel freigesetzt werden, die es den Savings and Loan Associations ermöglichen, ihre Portefeuilles schneller umzustrukturieren.

---

1) Da diese Vorschriften auch für alle bei der FSLIC versicherten Institute Anwendung fanden, erstreckte sich die Eigenkapitalregulierung auch auf die meisten einzelstaatlich konzessio-nierten Institute, die nicht direkt dem FHLBB unterstanden, wohl aber den regionalen FHLB's und der FSLIC. Allein die Mutual Savings Banks, die den Bestimmungen der FDIC zu folgen hatten, und einige wenige bei anderen Fonds versicherte Sparkassen bildeten eine Ausnahme.

2) Erst durch den DIDMCA (1980) war das FHLBB verpflichtet worden, die Eigenkapitalanfor-derung nach eigenem Ermessen zwischen mind. 3% und max. 6% festzulegen. Siehe Anhang 1.

3) Hierbei handelt es sich um allgemeine Bilanzierungsrichtlinien, die bei allen Unternehmungen Anwendung finden. Festgelegt werden diese durch die Wirtschaftsprüferverbände und Organe wie bspw. das American Institute of Certified Public Accountants (AICPA) und das Financial Accounting Standards Board (FASB). Siehe Bernstein (1974).

4) Siehe hierzu auch Anhang 2.

5) Vgl. Kane (1985) S. 89 ff..

6) Vgl. Brumbaugh (1988).

Problematisch an dieser Regelung, die lediglich eine Ausweitung der bestehenden GAAP-Praxis darstellt, ist, daß diesem Bilanzposten keine Vermögenswerte mehr zugrunde liegen und daß es zu einer ungleichen Behandlung von Gewinnen und Verlusten in der Bilanz kommt. Die Abschreibung der Loss Deferrals belastet die Ertragsrechnung bis zu maximal 30 Jahren, während umgekehrt Gewinne aus Veräußerungen von anderen Aktiva bereits in der laufenden Periode voll erfolgswirksam verbucht werden dürfen[1].

Eine weitere Aufwertung erfährt das Sparkassenvermögen im Rahmen der GAAP durch das immaterielle Vermögen, das durch die Fusionen von Sparkassen gebildet wird. Bei Fusionen kommt es zur Aufdeckung der Differenz zwischen Markt- und Buchwert der vorhandenen Aktiva. Die Differenz zwischen dem Kaufpreis und dem Marktwert der Aktiva - ggf. abzüglich etwaiger Stützungszahlungen der FSLIC - darf bei einer Fusion als Goodwill aktiviert werden. Dieses immaterielle Vermögen darf über einen Zeitraum von 40 Jahren abgeschrieben werden. Die tatsächliche Laufzeit der zugrundeliegenden Aktiva ist jedoch auch hier kürzer. Die Sparkassen realisierten wiederum kurzfristig Gewinne, wenn der Wert der Aktiva gegen Ende der Laufzeit wieder ansteigt oder das Aktivum bei Zinsänderungen mit Gewinn veräußert werden kann. Dem Goodwill liegen so in vielen Fällen keine Vermögenswerte mehr zugrunde während die Abschreibung weiterhin die Erträge belastet[2]. Auf diese Weise wird die Bedeutung des Goodwills, der sich normalerweise an überdurchschnittlichen Ertragserwartungen orientiert[3], ins Gegenteil verkehrt. Da dieses immaterielle Vermögen im Insolvenzfall keinen Wert für die Gläubiger und den Einlagenversicherer FSLIC hat, ist es notwendig, einen weiteren Eigenkapitalbegriff zu beachten. Dieser Eigenkapitalbegriff wurde als tangible asset position (TAP) bezeichnet. Das TAP-Eigenkapital entspricht materiell dem Vermögensausweis der Sparkassen der Jahre vor 1980.

Die wichtigste Änderung im bilanziellen Eigenkapital der Sparkassen stellen nach 1980 die Income Capital Certificates (ICC) und die seit 1982 verwendeten Networth Certificates (NWC). Im Rahmen des RAP-Standards kauft die FSLIC Income Capital Certificates (ICC) an, die von insolventen Savings and Loan Associations herausgegeben werden[4]. Diese werden von der FSLIC mit Schuldscheinen bezahlt. Effektiv übernimmt die Einlagenversicherung auf diese Weise einen Teil des Zinsrisikos in der Hoffnung, daß sich die Lage der betreffenden Unternehmen wieder verbessern würde und diese die

---

1) Eine weitere Aufwertung im Rahmen der GAAP erhielt das Sparkassenvermögen durch die Möglichkeit, Wertsteigerungen des Betriebsvermögens, insbesondere von Gebäuden und Grundstücken, als appraised equity capital zu verbuchen.

2) Vgl. Kane (1985) S. 42 und Silverberg (1990) S. 22 f..

3) Vgl. Bernstein (1974).

4) Vgl. Carron (1982), Kane (1985) und Brumbaugh (1988).

ICCs verzinst zurückkaufen können. Auf diese Weise vermeidet die FSLIC kurzfristig Verluste und ist zugleich an späteren Gewinnen der Savings and Loan Associations beteiligt. Dieser Position steht jedoch im Insolvenzfall aus Sicht der FSLIC kein tatsächliches Vermögen der Savings and Loan Associations gegenüber. Die FSLIC ist dann gezwungen, Einlagen zu schützen, denen Forderungen an sie selbst gegenüberstehen. Trotzdem werden diese ICCs vom FHLBB als Teil des bilanziellen Eigenkapitals nach den RAP angesehen. Bei der Umstrukturierung von insolventen Sparkassen stellen die ICCs ein wichtiges Intrument dar, da sie es der FSLIC ermöglichen, im Einzelfall das Ausmaß der gewährten Eigenkapitalerleichterungen individuell festzulegen. Bei Fusionen stellen ICCs ein Instrument dar, eine insolvente Savings and Loan Association für den Erwerber interessant zu machen, da die ICCs vom Käufer übernommen werden können.

Durch den Garn-StGermain Act von 1982 werden die ICCs nachträglich legitimiert. Fortan wird es den Sparkassen mit weniger als drei Prozent Eigenkapital für die Dauer von vier Jahren ermöglicht, Net Worth Certificates auszugeben. Die FSLIC ist nun verpflichtet, die NWCs von den Sparkassen anzukaufen[1]. Im Rahmen der RAP Vorschriften kann so wiederum der bilanzielle Eigenkapitalausweis erhöht werden. Im Gegensatz zu ICCs, die der Diskretion der FSLIC unterlagen, haben die Sparkassen durch dieses Gesetz einen rechtlichen Anspruch auf die Eigenkapitalhilfen. Bei den ICCs und den NWCs handelt es sich um eine staatliche Bereitstellung von Eigenkapital für die Savings and Loan Associations. Dadurch ensteht ein interner Kapitalkreislauf zwischen der FSLIC und den Savings and Loan Associations. Die FSLIC und

---

1) NWC durften auch von schwach kapitalisierten Commercial Banks und Mutual Savings Banks verwendet werden. Im Gegensatz zur FSLIC weigerte sich die FDIC jedoch, diese pauschal als Eigenkapital anzuerkennen. Die NWC wurden von der FDIC ausschließlich bei den Mutual Savings Banks eingesetzt, die ebenfalls schwer unter der Hochzinsphase gelitten hatten. Das NWC-Programm war an rigorose Auflagen bezüglich der Geschäftspolitik gebunden. Institute, die die Auflagen nicht erfüllten und die weiterhin Verluste machten, wurden von der FDIC bis 1986 zügig abgewickelt. Das NWC-Programm erwies sich bei den Mutual Savings Banks für die FDIC als Erfolg. Entsprechend anders entwickelte sich das (GAAP-) Vermögen der Mutual Savings Banks. Für die Geschäftsbanken und die Mutual Savings Banks wurden erst 1985 verbindliche Eigenkapitalvorschriften eingeführt, die ein Eigenkapital von 6 % der Aktiva erforderlich machten. Bemessungsgrundlage bildete das sogenannte Total Capital, dessen Bewertungsansätze sich am GAAP-Ansatz orientierten. Siehe Brumbaugh / Litan (1990) S. 5.

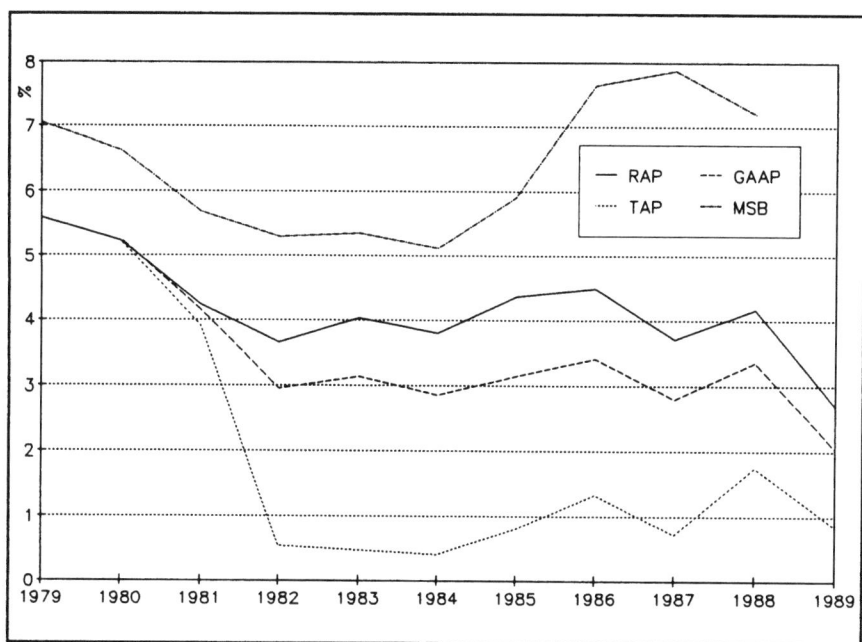

Abbildung 4: Eigenkapital der Savings and Loan Associations 1979 - 1989

RAP: Eigenkapitalquote an Aktiva berechnet nach den Richtlinien des Federal Home Loan Bank Board, United States League of Savings Institutions (1989), Tabelle 59 S.50; *GAAP:* Eigenkapitalquote berechnet nach den allgemeinen Bilanzierungsrichtlinien, Brumbaugh (1988) Tab. 2-7, S. 50, Bart/Bradley (1989) Tab. 4, S. 246; *TAP:* Eigenkapitalquote gemessen an den materiellen liquidierbaren, "tangible", Aktiva (ibid.); Alle Werte für 1989 aus Barth / Hudson / Page (1991) S. 26. *MSB:* Eigenkapital der FDIC versicherten Mutual Savings Banks, United States League of Savings Institutions (1989).

die Savings and Loan Associations tätigen jedoch lediglich ein Swap-Geschäft, bei dem sich die Bonität beider Parteien per saldo nicht verbessert[1].

Im Vergleich zum herkömmlichen bilanziellen Eigenkapital stellen die RAP somit eine wesentliche Ausweitung des Eigenkapitalbegriffs dar. Die Sparkassen können kurzfristig Gewinne bzw. geringere Verluste auf Kosten der lang-

---

1) Vgl. Kane (1985) S. 40: The FDIC and FSLIC merely swap their promissory notes for obligations called "net worth certificates" that are issued by elligible clients. Since the securities swapped both pay the same yield, only in the sense that regulators arbitrarily agree to count their own promissory notes to the insurance agency as client capital do net worth ratios improve for assisted firms. Moreover this largely paper improvement in client balance sheets further increases the government's equity stake in assisted institutions. It moves the industry one step closer to de facto nationalization.

Tabelle 3: Insolvente FSLIC-versicherte Sparkassen 1980-88

Kriterium	1980	1981	1982	1983	1984	1985	1986	1987	1988
RAP									
Anzahl	17	41	80	54	71	130	255	351	-
Anteil %	0,02	1,1	1,9	1,5	1,2	2,4	5,7	7,9	-
GAAP									
Anzahl	43	87	237	293	445	470	471	520	364
Anteil %	0,06	2,18	9,32	9,71	11,24	12,24	10,82	14,62	8,43
TAP									
Anzahl	44	110	425	522	687	695	667	673	501
Anteil %	0,1	3,9	32,1	35,0	36,7	32,9	29,5	28,3	21,5

Anzahl: Anzahl der FSLIC-versicherten Sparkassen mit negativem Eigenkapital; *Anteil:* prozentualer Anteil am gesamten Bilanzvolumen aller FSLIC versicherten Sparkassen; Quellen: RAP: Brumbaugh (1988) und White (1991); GAAP: Brumbaugh (1988) und Barth / Bradley (1989); TAP: White (1991).

fristigen Ertragsaussichten verbuchen. Bilanzmäßig finder durch die Umkehrung des Realisationsprinzips eine Verschiebung der Ausschüttungssperre statt, die die Eigentümer gegenüber den Fremdkapitalgebern bevorteilt. Bei den Fremdkapitalgebern handelt es sich überwiegend um FSLIC-versicherte Einleger und damit letztlich um die FSLIC selbst. Den Eigentümern zahlreicher Savings and Loan Associations ist es unter den RAP möglich, Ihr Unternehmen ohne jedes "eigene" Eigenkapital, also ohne eigenes unternehmerisches Risiko zu betreiben. *Horvitz / Pettit* wiesen bereits 1980 darauf hin, daß die Chancen und Risiken dieser Politik langfristig zu ungunsten der FSLIC verteilt sind[1].

Abbildung 4 zeigt die Auswirkungen der Maßnahmen auf das aggregierte bilanzielle Eigenkapital der FSLIC-versicherten Sparkassen. Das ICC/NWC-Programm und die Loss Deferrals führen nach 1980 zu einer wachsenden und lang anhaltenden Diskrepanz zwischen den allgemein gültigen GAAP-Richtlinien und den RAP-Anforderungen des FHLBB. Erst nach 1988 kommt es zu einem Abbau der Eigenkapitalhilfen. Besonders stark ist dabei der Anteil des immateriellen Vermögens am Gesamtvermögen der Sparkassen, der sich im Zuge der Fusionswelle nach 1981 bildet. Allein die Entwicklung des materiellen Vermögens (TAP) reflektiert annähernd die Wertverluste durch die Hochzinsphase. Dessen Entwicklung wirft bereits Schatten auf den Erfolg des Capital Forbearance Programms, das ja explizit kurzfristig angelegt war. Die Sparkassenkrise ist in den 80er Jahren vor allem eine Eigenkapitalkrise. Die gesamte Branche arbeitet seit 1980 mit einer äußerst dünnen Kapitaldecke, die eine ständige Bedrohung für die Existenz der meisten Sparkassen bedeutet.

---

1) Siehe Horvitz / Pettit (1980). Die Autoren plädierten dabei für eine explizit kurzfristig angelegte Capital Forbearance um die Unternehmenswerte der überlebensfähigen Sparkassen zu erhalten und der FSLIC unnötige Kosten zu ersparen.

Tabelle 3 zeigt, daß ein Teil der Sparkassen nach den GAAP und der TAP überschuldet ist und nur aufgrund der Capital Forbearance weiter existiert. Die Capital Forbearance stellt hohe Anforderungen an die Rentabilität der Sparkassen, denen die Sparkassen offenbar nicht gerecht wurden. Andererseits sind die Sparkassen angesichts der geringen Eigenkapitalanforderungen des FHLBBs und der Einlagenversicherung FSLIC gar nicht gezwungen, ein höheres Kapital zu bilden.

2.2 1983-84 - Die Ruhe vor dem Sturm

2.2.1 Der Einfluß der Deregulierungspolitik

Trotz aller ergriffenen Hilfsmaßnahmen ist es letztlich allein der plötzliche Umschwung im geldpolitischen Kurs im Herbst 1982, der die Sparkassen und die FSLIC rettet[1]. Nicht zuletzt die Probleme der Sparkassen selbst führten diese Umorientierung in der Geldpolitik seitens des Federal Reserve Boardsherbei, da sonst die Sparkassen nur noch mit Hilfe umfangreicher Notenbankkredite hätten überleben können[2].

Der gesamte Sparkassenbereich erlebte in den folgenden beiden Jahren einen starken, im Vergleich zu anderen Kreditinstituten überdurchschnittlichen Wachstumsschub mit Zuwachsraten im Bilanzvolumen von 17-19% (Abbildung 5). Der Großteil der Mittel wird in Hypothekarkredite - vor allem in variabel verzinsliche Hypotheken - und in Wertpapiere investiert. Ermöglicht wird dies vor allem durch die Deregulierungspolitik. Durch den DIDMCA war bereits 1980 eine wesentliche Weichenstellung erfolgt. Unter dem Eidruck der Zinskrise verabschiedet der Kongreß 1982 ein noch weiter reichendes Gesetz, den bereits kurz im Zusammenhang mit der Capital Forbearance angesprochenen Garn-StGermain Act (Anhang 1).

Dieses aus Sicht der Sparkassen wichtigste Deregulierungsgesetz erlaubt nun eine fast vollständige Abkehr vom herkömmlichen Hypothekargeschäft. In Diagramm 4 sind die Maßnahmen beider Deregulierungsgesetze zusammengefaßt. Es läßt sich erkennen, daß die Summe aller Limitierungen fast 100 % der Aktiva erreicht. Weitere Maßnahmen setzen auf der Einlagenseite an. Hier wird die Deregulierung der Habenzinssätze, die ursprünglich bis 1986 erfolgen sollte, durch die Einführung des Money Market Deposit Account (MMDA) vollendet[3].

---

1) Carron (1983): *"The Rescue of the Thrift Industry"*

2) Siehe Carron (1982a) S. 395 und S. 410

3) Das MMMDA bietet eine Kombination von Einlagenversicherung und marktmäßiger Verzinsung. Auf diese Weise gewinnen die Savings and Loan Associations und auch die Ge-

(Fortsetzung...)

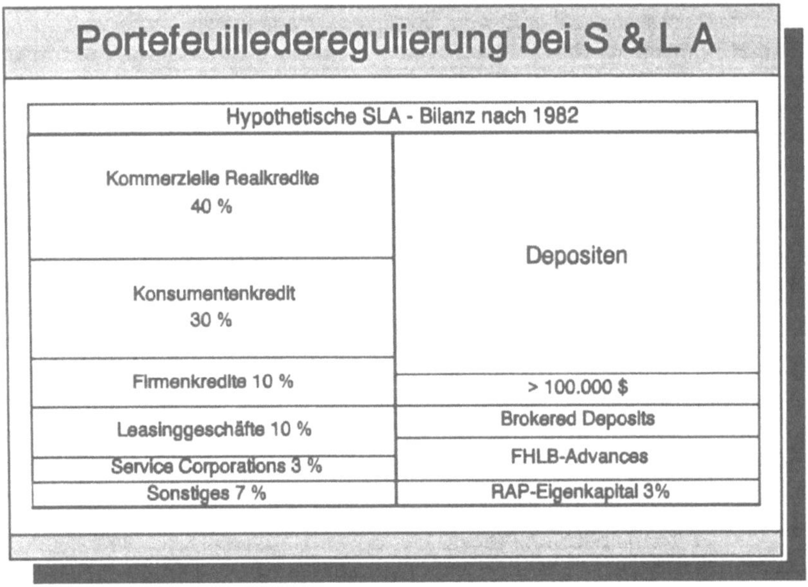

Portefeuillederegulierung bei S & L A

Hypothetische SLA - Bilanz nach 1982	
Kommerzielle Realkredite 40 %	Depositen
Konsumentenkredit 30 %	
Firmenkredite 10 %	> 100.000 $
Leasinggeschäfte 10 %	Brokered Deposits
Service Corporations 3 %	FHLB-Advances
Sonstiges 7 %	RAP-Eigenkapital 3%

Diagramm 3: Deregulierung des Sparkassenportefeuilles 1980-82

Der Erfolg dieser Portefeuille-Deregulierung ist für das FHLBB conditio sine qua non der Capital Forbearance, da allein die weitreichende Deregulierung die gewährten Eigenkapitalvergünstigungen rechtfertigt. Umgekehrt ist auch die Capital Forbearance für den Erfolg der Deregulierung notwendig, um den Sparkassen Wettbewerbsvorteile gegenüber den in den meisten deregulierten Bereichen bereits etablierten Geschäftsbanken zu ermöglichen. Dieser Zusammenhang erklärt die unausgewogene Behandlung von Portefeuillederegulierung und Sparkassenaufsicht, Solvabilitätsanforderungen und Einlagenversicherung[1].

---

3) (...Fortsetzung)
  schäftsbanken zwischen 1983 und 1985 Einlagen von den MMMFs zurück. Die MMMF verlieren nach dem Zinsverfall 1983 55 Mrd. $, etwa 25 % ihres Volumens. Das Volumen der MMDA beträgt Ende 1982, einen Monat nach der Einführung, bei Banken und Sparkassen bereits 43 Mrd. $ und steigt bis Ende 1983 auf 379 Mrd. $. Siehe Burns (1988) Tab. 10.

1) Von den Einlagenversicherern FDIC und FSLIC werden lediglich unverbindliche Reformvorschläge eingefordert, die Möglichkeiten aufzeichnen sollen, um mit den veränderten Risiken umzugehen. Die Vorschläge wurden 1983 unterbreitet, allerdings in der Folgezeit nicht umgesetzt.

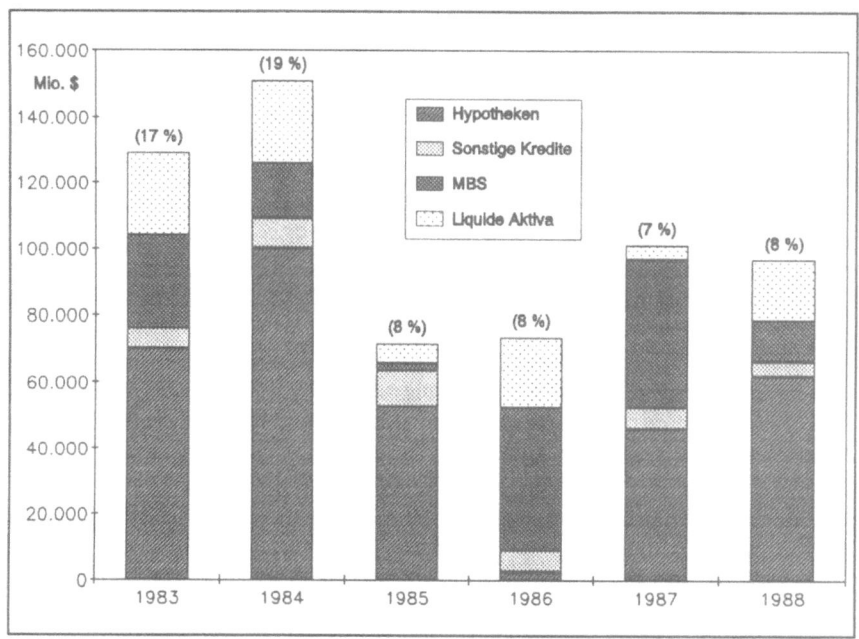

Abbildung 5: Bilanzwachstum der FSLIC-versicherten Sparkassen 1983-1988

Mittelverwendung der Savings and Loan Associations in Mrd. $, nicht alle Posten sind aufgeführt; In Klammern: Bilanzwachstum gegenüber Vorjahr; Quelle: Berechnet nach OTS (1989) Tab. A11, S. A-14 und und Tab. A-2, S. A-4.

Hinter dem Expansionsdrang der Sparkassen seit 1983 steht aber vor allem die Notwendigkeit, durch lukratives Neugeschäft die Ertragskraft zu steigern, weil die alten niedrigverzinslichen Aktiva weiterhin die Bilanzen dominieren. Hierzu bietet der sich stürmisch entwickelnde Immobilienmarkt ausreichend Gelegenheit. Abbildung 5 zeigt, daß die Savings and Loan Associations ihre Mittel zwischen 1983 und 1985 weiterhin in Hypothekarkredite investieren. Im Mittelpunkt vieler Sparkassenstrategien steht aber auch die Diversifizierung in neue, durch die Deregulierungsgesetze zugängliche Geschäftsbereiche (= sonstige Kredite in Abbildung 5). Hierbei handelt es sich insbesondere um Paketfinanzierungen von Immobilienprojekten, die Acquisition, Development and Construction Loans (ADC-Kredite) und um die Gründung von Tochtergesellschaften (Service Corporations). Letztere ermöglichen es den Savings and Loan Associations, beliebigen bankfremden Tätigkeiten nachzugehen. Die Service Corporations waren Teil der Direct Investments, einer ganzen Klasse von Aktiva, bei denen die Savings and Loan Associations im Gegensatz zum Kreditgeschäft das volle Kapital- und Ertragsrisiko tragen müssen. Zu den Direct Investments zählen bspw. Investitionen in Aktien oder in Junk Bonds. Die

Gewinne der Sparkassen erholen sich während des Zeitraums kräftig und die Zahl der unrentablen Unternehmen sinkt stetig[1].

Nach der Fusions- und Konsolidierungswelle der Jahre 1981/82 kommt es nun wieder zu einer Gründungswelle, so daß bis 1986 etwa 400 neue Sparkassen konzessioniert [2]werden. Durch Umwandlung der Genossenschaften in Aktienbanken erschließen sich viele Sparkassen neue Kapitalquellen. Das Bilanzvolumen der Aktienbanken steigt zwischen 1980 und 1984 von 27% der aggregierten Bilanzsumme aller Sparkassen auf 52%. Auf diese Weise erlangen zahlreiche neue renditeorientierte Kapitalgeber Kontrolle über einzelne Savings and Loan Associations[3].

Nicht zuletzt die geringen Eigenkapitalanforderungen, die eine entsprechend hohe Leverage erlauben, lassen die Sparkassen als ein lukrative Investition erscheinen. Zusätzliche Einlagen sind auf den nationalen Geldmärkten in Abwesenheit der Regulation Q leicht zu beschaffen. Erleichtert wird dies durch Geldmakler, die die Einlagen ihrer Kunden kurzfristig bundesweit bei den meistbietenden Banken und Sparkassen deponieren. Dabei werden größere Beträge gegen Gebühren in FSLIC-versicherte Teilbeträge in Höhe von 100.000 $ aufgespalten und bei verschiedenen Savings and Loan Associations angelegt. Abbildung 2 zeigt die Einlagenzuflüsse, mit denen die Savings and Loan Associations ihre Expansion finanzieren. Sowohl die FHLB-Advances als auch das Eigenkapital spielen in dieser Periode lediglich eine untergeordnete Rolle.

Angesichts der Expansion und der Capital Forbearance ist es kaum verwunderlich, daß sich die Eigenkapitalquote in diesen Jahren kaum verbessert und sich die Inanspruchnahme der Bilanzierungshilfen nach den RAP verstärkt. Dies zeigt sich im weiteren Absinken der GAAP und vor allem der TAP Eigenkapitalquote (Abbildung 4) in diesen Jahren. Das FHLBB sieht sich jedoch durch die verbesserte Ertragslage der meisten Sparkassen ermuntert, an der Doktrin der Capital Forbearance festzuhalten. Der 1983 berufene Präsident des FHLBB, *Edwin Gray*, propagierte dabei weiterhin die besondere Rolle der Savings and Loan Associations für die Wohnungsbaufinanzierung[4].

---

1) Vgl. White (1990)

2) Vgl. Strunk / Case (1988)

3) Verschiedene Änderungen in der Gesetzgebung erlaubten es nun auch den Savings and Loan Associations mit Bundeskonzession die Eigentumsform zu wechseln. Stock-Associations konnten dabei im Gegesatz zu früheren Regelungen für einzelstaatliche Institute, die eine Minimalstreuung von 400 Aktionären forderten, auch einem einzigen Anteilseigner gehören. Vgl. Strunk / Case (1989) und Barth / Batholomew / Labich (1989).

4) Gray 1983 über die Savings and Loan Associations: homeownership is "part of the American dream, [as] it gives millions of Americans a stake in the system [...] and represents a corner-

(Fortsetzung...)

Lediglich in besonders aussichtslosen Fällen werden überschuldete Savings and Loan Associations geschlossen und von der FSLIC abgewickelt. War das FHLBB 1982 noch in 250 Fällen aktiv geworden, so reduziert sich die Zahl der Schließungen und Fusionen 1983 schlagartig auf lediglich 70 Fälle. Dennoch geht die Zahl der überschuldeten Sparkassen im Zuge der Zinssenkung nicht zurück, sondern sie steigt an (Tabelle 3). Nach dem FHLBB-internen RAP Standard, auf dessen Grundlage das FHLBB die Savings and Loan Associations überwacht, beträgt die Zahl insolventer Unternehmen 1983 lediglich 54 Institute mit einem anteiligem Bilanzvolumen von 1,5 % der FSLIC-versicherten Sparkassen. Tatsächlich verdoppelt sich jedoch die Zahl der GAAP-insolventen Unternehmen bis 1984 und die Zahl der TAP-Insolvenzen steigt um 50 % an.

2.2.2 Erste Anzeichen einer neuen Krise

Im Jahre 1984 leitet der betrügerische Konkurs einer texanischen, einzelstaatlich konzessionierten Savings and Loan Association, *Empire Savings and Loan*, einen grundlegenden Wandel in der Politik des FHLBB's ein. Der Bauunternehmer *Tom Gaubert* hatte die Sparkasse 1981 mit einer Bilanzsumme von nur 17 Mio. $ übernommen und in kürzester Zeit das Geschäftsvolumen auf über 300 Mio. $ ausgeweitet. *Empire* war eine Piggy Bank geworden, die einzig zur Finanzierung von Immobiliengeschäften diente. Finanziert wurden die Projekte durch Brokered Deposits. Die Gelder wurden als Organkredite an verbundene Baufirmen weitergegeben. Durch Ringverkäufe, sogenannte Land Flips und Gutachten von sehr optimistischen Sachverständigen wurde der Wert der zugrundeliegenden Sicherheiten aufgebläht, so daß das Kreditvolumen stetig erhöht werden konnte[1]. Aus dem laufenden fiktiven Zinserlösen bestritten Management und Eigentümer einen exzessiven Repräsentationsaufwand und die kurzfristig ausgewiesenen Buchgewinne waren an *Gaubert* ausgeschüttet worden. Bereits 1982 stellte die zuständige regionale FHLB von Dallas erstmals Unregelmäßigkeiten fest, hatte jedoch, da alle Eigenkapitalanforderungen pro forma erfüllt waren, keine Handhabe gegen *Gaubert*.

In der Folgezeit kommt es zu zahlreichen weiteren Betrugsfällen im Sparkassenbereich: Im August 1985 wird *Centennial Savings and Loans* in Kalifornien vom FHLBB geschlossen. Hier decken die Mitarbeiter des FHLBB umfangreiche Bilanzmanipulationen auf. Für zweifelhafte Kredite verlangte *Centennial* Bereitstellungsprovisionen in Höhe von bis zu 6 % der Kreditsumme. Die Provisionen und die Zinszahlungen der ersten zwei Jahre wurden ebenfalls als Kredit gewährt, so daß unabhängig von der Zahlungsfähigkeit des Kredit-

---

4) (...Fortsetzung)
   stone to the family, the neighborhood and the community. Zit. in Farbritius / Borges (1989) S.2.

1) Vgl. Farbriitus / Borges (1989) S. 102-105.

nehmers zwei Jahre lang die Erlöse gesichert waren. Nach Ablauf der Frist wurde der Kredit dann nach derselben Methode refinanziert. Als Sicherheit dienten wiederum manipulierte Grundstückswerte oder halbfertige Gebäude von zweifelhaftem Marktwert[1].

1987 folgt einer der spektakulärsten Fälle wiederum in Texas. Nach jahrelangem Zögern schließt die FSLIC *Vernon Savings and Loans* und verklagt den Inhaber *Don Dixon* wegen Betruges auf 530 Mio. $ Schadensersatz[2]. Der Verlust der FSLIC beträgt insgesamt zwei Mrd. $, bzw. 96% aller Forderungen. Dabei hatte *Dixon* das Unternehmen erst 1981 mit einer Bilanzsumme von 82 Mio. $ übernommen. Er finanzierte seinen luxuriösen Lebensstil mit Geldern in Höhe von 41 Mio. $ direkt aus der Sparkasse und unterstützte mit erheblichen Beträgen den Wahlkampf verschiedener Politiker[3].

Eine große Zahl von Betrugsfällen wurde zwischen 1985 und 1989 in Texas aufgedeckt. Diese, als High Flyers bezeichneten, Sparkassen wiesen ein stark überdurchschnittlichen Bilanzwachstum auf. Im wesentlichen wurde dabei nach dem Ponzi-Prinzip gehandelt[4]: Gelder werden zu beliebigen Zinssätzen aufgenommen und die anfallenden Zinsen werden dann wiederum mit frischen Einlagen bezahlt. Gedeckt wurde dies teilweise jahrelang durch die FSLIC, die die Einlagen garantiert und in hochverzinsliche risikofreie Investitionen verwandelte. Die Expansion wurde in vielen Fällen durch die Geldmakler erleichtert. Einer dieser Makler, *Mario Renda* aus New York, vergab Brokered Deposits vorzugsweise an insolvente oder schlecht kapitalisierte Sparkassen, mit der Auflage, die Mittel an bestimmte Kreditnehmer mit zweifelhafter Bonität weiterzuleiten[5].

Es finden sich aber auch andere Spielarten, mit denen einzelne Savings and Loan Associations versuchen, wieder zur Rentabilität zurückzukehren. Weitverbreitet ist die Zinsspekulation mit langfristigen Wertpapieren. Ein Geschäft, das sich 1983 zweifellos auszahlt, für das die meisten Sparkassen jedoch nur wenig Eigenkapital als Sicherheit einbringen. Ein Beispiel hiefür ist *Columbia Savings and Loans* in Kalifornien[6]. Columbia erzielte 1983 mit langfristigen Wertpapieren hohe Gewinne. Die Gelder wurden anschließend in hochverzinsliche Junk Bonds investiert, von denen sich viele als uneinbringlich erwiesen. 1989 hielt

---

1) Vgl. Pizzo / Muolo / Fricker (1989) S. 29 ff..

2) Im Dezember 1990 wird er in Dallas zu Gefängnis und einer Geldstrafe von 560.000 $ verurteilt. Siehe FINANCIAL TIMES, *Cost of savings and loan rescues may be $325bn*, Nr. 31119, 7.4.1990.

3) Vgl. Pilzer / Deitz (1989) S. 80 ff..

4) Vgl. Kane (1989)

5) Siehe Pizzo / Fricker / Muolo (1989) Kap. 8 & 9.

6) Pilzer / Deitz (1989) S. 136 ff..

Columbia ein Junk Bond-Portefeuille von über 4 Mrd. $, knapp die Hälfte aller Junk Bonds, die sich zu diesem Zeitpunkt im Besitz von Savings and Loan Associations befanden. Eine andere kalifornische Sparkasse, *Seaponte S&L*, verkaufte 1985 Staatspapiere im Wert von 10 Mrd. $ auf Termin in der Hoffnung auf fallende Kurse. Ein Geschäft, daß angesichts der weiter fallenden Zinsen einen Verlust von 5,9 Mrd. verursachte. Da das FHLBB nicht eingriff, wurde der Einsatz an den Terminmärkten erhöht und es enstanden weitere Verluste[1].

Financial Corporation of America (FCA), die größte Sparkasse der USA, bringt 1985 die FSLIC allein durch ihre Größe an den Rand des Zusammenbruchs. FCA hatte in variabel verzinsliche Hypothekarkredite und ADC-Kredite investiert, von denen sich bereits 1984 ein Teil als uneinbringlich erwies[2]. Als das FHLBB 1985 angesichts eines Verlustes in Höhe von 590 Mio. $ das Management auswechseln wollte, erklärte der Finanzminister Donald Regan entgegen den Beschlüssen des Kongreß, daß die Regierung nicht bereit sei, für die finanziellen Folgen einer möglichen Insolvenz aufzukommen. Angesichts der am nächsten Tag einsetzenden Einlageabzüge blieb dem FHLBB nichts anderes übrig, als den Fall herunterzuspielen und den Eigentümer *Charles Knapp* weiterhin am Management zu beteiligen[3]. Erst 1988 wurde FCA mit einem Aufwand von 2,2 Mrd. $ saniert[4].

In der *Keating*-Affaire offenbart sich die politische Dimension der Sparkassenkrise[5]: Der Bauunternehmer *Charles Keating* erwarb 1984 *Lincoln Savings and Loan* in Kalifornien. Die Gelder seiner Sparkasse investierte er in Währungsoptionen, Junk Bonds, Hotels und Immobilienprojekte. Erst 1986 wurde das FHLBB auf *Lincoln* aufmerksam und verlangte eine Änderung der Geschäftspolitik[6]. *Keating* übte daraufhin durch Wahlkampfspenden politischen Druck auf das FHLBB aus[7]. Erst 1989 kann das FHLBB das Unternehmen schließen. Es ergibt sich ein Defizit von 2,5 Mrd. $, welches knapp die Hälfte aller Aktiva ausmacht. *Keating* wird anschließend von der FSLIC auf Betrug über insgesamt 1,1 Mrd. $ verklagt. Seinerseits dreht er den Spieß jedoch um und behauptet,

---

1) Siehe HANDELSBLATT, *Auch ganz normaler Betrug*, Nr. 111, 13.6.89
2) Siehe Eichler (1989) S. 110 ff.
3) Vgl. Pizzo / Fricker / Muolo (1989) S. 177 ff..
4) Siehe Kap. I.3.4.1.
5) Siehe Mishkin (1992a) S. 260.
6) Siehe Kap. I.3.3.1
7) Vgl. Adams (1990) S. 243 ff. und FINANCIAL TIMES, *Lifting the veil on dependence*, Nr. 31009, 27.11.1989. Siehe auch Kane (1989).

die Geschäftspolitik entspräche der Deregulierung und erst die Auflagen des FHLBB hätten die Insolvenz herbeigeführt[1].

Die geschilderten Fälle demonstrieren das Versagen des Aufsichtssystems des FHLBB. Das FHLBB verfügt angesichts der Geschäftsausweitung der Savings and Loan Associations über zu wenig qualifiziertes Personal, um eine ausreichende Überwachung zu gewährleisten. Teilweise liegen die Bankprüfungen bis zu drei Jahre auseinander. Die Rolle der Betrugsfällen darf jedoch nicht überschätzt werden. Hierbei handelt es sich um Symptome und nicht um die eigentlichen Ursachen der Insolvenzen. Vor allem stellt sich die Frage, warum dieser Betrug von den Behörden toleriert wird bzw. toleriert werden muß.

2.3 Die Kreditkrise 1985-1987

2.3.1 Die Regulierungspolitik des FHLBB

War es 1981/82 das aus der Fristentransformation resultierende Zinsänderungsrisiko, das eine Vielzahl von Insolvenzen hervorrief, so treten in der auf die Expansion folgenden Zeit Kreditrisiken und betrügerische Manipulationen in den Vordergrund. Bereits 1984 stellte die FSLIC bei 80% aller von ihr abgewickelten Insolvenzen fest, daß die schlechte Kreditqualität und die daraus resultierenden Forderungsausfälle bei den Sparkassen zur Insolvenz führten[2]. Im Vergleich zu früher gibt es eine Fülle von neuen Kreditsparten, deren kompliziertere Risiko / Ertragseigenschaften schwerer zu überwachen sind und mit denen auch das FHLBB erst seine Erfahrungen zu machen hat.

Als Ursache für die Betrugsfälle und die wachsenden Kreditrisiken wird seitens des FHLBB die schlechte personelle und finanzielle Austattung angesehen. Diese macht es unmöglich, alle schwach kapitalisierten Savings and Loan Associations in ausreichendem Umfang zu überwachen. Zwischen Januar 1984 und Juli 1986 führt das FHLBB lediglich 2.984 Prüfungen (Examinations) durch, bei einer Gesamtzahl von über 3.000 selbständigen Savings and Loan Associations. Dies bedeutet, daß ein Teil der Savings and Loan Associations überhaupt nicht überprüft wird und 935 Unternehmen während des Zeitraum lediglich ein einziges Mal überprüft werden[3]. Angesichts der weiter wachsenden Zahl von überschuldeten Savings and Loan Associations gerät der Sparkassensektor zunehmend außer Kontrolle.

Bereits früh fordert das FHLBB von der Bundesregierung zusätzliche Mittel, um mehr direkte Kontrollen bei schwach kapitalisierten Savings and

---

1) Siehe HANDELSBLATT, *Pleite Banker Keating schätzt S&L Verluste auf 500 Mrd. $*, Nr. 12, 17.1.1990.

2) Siehe Barth / Brumbaugh / Sauerhaft / Wang (1985).

3) Vgl. Wang / Sauerhaft (1989) S. 321.

Loan Associations vornehmen zu können. Das FHLBB benötigt die Gelder vor allem für zusätzliche Bankprüfer. Aufgrund geringer Gehälter lag die Fluktuationsrate beim FHLBB zum damaligen Zeitpunkt sehr hoch[1]. Im Zuge der Deregulierungspolitik läßt die Regierung den Etat des FHLBB in dieser kritischen Situation stagnieren, da die staatliche Intervention auf ein Minimum reduziert werden soll. Diese Entscheidung macht es dem FHLBB zunächst unmöglich, auf die Krise zu reagieren.

Erst 1985 gelingt es dem FHLBB, das Personal seines Prüfungsbereichs gegen den Widerstand der Regierung wesentlich auszuweiten, um so langsam die Kontrolle über den Sektor zurückzugewinnen. Dies wird durch die Zusammenführung des Aufsichtspersonals der regionalen FHLBs und des Prüfungspersonals des FHLBB auf der Ebene der FHLBs erreicht. Dadurch verbessert sich der Informationsaustausch und zugleich können über die Etats der FHLBs zusätzliche Prüfer finanziert werden[2]. Den Prüfern ist es fortan auch möglich, Klassifizierungen des Kreditrisikos nach eigenem Ermessen vorzunehmen und entsprechende Wertberichtigungen zu veranlassen[3].

Eine weitere Ursache der Verzögerung ist die Konzeptlosigkeit der Politik des FHLBB, die angesichts der Betrugsfälle auf einen Re-Regulierungskurs gerichtet ist[4]. Dabei befindet sich das FHLBB in einem Dilemma: Einerseits sollen die Aktivitäten der offensichtlich insolventen und teilweise betrügerisch geführten Savings and Loan Associations gestoppt werden, andererseits müssen aber die beschränkten Reserven der FSLIC beachtet werden. Eine Erhöhung der Eigenkapitalanforderungen, kommt daher aus Sicht des FHLBB nicht in Betracht, da sich zugleich die Zahl der Insolvenzen erhöht hätte. Eine Eigenkapitalregulierung konnte nur greifen, wenn zugleich genügend Mittel bereitgestellt würden, um die Insolvenzen abzuwickeln.

Um dennoch mehr Einfluß auf die schwach kapitalisierten Unternehmen zu erlangen, schwenkt das FHLBB auf einen Re-Regulierungskurs, der darauf zielt, das Wachstum der Savings and Loan Associations und ihrer deregulierten Aktivitäten zu bremsen. Die erste Maßnahme richtet sich gegen die Brokered Deposits. Auf der Passivseite soll rasch wachsenden Unternehmen durch eine Einschränkung der Brokered Deposits eine, wenn auch nicht die einzige, Finanzierungsquelle genommen werden. Die FSLIC soll gegen die Brokered Deposits geschützt werden, indem die Versicherungssumme von 100.000 $ pro Konto auf 100.000 $ pro Geldmakler begrenzt wird. Dieser, zusammen mit der

---

1) Vgl. Barth / Bartholomew / Labich (1989), White (1991) und Strunk / Case (1988).

2) Siehe Silverberg (1990) und White (1991) S. 129.

3) Im Gegensatz zum früheren Check List-Verfahren stellte dies eine erhebliche Ausweitung der Befugnisse der Bankprüfer der regionalen FHLBs dar (Vgl. White (1991)).

4) Siehe die Chronologie der FHLBB-Politik in Anhang 2.

FDIC vorgenommene, Vorstoß ist jedoch nicht erfolgreich und wird gerichtlich untersagt, da solche Maßnahmen einer Entscheidung durch den Kongreß bedürfen[1].

Auf der Aktivseite versucht das FHLBB, das Wachstum der unterkapitalisierten Unternehmen durch eine neue risikoabhängige Eigenkapitalregulierung zu bremsen. Im Mittelpunkt stehen die Direct Investments, die nur sehr schwer von der Bankenaufsicht kontrolliert werden können. Es erfolgt eine Portefeuilleregulierung, die Direct Investments auf 10% der Bilanzsumme und max. 200% des bilanziellen (RAP) Eigenkapitals beschränkt. Begründet wird diese Maßnahme mit der unglücklichen Formulierung, daß es sich hierbei um besonders riskante Investitionen handele, die im Insolvenzfall besonders hohe Abwicklungskosten für die FSLIC verursachen[2]. Desweiteren wird das Wachstum überschuldeter Unternehmen auf max. 25% pro Jahr beschränkt und der gleitende Durchschnitt bei der Berechnung des Eigenkapitals abgeschafft.

Mit der seinem Re-Regulierungskurs begibt sich das FHLBB in Opposition zur herrschenden Doktrin der Regierung, die seit 1980 eine Deregulierungspolitik verfolgte. Auch fühlten sich die Sparkassen, die auf jedes Neugeschäft angewiesen sind, durch diese Maßnahmen benachteiligt. Die Auseinandersetzung zwischen Regierung und FHLBB sorgt für erhebliche Reibungsverluste auf der politischen Ebene und führt später zu erheblichen Verzögerungen bei der Lösung der Finanzierungsprobleme der FSLIC[3].

2.3.2 Die Insolvenz der FSLIC

Angesichts der wachsenden Zahl überschuldeter Sparkassen und der spektakulären Fälle von betrügerischen Konkursen, erklärt das FHLBB im März 1985 die FSLIC für insolvent und gibt das Finanzierungsdefizit mit 15,8 Mrd. $ an. Dieser Betrag soll ausreichen, um sämtliche insolvente Savings and Loan Associations ohne Verluste für die versicherten Einleger zu schließen[4]. Vor dem Kongress fordert das FHLBB, unter Hinweis auf die Kosten einer Verzögerung, die sofortige Bereitstellung der Mittel durch eine einmalige Sonderzahlung aller versicherten Sparkassen. Gleichzeitig wird ein Ende der Capital Forbearance verlangt, da sich abzeichnet, daß kaum eines der schlecht oder negativ kapitalisierten Unternehmen jemals wieder die Gewinnzone erreichen wird.

---

1) Vgl. Benston (1986). Einen ähnlichen Vorschlag enthält ein im Februar vom Treasury Department vorgelegte Gesetzentwurf.

2) Siehe dazu Kap. II.2.3.

3) Siehe Brumbaugh (1988), Mayer (1990), Pilzer / Deitz (1989).

4) Hierbei handelt es sich um den Betrag, den das FHLBB 1985 veranschlagte. Spätere Schätzungen ergaben bereits für Ende 1985 einen Sanierungsbedarf von 21 Mrd. $, vgl. Brumbaugh / Carron (1987). Vgl. auch Abbildung 6.

Die Savings and Loan Associations, die 1984 einen Bruttogewinn von lediglich 1,7 Mrd. auswiesen, sind nicht bereit, für die Verluste ihrer überschuldeten Konkurrenz aufzukommen. Sie sehen die Hauptursache der Probleme in der laxen Bankenaufsicht durch das FHLBB und in dem daraus resultierenden Mißbrauch der Deregulierung. Die Savings and Loan Associations plädieren für eine Fortsetzung der Capital Forbearance, um die Kostenbelastung abzuwenden. Nach Meinung der United States League of Savings Institutions ist eine Sanierungssumme von nur 5 Mrd. $ ausreichend. Dieser Vorschlag zielt nicht zuletzt darauf, den Handlungsspielraum des FHLBB gegenüber den überschuldeten Instituten einzuschränken[1]. Die Regierung will ihrerseits eine haushaltsmäßige Belastung vermeiden und plädiert für eine Finanzierung der 15 Mrd. $ durch das FHLBS, wobei die Aufbringung über mehrere Jahre gestreckt werden soll[2]. Eine Position, die ebenfalls eine Fortsetzung der Capital Forbearance impliziert.

Die Auseinandersetzung um die Rekapitalisierung der FSLIC dauert vom März 1985 bis zum August 1987. In dieser Situation gibt es für das FHLBB lediglich die Möglichkeit, durch ein special assessment zusätzliche Prämien von den versicherten Savings and Loan Associations zu verlangen. Eine solche, 1985 erstmals durchgeführte Erhebung, brachte etwa 1 Mrd $ ein und erhöhte das jährliche Prämieneinkommen um 50 %[3]. Das FHLBB befindet sich dennoch in akuter Finanznot, und Schließungen von überschuldeten Savings and Loan Associations mußten auf ein Minimum reduziert werden.

Die ICC - und NWC - Programme zur Sanierung überschuldeter Sparkassen verlieren in der folgenden Zeit an Attraktivität, da die im Gegenzug ausgestellten Schuldscheine der FSLIC angesichts der unklaren Finanzlage von den Anlegern skeptisch beurteilt werden. Um dennoch gezielt einen Teil der schlimmsten Insolvenzen zu kontrollieren, wird ein Management Consignment Programm (MCP) eingerichtet. Im Rahmen dieses Programms übernimmt die FSLIC das Management überschuldeter Sparkassen, ohne sie jedoch formell für insolvent zu erklären. Ziel ist es, die Unternehmen weiter zu führen und die laufenden Verluste zu begrenzen. Dies geschieht in der Hoffnung, in der Zukunft einen Käufer zu finden. Angesichts der schlechten Ausgangsposition der meisten Unternehmen, ist dies eine unwahrscheinliche Entwicklung. Bedenklich ist diese Strategie auch, weil die Unternehmen weiterhin am Markt tätig sind, sich mit teuren Einlagen finanzieren und dabei laufende Verluste ausweisen[4].

---

1) Siehe Pilzer / Deitz (1989) S. 199.

2) Siehe Brumbaugh (1988) S. 82.

3) Die FSLIC kann von ihren Mitgliedern zusätzliche Prämien in Höhe von max. 0,125 % aller inländischen Einlagen erheben (vgl. White (1991) S. 135 ff.).

4) Siehe auch Kap. I.3.3.1 und vgl. Strunk / Case (1988) S. 82-88 und Brumbaugh (1988) S. 97-107.

Erste Opfer der unklaren Finanzsituation der FSLIC sind das FHLB-System und die solventen Savings and Loan Associations. Angesichts der wachsenden Finanznöte veranlaßt das FHLBB die regionalen FHLBs dazu, mit ICCs und NWCs besicherte Advances an insolvente Savings and Loan Associations zu geben. Anfang 1987 gerät die FHLB von Dallas in Schwierigkeiten, als das General Accounting Office (GAO) - der Bundesrechnungshof - die FSLIC offiziell für insolvent erklärt. Die Wirtschaftsprüfer weigern sich daraufhin, den Jahresabschluß der FHLB zu testieren und die FSLIC muß umgehend ihren Wechseln in Höhe von 1 Mrd. $ nachkommen, um einen größeren Schaden für das gesamte FHLBS abzuwenden[1]. Die Kreditwürdigkeit der FSLIC wird jedoch auf den Finanzmärkten zunehmend schlechter beurteilt. Auf diese Weise erhöhen sich die Refinanzierungskosten der Federal Home Loan Banks und auch aller Savings and Loan Associations, insbesondere die der insolventen. Dieser als Texas-Premium bezeichnete Bonitätszuschlag betrifft alle Savings and Loan Associations. Angesichts der Zuspitzung der Lage, kann sich der Gesetzgeber einer Rekapitalisierung der FSLIC nicht mehr entziehen und ist zum Handeln gezwungen.

2.3.3 Der Competitive Equality Banking Act von 1987

Der politische Entscheidungsprozeß zieht sich aufgrund der gegensätzlichen Positionen von Regierung, Savings and Loan Associations und FHLBB in die Länge, so daß erst im August 1987 ein entsprechendes Gesetz, der Competitive Equality Banking Act (CEBA) verabschiedet wird. Man einigt sich auf eine Sanierungssumme von insgesamt 10,875 Mrd. $; zu einem Zeitpunkt, zu dem das Defizit der FSLIC bereits auf 22,5 Mrd. $ beträgt. Um eine Belastung der laufenden Staatsausgaben zu umgehen, wird es der FSLIC lediglich gestattet, gegen ihr zukünftiges Prämienaufkommen Mittel aufzunehmen. Über eine neugegründete Financing Corporation (FICO) darf sich die FSLIC jährlich maximal um 3,75 Mrd. $ verschulden und zwar bis zu der Obergrenze von 10,875 Mrd $. Dabei übernimmt die FSLIC den Zinsdienst der Papiere über einen Zeitraum von 30 Jahren. Gleichzeitig erwerben die FHLBs Zerobonds mit entsprechender Laufzeit, aus denen das Kapital bei Fälligkeit zurückgezahlt werden soll.

In dieser Regelung offenbart sich die Einstellung des Kongreß, der das Ausmaß der Probleme letztlich nicht zur Kenntnis nehmen will, obwohl sich der Kongreß sich im CEBA erneut mit einer Full Faith and Credit-Erklärung hinter die FSLIC stellt. Sowohl die Rekapitalisierungssumme als auch die Finanzierungsform des CEBA stellen eine ineffiziente Methode dar. Die Mittelaufnahme durch die FICO anstatt durch den Staat führt zu einer höheren Zins-

---

1) Siehe Dotsey / Kuprainov (1990) S. 16.

belastung, da die FICO-Bonds angesichts der insolventen FSLIC von den Märkten nicht als vollständige Substitute für Treasury Bonds betrachtet werden. Die FICO-Bonds können nur mit einem Bonitätsabschlag emittiert werden, da die Fähigkeit der Savings and Loan Associations bezweifelt wird, die Mittel langfristig selber zurückzuzahlen.

Eine wesentliche Ursache der Verzögerungen sind die Savings and Loan Associations selbst, die, vertreten durch ihre Lobby, die United States League of Savings Institutions, auf eine Fortsetzung der Politik der Capital Forbearance drängen. Die Sparkassenlobby will zudem Maßnahmen gegen überschuldete Savings and Loan Associations verhindern, indem man die Mittel der FSLIC blockiert. Einer Gruppe texanischer Savings and Loan Associations verzögert die Verabschiedung des CEBA um ein Jahr und erreichte schließlich eine Ausweitung der Capital Forbearance[1]. Die Eigenkapitalrichtlinien werden durch den CEBA erst über einen Zeitraum von sieben Jahren an das Niveau der Geschäftsbanken angeglichen. Gleichzeitig werden Unternehmen, die von regionalen wirtschaftlichen Rückschlägen betroffen sind - dies sind im wesentlichen texanische Savings and Loan Associations - eine Fortsetzung der Capital Forbearance auf einem Niveau von lediglich 0,5 % der Aktiva (RAP) gewährt. Im Gegenzug erreicht das FHLBB jedoch eine Portefeuille-Regulierung, den Qualified Thrift Lender Test (QTL), die verlangt, daß die Sparkassen wieder mindestens 60 % ihrer Aktiva in private Hypotheken investieren müssen.

Die Eigenkapitalerleichterung wird auch den Commercial Banks in den entsprechenden Regionen gewährt. Hierdurch erstreckt sich die Capital Forbearance nun auch auf den Einflußbereich der FDIC. Die FDIC sieht sich seit 1982 mit einer wachsenden Zahl von Insolvenzen konfrontiert, die durch eine Krise im Agrarbereich verursacht werden. Auch bei der FDIC steigt die Zahl der unrentablen und schwach kapitalisierten Banken an, die sich der Capital Forbearance bedienen, jedoch nicht in dem Ausmaß wie bei der FSLIC[2]. Einzelne Insolvenzen von Großbanken, wie bspw. *Continental Illinois* im Jahre 1985, stellen die FDIC jedoch ebenfalls vor Probleme[3]. Im Rahmen ihrer Too-Large-To-Fail-Doktrin gewährt die FDIC umfangreiche Subventionen an die Großbanken[4].

---

1) Hier wurde durch Bestechung von Kongreßmitgliedern versucht, die Entscheidung zu beeinflussen und zu verzögern. Vgl. Adams (1990), Pilzer / Deitz (1989) S 181-202, Pizzo / Fricker / Muolo (1989) S. 285-198 Kaufman (1990), White (1991) S. 135-139 .

2) Ende 1987 gab es 63 Geschäftsbanken mit einer Bilanzsumme von 3,6 Mrd. $ (=0,12% aller Bank-Aktiva), die ein negatives GAAP-Eigenkapital auswiesen. Siehe Brumbaugh / Carron / Litan (1989) S. 250 ff., Brumbaugh / Litan (1990) und Brumbaugh / Litan (1991) S. 36-46.

3) Vgl. Sprague (1986).

4) Siehe Brumbaugh / Litan (1991) S. 42 ff.

Der CEBA stellt eine Fortsetzung der seit der Zinskrise betriebenen Politik dar. In seiner Struktur ähnelt er den 1982 ergriffenen Maßnahmen: Der Gesetzgeber stellt sich hinter die Verbindlichkeiten, will aber keine Mittel bereitstellen, die resultierenden Verbindlichkeiten in ausreichendem Umfang zu decken. Deshalb wird die Capital Forbearance fortgesetzt. Konnte man 1982 noch darauf hoffen, daß eine Zinssenkung zu einer wesentlichen Verbesserung der Lage führen würde, so haben sich 1987 die Probleme grundlegend gewandelt. Die Zinskrise wirkt zwar noch nach, doch spätestens seit 1985 stellten die Verluste der insolventen oder nahezu insolventen Sparkassen ein Problem dar. In dieser Situation führt die Fortsetzung der laxen Eigenkapitalregulierung zu einer massiven Erhöhung der Kosten für die FSLIC und letztendlich für den Steuerzahler. Das Fazit lautet somit: "once more, too little, too late"[1].

2.4 Das Ende der FSLIC

2.4.1 Die Texas-Krise

In den Jahren nach 1985 wird der Bundesstaat Texas, und mit ihm der Südwesten der USA, zum Epizentrum der sich zuspitzenden Sparkassenkrise. Beispielhaft läßt sich daran das Schicksal weiter Teile der Sparkassenbranche in den Jahren 1986 bis 1989 demonstrieren. Tabelle 4 gibt einen Überblick über die regionale Streuung der Sparkassenkrise und zeigt die zehn am schwersten betroffenen Bundesstaaten, die bis 1989 einen wesentlichen Teil der Sparkasseninsolvenzen auf sich vereinten.

Fast alle anderen Staaten liegen im Südwesten der USA. Texas nimmt hier sowohl was die Zahl der Insolvenzen als auch was die Insolvenzkosten angeht eine Spitzenstellung ein. Von den 1985 existierenden 273 texanischen Savings and Loan Associations müssen bis 1989 77 durch die FSLIC geschlossen werden, darunter alle großen Savings and Loan Associations des Staates. Von den verbleibenden 196 Unternehmen werden 1989 weitere 81 Insolvenzen durch die neugegründete Resolution Trust Corporation (RTC)[2] übernommen, so daß nach vier Jahren lediglich 115 Sparkassen übrig bleiben. Die Kosten für die FSLIC belaufen sich zwischen 1985 und 1989 auf 20,7 Mrd. $, was 50% aller aufgewendeten Mittel entspricht; dies in einem Bundesstaat, der weniger als 10% der Sparkassen repräsentiert. Die Folgekosten bis 1999 werden 1990 von der RTC auf weitere 68,5 Mrd. $ geschätzt, wiederum knapp die Hälfte des gesamten von der RTC für die Sanierung aller Sparkassen veranschlagten Aufwands. Nicht anders ergeht es in Texas der FDIC, die zwischen 1988 und 1989

---

1) Brumbaugh (1988) S. 79.
2) siehe I.2.4.2.

Tabelle 4: Regionale Streuung der Sparkasseninsolvenzen in den am schwersten betroffenen Bundesstaaten 1989

	Anzahl Sparkassen 1988	Anteil an Bilanzsumme aller Sparkassen	Anzahl der insolventen Sparkassen Sept. 1989	Anteil der Aktiva an den gesamten SLA-Aktiva im Staat	Eigenkapital-quote (GAAP in % der Aktiva)	Kosten für FSLIC 1980-88, Barwert Mio $ (Barth 1989)	Gesch.Kosten 1988-1999, Barwert Mio $ (Hill 1990)
ARIZ	11	1,8%	5	35,12%	-4,58%	n/v	3.412
ARK	36	0,5%	10	40,15%	-19,16%	857	6.324
CA	193	29,3%	19	3,66%	-0,54%	6.654	13.951
COL	35	1,1%	13	13,96%	-3,80%	573	3.705
FLA	144	6,6%	11	3,80%	-1,08%	2.095	6.151
ILL	247	5,0%	20	4,42%	-0,41%	2.087	1.810
LOU	93	1,1%	24	18,80%	-4,97%	1.227	5.205
NME	24	0,4%	5	23,28%	-15,33%	101	4.801
OHIO	223	4,0%	3	3,24%	-0,18%	883	772
TX	204	8,2%	81	22,19%	-9,46%	21.009	68.522
USA	**2.949**	**-**	**275**	**7,38%**	**n/v**	**41.385**	**149.300**

Quelle: Hill (1990), Barth / Bartholomew / Labich (1989), eigene Berechnungen; Insolvente Sparkassen: Von der RTC übernommene Institute; Abkz.: ARIZ: Arizona; ARK: Arkansas; CA: Kalifornien; COL: Colorado; FLA: Florida; ILL: Illinois; LOU: Louisiana; NME: New Mexico; TX: Texas.

100 insolvente Commercial Banks schließen muß, darunter die 10 größten Banken des Staates[1].

Der Bundesstaat Texas ist im Vergleich zu anderen Staaten durch einige regionale Besonderheiten gekennzeichnet. Texas war bis 1987 ein Unit Ban-king-Staat und erlaubte es den Kreditinstituten nicht, Fillialen zu eröffnen. Savings and Loan Associations waren hier jedoch gegenüber den Banken im Vorteil, da diese Bestimmung in Texas für sie nicht galt. Bereits seit Anfang der 60er Jahre hatte Texas eine bedeutend liberalere Regulierungspolitik verfolgt und es den Sparkassen erlaubt, in den gesamten Immobilienbereich zu diversifizieren[2]. In Texas dominieren aufgrund dieser Bevorzugung die einzelstaatlich konzessionierten Savings and Loan Associations, die der Aufsicht der regionalen Behörden - dem Savings and Loan Commissioner - unterliegen und nicht direkt dem FHLBB unterstehen. Dadurch verstärken sich die Überwachungsprobleme der FSLIC, die erst einschreiten kann, wenn die FHLB von Dallas ein Eingreifen für notwendig erachtet[3].

---

1) Siehe Horvitz (1990).

2) Siehe Farbritius / Borges (1989).

3) Fatal wirkte sich hierbei der Umzug der regionalen FHLB von Little Rock nach Dallas im Jahre 1983 aus. Angesichts der schlechten Gehälter zum damaligen Zeitpunkt verlor der Distrikt in dieser sensiblen Phase weitere Prüfer. Siehe Dotsey / Kuprianov (1990) und Kaufman (1990).

Die regionale Wirtschaft wird durch den Primärsektor dominiert, besonders die Ölförderung und Energieproduktion. Auf diese Weise wird die texanische Wirtschaft von den Ölpreisschwankungen der 80er Jahre genau entgegengesetzt beeinflußt wie der Rest der USA. Die nach der zweiten Ölkrise einsetzenden Preissteigerungen beim Öl lösen in Texas einen Boom aus, der 1985 einsetzende Verfall eine Rezession. Der Konjunkturzyklus in Texas und den umliegenden Staaten setzt daher früher ein, ist ausgeprägter und kürzer als in den übrigen USA. Die regional schlecht diversifizierten Savings and Loan Associations sind auf diese Weise stärkeren realen Schocks ausgesetzt als Savings and Loan Associations in anderen Bundesstaaten. Die Entwicklung wird durch einen noch markanteren Wohnungsbauzyklus überlagert, der 1982 einen extremen Boom durchmacht und der in den Jahren 1987/88 in eine bis heute anhaltende Überangebotskrise im kommerziellen Bereich mündet[1]. Die Ausschläge werden dabei teilweise durch die Steuergesetzgebung verursacht, die 1980 eine erhöhte Abschreibung von gewerblichen Immobilien erlaubt. Diese Begünstigung wird imkritischen Jahr 1986 durch den Tax Reform Act (Anhang 1) wieder rückgängig gemacht, wodurch das Interesse von Investoren dauerhaft gedämpft wird[2].

Dem Immobilien-Zyklus gegenüber sind die Savings and Loan Associations und mit ihnen auch viele Geschäftsbanken[3] in besonderer Weise exponiert. Die texanischen Savings and Loan Associations nutzen in den Jahren 1983/84 die Deregulierung und die Expansionsmöglichkeiten nicht zur Produktdiversifizierung und Risikostreuung, sondern konzentrierten ihre Aktiva im regionalen Immobilienbereich, der zunächst hohe Renditen verspricht. Dabei wechselt man von den relativ risikoarmen privaten Hypotheken zu riskanten Paketfinanzierungen für kommerzielle Immobilienprojekte. Die seit 1986 fallenden Öl- und Grundstückspreise mindern die Bonität und erhöhen das Besicherungsrisiko. Angesichts des wachsenden Überangebots auf dem Immobilienmarkt sind die Sicherheiten nur unter großen Verlusten oder gar nicht zu liquidieren.

Auf diese Weise steigt der Wertberichtigungsbedarf 1986 rapide an, und zugleich sinkt das Zinseinkommen durch Zinsausfälle und steigende Refinanzierungskosten. Die texanische Savings and Loan Associations zahlen Habenzinsen, die etwa 1 - 1,5 % über dem Bundesdurchschnitt liegen[4]. Ursache des Texas-Premiums ist nicht allein die Situation in Texas selbst, sondern auch die unklare Finanzlage der FSLIC.

---

1) Siehe Strunk / Case (1988) S. 98 ff..

2) Horvitz (1990) gibt eine ausführliche Beschreibung der texanischen Wirtschaft und des Steueraspektes. Zu den Problemen auf dem Immobilienmarkt vgl. auch THE ECONOMIST, *Growth's dead weight*, 15.6. 1991, S. 21-24.

3) Von 1988-1989 mußten auch 100 texanische Commercial Banks - unter ihnen die 10 größten des Staates - Konkurs anmelden; siehe Horvitz (1990) S. 96.

4) Siehe White (1991), Tab. 8-5, S. 167.

Die Voraussetzungen für eine Fortsetzung der Capital Forbearance sind für die Savings and Loan Associations in Texas nicht mehr gegeben, da nicht mit einer Rückkehr der Solvenz zu rechnen ist. Die offenen überschuldeten Unternehmen nutzen die durch den CEBA gewonnene Zeit, um durch weitere riskante Operationen zu versuchen, ihrem Schicksal doch noch zu entgehen. Es werden auch nach 1986 frische FSLIC-versicherte Gelder in den maroden Immobilienbereich investiert, woraus weitere Verluste resultieren. Die Defizite der überschuldeten Savings and Loan Associations sind ein direkter Verlust der FSLIC.

Bei den Ereignissen in Texas handelt es sich um eine Entwicklung, die in den anderen Bundesstaaten lediglich zeitversetzt und in unterschiedlich starker Ausprägung erfolgt. So weiten sich die Verluste zunächst im Südwesten der USA aus und greifen im Zuge der einsetzenden Rezession in späteren Jahren auch auf den Nordosten und die restlichen USA über[1].

2.4.2 Der South West Plan 1988

Nach 1987 konzentriert das FHLBB seine Aktivitäten unter dem neuen Vorsitzenden *Danny Wall* angesichts der begrenzten Mittel der FSLIC zunächst auf Texas. Unter dem South West Plan liquidiert die FSLIC auf Basis des CEBA erstmals in größerem Umfang überschuldete Savings and Loan Associations. Hauptproblem sind dabei die Finanzen der FSLIC, die auch nach dem CEBA über keine ausreichenden Mittel verfügt, um alle Insolvenzen abzuwickeln. 1988 steht lediglich die Hälfte der durch den Kongreß bewilligten Gelder zur Verfügung. Hinzu kommen die laufenden Prämieneinnahmen, die 1988 1,9 Mrd. $ betragen, und die verbliebenen Reserven der FSLIC in Höhe von 0,9 Mrd. $[2]. Das FHLBB verfügt somit nicht über genügend liquide Mittel, um die aufgelaufenen Verluste der Savings and Loan Associations zu decken. Ziel des Southwest Plans und der anderen Insolvenzabwicklungen des Jahres 1988 ist es daher, die Insolvenzen mit einem Minimum an kurzfristigem Mitteleinsatz zu bewältigen.

Liquidationen kommen in dieser Situation nur in besonders aussichtslosen Fällen in Betracht. Das FHLBB versucht daher, möglichst viele insolvente Savings and Loan Associations zu fusionieren und als ganze Untermehmen an private Investoren zu veräußern. Hierdurch kann der Mitteleinsatz der FSLIC zumindest kurzfristig beschränkt werden, da nicht alle Verluste der Savings and Loan Associations sofort ersetzt werden müssen. Zu diesem Zweck werden mit den Käufern, angesichts des unsicheren Wertes vieler Sparkassenaktiva, Yield Maintenance Agreements vereinbart. Im Rahmen einer solchen Vereinbarung garantiert die FSLIC dem Erwerber einer Sparkasse eine feste Zinsspanne von

---

1) Siehe Barth / Bartholomew / Bradley (1989) und Hill (1990).
2) Siehe United States League (1989) Tab. 82 & 83, S. 61.

etwa 1,7 bis 2,5 % über einen Zeitraum von bis zu 10 Jahren[1]. Diese Garantie wird bei besonders zweifelhaften Aktiva durch eine Rücknahmegarantie oder eine Capital Loss Coverage ergänzt. Durch diese Gewährleistungpflicht bleibt ein Großteil der Kreditrisiken bei der FSLIC. Im Gegenzug läßt sich die FSLIC Optionscheine auf das Aktienkapital geben, um gegebenenfalls später Gewinne abschöpfen zu können[2]. Der einzige Sinn dieser Maßnahmen liegt darin, daß sie die Belastung über mehrere Jahre verteilen und keine direkten Ausgaben im laufenden Haushaltsjahr erfordern.

Des weiteren greift die FSLIC auf Steuererleichterungen in Form übertragbarer Verlustvorträge für die Käufer zurück. Diese erlauben es, die Verluste übernommener Savings and Loan Associations auf das Einkommen anzurechnen und so die Einkommenssteuer zu mindern. Aus Sicht des konsolidierten Staatshaushaltes handelt es sich lediglich um eine Umverteilung der Belastung von der FSLIC ins allgemeine Budget[3], bei der der Staat per saldo nichts gewinnt. Das FHLBB befindet sich bei diesen Transaktionen unter äußerstem Zeitdruck, da die Steuererleichterungen aufgrund des 1986 verabschiedeten Tax Reform Acts[4] Ende 1988 auslaufen, man aber nicht vor den Präsidentschaftswahlen im November 1988 in großem Umfang mit der Sanierung beginnen will[5]. In dieser Situation kommt nur eine kleine Gruppe äußerst wohlhabender Investoren in Betracht. Diese sind in einer starken Verhandlungsposition, weil die FSLIC gezwungen ist, die Savings and Loan Associations als ganze Betriebe zu verkaufen.

1988 werden 205 Unternehmen mit einer Bilanzsumme von 100 Mrd. $ abgewickelt, deren Abwicklungskosten sich auf 31 Mrd. $ belaufen; hinzu kommen Steuervorteile, deren Barwert weitere 5,5 Mrd. $ beträgt[6]. Der eigentliche Southwest Plan umfaßt dabei 81 texanische Savings and Loan Associations, die für insgesamt 18 Mrd. $ saniert werden. Hinzu kommen 1988 noch weitere 124 Abwicklungen, darunter auch 26 Liquidationen, die allein 2,8 Mrd. $ kosten. In den sogenannten December Deals (teilweise im South West Plan enthalten), werden in der letzten Woche des Jahres zwischen Weihnachten und Neujahr in 34 Transaktionen insgesamt 75 Savings and Loan Associations veräußert.

---

1) Siehe White (1991) S. 172, Endnote Nr. 22.
2) Siehe White (1990) S. 147 ff.
3) Der Wert der Steuervergünstigungen betrug etwa 5,5 Mrd. $, die im Gesamtbetrag von 32 Mrd. enthalten sind.
4) Siehe Anhang 1
5) Vgl. Litan (1990) S. 11.
6) Siehe Kormendi et. al. (1989) Tab. 1-1, S.11, White (1991) S. 152 ff. und Barth / Bartholomew / Bradley (1990).

Allein die Kosten dieser spektakulären Sanierungen belaufen sich für die FSLIC auf 18 Mrd. $.

Im Dezember 1988 werden vier texanische Savings and Loan Associations mit einer Bilanzsumme von 8 Mrd. $ an die Geschäftsbank *First Nationwide* veräußert, die zum Automobilkonzern *Ford* gehört. *Ford* bezahlt 170 Mio. $ für die Unternehmen und erhält von der FSLIC ein Yield Maintenance Agreement über 10 Jahre mit einem Garantievolumen von 1,6 Mrd. $. Zusätzlich erhält *Ford* Steuererleichterungen in Höhe von 1,1 Mrd. $[1]. Die Gesamtkosten dieser Sanierung belaufen sich für die FSLIC auf 5,3 Mrd. $. Ein weiteres Beispiel ist *Financial Corporation of America (FCA)*. Die größte Sparkasse der USA, mit einer Bilanzsumme von 30 Mrd. $, wird für 350 Mio. $ an die Brüder *Bass* verkauft[2]. Wiederum gibt die FSLIC Garantien in Höhe von 2 Mrd. $ ab und die Erwerber erhalten eine Steuergutschrift von 219 Mio. $[3].

Trotz des entschlossenen Vorgehens kann das FHLBB die geweckten Erwartungen nicht erfüllen, wodurch der Southwest Plan schnell in das Kreuzfeuer der Kritik gerät. Neben mangelnder Transparenz wird der FSLIC vorgeworfen, den Erwerbern zu große Vorteile eingeräumt zu haben[4]. Eine Vermutung, die sich nachträglich als falsch herausstellte - die Lage der Savings and Loan Associations und die Verhandlungsposition des FHLBBs ist bedeutend schlechter als es der Kongreß und die Öffentlichkeit wahrhaben wollen. Der South West Plan ist unter den gegebenen Bedingungen durchaus ein adäquates Mittel, gegen insolvente Savings and Loan Associations vorzugehen und diese angesichts des Mangels an FSLIC-Mitteln dennoch für Käufer attraktiv zu machen[5].

Dennoch bleiben Zweifel an dem Verfahren der FSLIC. *White* (1991), damals Mitglied des FHLBBs, räumt ein: "One should not rule out the possibility that the FSLIC personnel were outnegotiated by the acquirers"[6]. Ähnlich äußeren sich *Kormendi* et. al. (1989) in ihrer Analyse der FHLBB-Politik: Demnach liegen die Kosten der December Deals zwar nicht signifikant über dem Jahresdurchschnitt, aber die FSLIC wird nicht vollständig für die eingeräumten

---

1) Siehe Kormendi et. al. Tab. 1-1 und 1-2, S. 11-12 und HANDELSBLATT *Regierung brachte Rettungsaktion noch vor Jahresende unter Dach und Fach*, Nr. 2, 3.1.1989,

2) Siehe auch Kap. I.3.2.2.

3) Siehe Kormendi et. al. Tab. 1-2, S. 12 und HANDELSBLATT, *Für die Käufer große Vorteile bei geringem Einsatz*, Nr. 3, 4.1.1989.

4) Vgl. Horvitz (1989) und Pilzer / Deitz (1989).

5) Horvitz (1989a). White (1991), S. 164, weist darauf hin, daß die reinen Liquidationskosten mindestens 37 Mrd. $ betragen hätten. Sein Kollege, der Vorsitzende des FHLBB gibt die Kostenersparnis bei den December Deals inkl. der Steuerverluste mit 2 Mrd. $ an; siehe WIRTSCHAFTSWOCHE *Das Milliardenloch*, Nr. 5, 27.1.1989.

6) White (1991) S. 168

Steuervorteile kompensiert. Hauptursache ist die Abwicklung der Privatisierung, die keine effiziente Auktion der Unternehmen zuläßt[1]. Eine Studie von *Ely* kommt zu dem Schluß, daß die zusätzlichen Kosten der December Deals etwa 5 Mrd. $ betragen[2].

Angesichts der Tatsache, daß es trotz der 205 Abwicklungen Ende 1988 immer noch 364 insolvente Unternehmen gibt (Tabelle 3), sind die 31 Mrd. $ jedoch lediglich ein bescheidener Anfang. Sie reichen aus Sicht der Regierung gerade aus, um die Krise noch über den im November angesetzten Termin für die Präsidentschaftswahlen zu retten...

2.4.3 Der Financial Institutions Recovery, Reform and Enforcement Act

2.4.3.1 Die Situation 1989

Beim Amtsantritt der neuen Regierung im Februar 1989 ist die Sparkassenkrise das dominierende innenpolitische und wirtschaftspolitische Problem. Angesichts der Kostenexplosion im Vorjahr, mehren sich in der Öffentlichkeit die Stimmen, die nach einem Schuldigen der Krise suchen. Die Ursachen werden vor allem in den betrügerischen Aktivitäten einzelner Savings and Loan Manager gesehen. Hinzu tritt die langsam wachsende Gewißheit, daß auch führende Politiker, wie der Parlamentssprecher *Wright*[3] und die *Keating*-Five[4], in die Krise verwickelt sind. Der Präsident des FHLBB *Wall* ist, wie sich später herausstellen sollte, ebenfalls in die *Keating*-Affaire verwickelt und muß im Dezember 1989 als Präsident des OTS zurücktreten[5]. Diese Entwicklung führt dazu, daß das Vertrauen der Öffentlichkeit in den Sparkassensektor auf den Tiefpunkt sinkt. Im März 1989 halten laut einer Umfrage lediglich 53% der Bevölkerung die Savings and Loan Associations für "sicher" und 30% für unsicher[6].

Ein akutes Problem bilden die Einlagenabzüge bei den Savings and Loan Associations, die bereits Mitte 1988 einsetzten (Abbildung 2). Sie sind auf die

---

1) Siehe auch Balbirer / Jud / Lindahl (1992).
2) Siehe THE WALL STREET JOURNAL (New York), *Fraud Is Called Small Factor in S&L Cost*, Nr. 14, 20.7.1990.
3) Im Februar ermittelte ein Untersuchungsausschuß des Kongreß, daß Jim Wright 1986 zugunsten der texanischen S&L Lobby die Verabschiedung des CEBA um ein Jahr verzögert hatte. Siehe den Phelan Report vom 21.2.1989 zit. in Adams (1990) S. 41-50.
4) Siehe Kap. I.3.2.2
5) Siehe THE WALL STREET JOURNAL (New York), *Thrift Regulator Wall's Footing Appears Shaky As He Prepares to Bring High-Wire Act to House*, Nr. 100, 21.11.89.
6) Die Geschäftsbanken hielten hingegen 93% der Befragten für sicher. Siehe HANDELSBLATT, *Auch ganz normaler Betrug*, Nr. 111, 13.6.1989.

einsetzende Schrumpfung der Branche zurückzuführen, vor allem aber auf den Vertrauensverlust der Einleger in die Savings and Loan Associations und in die FSLIC. Die Abzüge halten auch in den ersten Monaten des Jahres 1989 unverändert an. Allein im ersten Quartal 1989 verlieren die Savings and Loan Associations 28,3 Mrd. $ an Einlagen. In dieser Situation werden das Federal Reserve System und die FDIC zur Stabilisierung herangezogen. Im Februar erklärt der Vorsitzende des Federal Reserve Boards *Greenspan*, daß die Federal Reserve als Lender-of-Last-Resort für Savings and Loan Associations einspringen würde und darüberhinaus ggf. auch ungesicherte Liquiditätskredite an insolvente Savings and Loan Associations geben würde[1]. Gleichzeitig übernimmt die FDIC 250 Insolvenzen, um die schlimmsten Fälle besser kontrollieren zu können. Die Mittel der FDIC, die allein für die Geschäftsbanken und die Mutual Savings Banks zuständig ist, stehen dabei für eine Sanierung nicht zur Verfügung.

Das wichtigste Problem ist die Finanzierung der FSLIC, die jetzt bereits im vierten Jahr insolvent ist. Die Altlasten aus den vergangenen Sanierungen werden auf insgesamt 40 Mrd. $ geschätzt und die weiteren Sanierungskosten werden Ende 1988 in der Öffentlichkeit mit 100 Mrd. $ veranschlagt[2]. Ging man beim CEBA 1987 noch von der Fiktion aus, die Sparkassenbranche könne die Mittel aus eigenen Versicherungsprämien aufbringen, so ist es nun unumstritten, daß auch das allgemeine Steueraufkommen für die Sanierung eingesetzt werden muß. In der Öffentlichkeit entsteht so der Eindruck eines Bail Outs zugunsten der (betrügerischen) Sparkassenbesitzer. Eine Position, die jedoch übersieht, daß es bei allen Maßnahmen bezüglich der FSLIC-Finanzierung allein darum ging, die Full-Faith-and-Credit-Garantie des Kogresses einzulösen[3].

Anfang 1989 beginnen sich aber auch im Geschäftsbankenbereich und bei der FDIC die Schwierigkeiten zu verstärken. Hier sind Geschäftsbanken betroffen, die sich im Südwesten der USA im kommerziellen Realkredit engagiert hatten[4].

---

1) Siehe FINANCIAL TIMES *Greenspan says Fed ready to provide funds for ailing S&Ls*, Nr. 30773, 24.2.1989. Tatsächlich mußte die Fed im May 1989 erstmals einen ungesicherten Liquiditätskredit von 70 Mio. $ an die insolvente *Lincoln S&L* von *Charles Keating* vergeben, die zu dem Zeitpunkt allerdings bereits von der FSLIC übernommen worden war. Die Fed finanzierte somit indirekt die FSLIC. Siehe HANDELSBLATT *Kritiker sehen Unabhängigkeit der amerikanischen Notenbank in Gefahr*, Nr. 84, 2.5.1989.

2) Siehe Kap. I.3.4.3.4.

3) Siehe White (1991), S. 5: The term *bailout* is almost always used to describe this clean up. It's a wholly inapropriate term, that conveys the wrong connontations and implications. The money are being used to satisfy the government insurance obligations to depositors, not to "bail out" anyone.

4) Siehe Wolfson / McLaughlin (1989) S.465.

Zwischen 1980 und 1988 hatte die FDIC insgesamt 831 Insolvenzen abwickeln müssen, davon allein 206 Banken mit einer Bilanzsumme von 24,9 Mrd. $ im Jahr 1988. Diese Insolvenzen konnten nicht mehr aus dem laufenden Einkommen finanziert werden und die FDIC machte 1988 erstmals Verluste in Höhe von 4,2 Mrd. $. Obwohl die FDIC 1989 noch über Reserven in Höhe von 14,1 Mrd. $ verfügt, ist auch hier eine Gefährdung des Fonds gegeben. Anfang 1989 führt die FDIC 1.495 Banken mit einer Bilanzsumme von 287,9 Mrd. $ auf ihrer sogenannten Problem List, von denen 317 Banken ein Kapital von weniger als 3 % der GAAP-Aktiva ausweisen[1]. Es besteht daher die Gefahr, daß sich bei der FDIC eine ähnliche Entwicklung wiederholen würde[2].

Im Februar 1989 legt der neue Präsident *Bush* kurz nach seinem Amtsantritt einen Plan zur Lösung der Krise vor. Die neue Regierung plädiert für die sofortige Schließung von 500 insolventen Savings and Loan Associations bis 1991 und weiteren 200 Savings and Loan Association in den folgenden 8 Jahren. Es dauert bis zum August 1989 bis ein entsprechendes Gesetz, der Financial Institutions Reform, Recovery, and Enforcement Act (FIRREA) durch den Kongreß verabschiedet wird. Dieses Gesetz markiert einen Wendepunkt in der Einstellung des Gesetzgebers zur Sparkassenkrise, der nun ohne Verzögerung bereit ist, die aufgelaufenen Verbindlichkeiten der FSLIC anzuerkennen und das volle Ausmaß der Krise auch politisch einzugestehen.

2.4.3.2 Institutionelle Änderungen des FIRREA

Ein wesentlicher Teil der Reformen des FIRREA bezieht sich auf die Umstrukturierung der Kompetenzen innerhalb der Bankenaufsicht und der Einlagenversicherung. Bereits in den 70er Jahren war durch die Hunt Commission und auch in der FINE-Studie[3] eine Vereinheitlichung der Bankenaufsicht und der Einlagenversicherung verlangt worden. Es wurde bereits damals eine einheitliche Aufsichtsbehörde für die Sparkassen und die Geschäftsbanken vorgeschlagen. Seit 1985 gibt es zudem Stimmen, die angesichts der Schwierigkeiten der FSLIC vermehrt die Forderung nach einer Fusion des Einlagensicherungsfonds FSLIC mit der stärkeren FDIC erheben. Die Fusion scheiterte jedoch an der ungklärten Finanzierungsfrage der FSLIC. 1989 braucht man auf politischer Ebene vor allem einen Sündenbock für die Sparkassenkrise, den man im FHLBB und der FSLIC glaubt gefunden zu haben.

Durch den FIRREA wird das FHLBB als eigenständige Behörde aufgelöst und seine Doppelfunktion als Aufsichts- und Subventionsorgan getrennt. Die Auf-

---

1) Zahlen aus Brumbaugh / Litan (1991) Tab. 3, 6 & 7.

2) Siehe Brumbaugh / Carron / Litan (1989) S. 250 ff.

3) Siehe Kap. III.2.1.1.

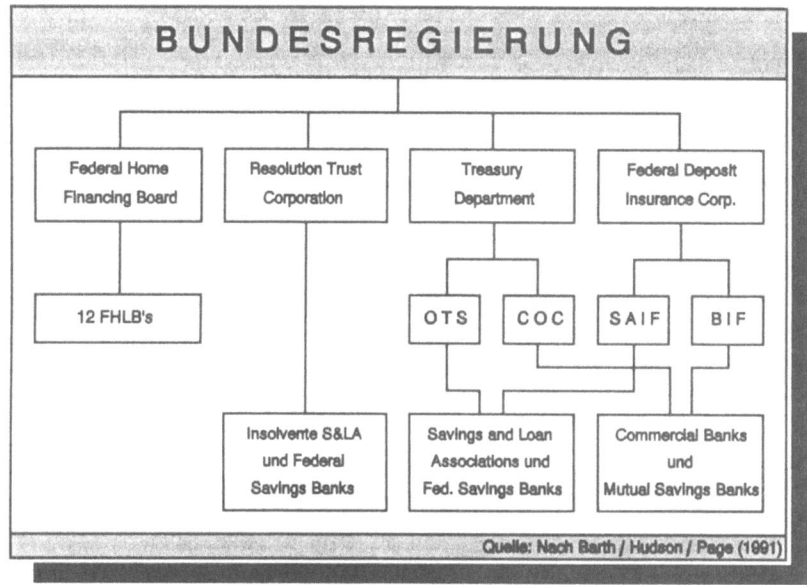

BUNDESREGIERUNG

| Federal Home Financing Board | Resolution Trust Corporation | Treasury Department | Federal Deposit Insurance Corp. |

| 12 FHLB's | | OTS | COC | SAIF | BIF |

| Insolvente S&LA und Federal Savings Banks | Savings and Loan Associations und Fed. Savings Banks | Commercial Banks und Mutual Savings Banks |

Quelle: Nach Barth / Hudson / Page (1991)

Diagramm 4: Struktur der Bankenaufsicht nach dem FIRREA von 1989

sicht über alle Savings and Loan Associations, also auch alle einzelstaatlich konzessionierten Unternehmen, übernimmt das neue Office of Thrift Supervision (OTS) unter dem Dach des Finanzministeriums (Treasury Department). Da der Comptroller of the Currency (COC) - die Aufsichtsbehörde über alle bundesstaatlich konzessionierten Commercial Banks - ebenfalls dem Finanzministerium untersteht, sind nun zumindest ansatzweise die Aufsichtsorgane für Banken und Sparkassen vereint (Siehe Diagramm 3). Die regionalen FHLBs erhalten ein neues Aufsichtsorgan in Form des Federal Home Financing Board (FHFB) als unabhängige Behörde, die die Refinanzierungstätigkeiten der FHLBs überwacht.

Die Einlagenversicherung FSLIC kommt unter das Dach der FDIC, jedoch in einen streng getrennten Fonds, dem Savings Institutions Insurance Fund (SA-IF), der die Verbindlichkeiten der FSLIC übernimmt (Diagramm 3). Auf diese Weise wird verhindert, daß die Mittel der FDIC zur Sanierung der Sparkassen verwendet werden. Die Prämien des SAIF werden zunächst auf dem Niveau von 1985 stabil gehalten und steigen erst 1991 von 0,208% auf 0,230% der inländischen Depositen. Die Einlagenversicherung der Commercial Banks wird dem BIF übertragen, dessen Prämien, angesichts der Vorjahresverluste der FDIC, ebenfalls von 0,120% auf 0,150% der inländischen Depositen erhöht werden. 1994 sollen die SAIF-Prämien jedoch wiederum auf 0,18% gesenkt

werden und bis 1998 sollen die BIF und SAIF-Prämien wieder auf einem
einheitlichen Niveau von 0,15% liegen[1] - vorbehaltlich weiterer Reformen. Ziel
dieser Prämienpolitik ist es, die Sparkassen soweit wie möglich an den Kosten
der Sparkassenkrise zu beteiligen. Die überlebenden Sparkassen zahlen auf
diese Weise für die Fehler ihrer Konkurrenten in der Vergangenheit.

2.4.3.3 Eigenkapitalregulierung des FIRREA

Die Eigenkapitalregulierung ist das eigentliche Herzstück des neuen Gesetzes.
Hiermit wird die seit 1980 betriebene Politik der Capital Forbearance beendet,
und die berüchtigten Regulatory Accounting Principles des FHLBB werden
abgeschafft. Das Eigenkapital wird von nun wieder im Sinne des TAP-Standarts
berechnet. Verlangt wird ab 1. Dezember 1989 ein TAP-Kapital von mind.
1,5% der Aktiva und ab Ende 1994 von mind. 3% der Aktiva[2]. Diese Regelung
wird später von der FDIC auch für die Geschäftsbanken übernommen, die
bereits ab 1992 ein TAP-Kapital von 3% aller Aktiva aufweisen müssen[3].

Zusätzlich werden risikogewichtete Eigenkapitalquoten im Sinne der
Baseler Richtlinien für die Geschäftsbanken und die Savings and Loan Associations eingeführt. Die Kreditinstitute müssen ab Ende 1992 ein Kernkapital (Tier
I) in Höhe von 4% der risikogewichteten Aktiva aufweisen. Das Kernkapital
entspricht dabei im wesentlichen dem TAP-Standard[4]. Das sogenannte erweiterte Eigenkapital (Tier II) muß ab 1992 8% der risikogewichteten Aktiva betragen. Das Tier II-Kapital umfasst zusätzlich noch nachrangige Schuldverschreibungen und Rückstellungen[5]. Von den Sparkassen wird ab 1992 ein Eigenkapital von 6,4% (Tier II) der risikogewichteten Aktiva verlangt, das erst 1993 auf
8% angehoben wird. Der Vorteil der Sparkassen liegt hier in der Spezialisierung auf das Hypothekargeschäft, da mit Hypotheken gesicherte Kredite
lediglich zur Hälfte auf das Eigenkapital angerechnet werden. Die Eigenkapitalanforderungen an die Savings and Loan Associations werden durch den FIR-
REA also wesentlich erhöht, liegen aber bis 1994 immer noch unter den Mindestanforderungen, die für Geschäftsbanken gelten. Sie gehen einher mit einer
Erhöhung des QTL-Tests, der fordert, daß zumindest 80% aller Aktiva in
Realkredite investiert werden.
Die Auswirkungen dieser Regulierung auf die Savings and Loan Associations
sind beträchtlich: Sie bedeutet das unmittelbare Ende für 750 Savings and Loan
Associations mit einer Bilanzsumme von 536 Mrd. $, deren Eigenkapital Mitte

---

1) Siehe Barth / Hudson / Page (1990), S. 27 und Anhang 1.
2) Siehe Barth / Hudson / Page (1991) S. 27.
3) Siehe Brumbaugh / Litan (1990) S. 5 und Duca / McLaughlin (1990) S. 487.
4) Siehe Brumbaugh / Litan (1990) S. 5.
5) Siehe Brunner / Duca / McLaughlin (1991) S. 514 ff..

1989 unter 1,5 % der Aktiva (TAP) liegt. Weitere 467 Unternehmen mit einer Bilanzsumme von 259 Mrd. $ können die risikoabhängigen Eigenkapitalanforderungen Mitte 1989 nicht erfüllen[1]. Hiervon sind auch die größten Unternehmen mit einer Bilanzsumme von bis zu 22 Mrd. $ (pro Institut) betroffen[2]. Die gesunden Unternehmen profitieren von dieser Regelung[3], da die Konkurrenz der insolventen Unternehmen wegfällt und die schlecht kapitalisierten Unternehmen gezungen sind, ihre Bilanzsumme zu reduzieren. Auf diese Weise setzt im Sparkassensektor ein anhaltender Schrumpfungsprozeß ein, von dem vor allem die Geschäftsbanken als unmittelbare Konkurrenten der Sparkassen profitieren[4]. Aber auch für die Geschäftsbanken stellen die risikogewichteten Eigenkapitalanforderungen ein Problem dar. *Brumbaugh / Carron / Litan* (1989) untersuchen alle Geschäftsbanken mit einer Bilanzsumme von über 50 Mio. $ und stellen fest, daß Ende September 1988 insgesamt 226 Banken mit einer Bilanzsumme von 992 Mrd. $, etwa ein Drittel aller Bank-Aktiva, diese Richtlinien nicht erfüllen[5].

2.4.3.4 Die Kosten der Sparkassenkrise

Abbildung 6 gibt die Kostenentwicklung der Sparkassenkrise in den 80er Jahren wieder. Grundsätzlich handelte es sich bei den Kosten der Sparkassenkrise um die Differenz zwischen den Marktwerten der Aktiva und dem Wert der versicherten Einlagen der offenen insolventen Unternehmen. Einen Anhaltspunkt über die Kostenentwicklung bieten die Kosten, die der FSLIC zwischen 1980 und 1988 bei der Abwicklung von Insolvenzen entstanden waren. Die Schadensquote der FSLIC ergibt sich, wenn die Kosten auf die Aktiva der abgewickelten Unternehmen bezogen werden. Multipliziert man diese Schadensquote mit der Bilanzsumme der noch verbleibenden offenen Insolvenzen (GAAP) am Jahres-

---

1) Zahlen: Siehe THE WALL STREET JOURNAL (New York), *Ongoing Fiasco*, Nr. 111, 7.12.1989; "Today is the beginning of a new area for the thrift industry, and hundreds of S&Ls will never survive it.", schrieb die Zeitung anläßlich des Inkrafttretens der neuen Bestimmungen.

2) Einige Savings and Loan Associations wiesen im März eine negative Eigenkapitalposition von bis zu 88 % der Aktiva (Valey S&L, Colorado) aus. Siehe WALL STREET JOURNAL, *S&L Bill will Affect 672 Institutions With Low Tangible Capital*, Nr. 25, 7.8.1989.

3) Siehe BANKERS MONTHLY 108(1991)1, Januar, S. 10 ff.

4) Siehe Kap. III.2.2.2.

5) Dabei legten Brumbaugh / Carron / Litan (1989) eine etwas modifizierte Eigenkapitaldefinition zugrunde, die ein Mittel zwischen Tier I und Tier II darstellte. Dabei wurden Nachrangige Verbindlichkeiten berücksichtigt, aber keine Rückstellungen.

58

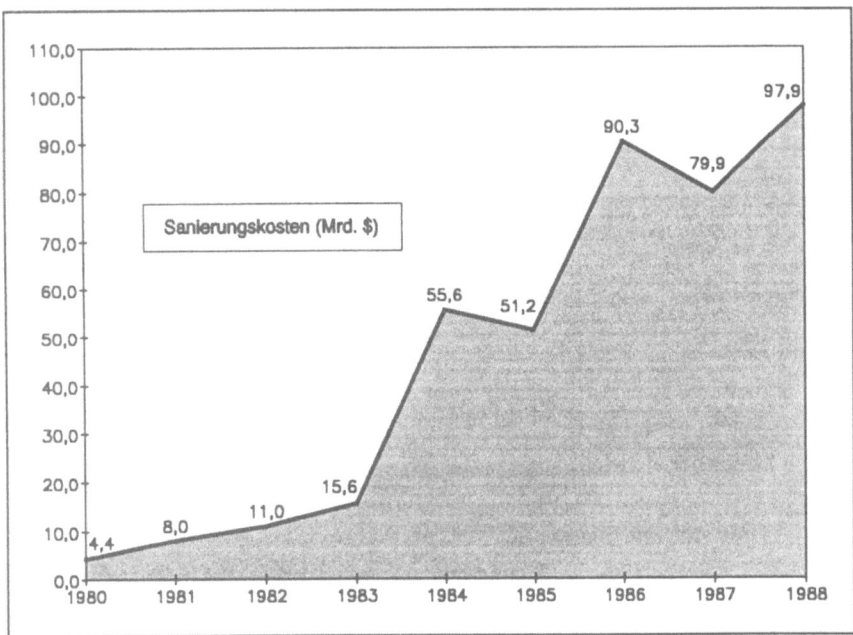

Abbildung 6: Kostenentwicklung der Sparkassenkrise

Quelle: Berechnet nach Barth / Bartholomew / Labich (1989) Tab. 1, S. 379; Kosten = Geschätzter Barwert der Abwicklungskosten des jew. Jahres / Aktiva der während des Jahres abgwickelten Institute x Aktiva der GAAP-insolventen Institute am Jahresende.

ende, so erhält man einen Anhaltspunkt über den verbleibenden Sanierungsbedarf. Die Kostenprojektion gilt unter der Annahme, daß zum jeweiligen Jahresende alle Insolvenzen sofort abgewickelt worden wären. Hierbei handelt es sich nicht um die tatsächlichen Ausgaben der FSLIC, sondern jeweils um den geschätzten verbleibenden Sanierungsbedarf am Jahresende.

Die Abbildung 6 zeigt, daß sich die Kosten für die FSLIC über den Zeitraum akkumulieren. Dies ist zum einen auf eine wachsende Zahl insolventer Unternehmen zurückzuführen, zum anderen auf den Anstieg der durchschnittlichen Kosten, die der FSLIC im Verhältnis zum abgewickelten Bilanzvolumen entstehen. Die Schadensquote der FSLIC erhöht sich zwischen 1982 und 1988 von 5% auf 29% der Aktiva[1].

Zu den Ende 1988 aufgelaufenen Kosten von 97 Mrd. $ müssen noch die Altschulden der FSLIC aus den Sanierungen der Vergangenheit, die Zinskosten der REFCORP und die weiteren Verluste der RTC addiert werden. Hier ist

---

1) Siehe Barth / Bartholomew / Bradley (1989) S. 733.

man 1989 zunächst auf Schätzungen angewiesen. Auf Basis verschiedener Szenarios ermittelt eine Brookings-Studie einen Sanierungsbedarf von 100-150 Mrd. $ und zwar je nach Zinsentwicklung[1]. Das Finanzministerium selbst veröffentlicht im Februar Kostenprojektionen, die sich innerhalb von 3 Wochen von 90 auf 157 Mrd. $ erhöhen[2]. In diesen Schätzungen sind jeweils die Altlasten der FSLIC und die Finanzierungskosten der ersten 10 Jahre enthalten.

Im FIRREA werden schließlich nur 108 Mrd. $ für die Sanierung der FSILC veranschlagt. Hiervon hatte die FSLIC bis 1988 bereits 34 Mrd. $. Von den restlichen 74 Mrd. $ des FIRREA stehen nur 50 Mrd. $ sofort zur Verfügung, um 500 insolvente Savings and Loan Associations zu schließen. Mit den verbleibenden 24 Mrd. $ sollen bis 1999 weitere 200 Insolvenzen abgewickelt werden[3].

Von den sofort benötigten 50 Mrd. $, werden lediglich 20 Mrd. $ aus dem öffentlichen Budget finanziert. Die restlichen 30 Mrd. $ finanziert, analog zur FICO, eine neue Resolution Finance Corporation (REFCORP) unter dem Dach des Finanzministeriums. Die REFCORP emittiert von 1989-1991 Wertpapiere über insgesamt 50 Mrd. $ mit einer Laufzeit von 30 Jahren. Diese Wertpapiere sind durch Zero Bonds des Treasury mit entsprechender Laufzeit gedeckt. Die Zinszahlungen auf die REFCORP Bonds und die Kosten der Zero Bonds werden von den SAIF-Beiträgen der Sparkassen und von den regionalen FHLBs getragen. Durch diese Konstruktion ist es möglich, de jure eine Belastung des öffentlichen Haushalts zu vermeiden[4].

Die Finanzierung über die REFCORP steht im Mittelpunkt der Debatte um die Verabschiedung des FIRREA, die sich bis zum August 1989 hinzieht. sieht Durch die REFCORP wird das Gram-Rudmann-Hollings Gesetz umgangen, das für 1989 eine Begrenzung der Nettoneuverschuldung auf 100 Mrd. $ vorsieht. Für eine solche Off Budget-Finanzierung spricht, daß es sich bei den 50 Mrd. $ um keine zusätzliche nachfragewirksame Verschuldung handelt. Es werden lediglich Verbindlichkeiten aus der Vergangenheit anerkannt, und die Verausgabung dieser Mittel stellt nur einen Aktivtausch zwischen dem Staat und den Einlegern der Sparkassen dar[5]. Eine Ausnahme erscheint daher durchaus

---

1) Siehe Brumbaugh / Carron / Litan (1989).
2) Siehe HANDELSBLATT *Neues Sanierungskonzept*, Nr. 28, 8.2.1989, *Die Kosten des modifizierten Bush-Plans werden auf 126 Mrd. Dollar taxiert*, Nr. 35, 17.2.1989 und FRANKFURTER ALLGEMEINE *Notenbank will Geld einschießen*, Nr. 48, 25.2.1989.
3) Siehe Brumbaugh / Carron / Litan (1989), Barth / Hudson / Page (1990), Brewer (1989).
4) Vgl. Brumbaugh / Carron / Litan (1989) S. 258 - 259, Gale (1990)
5) Siehe *Feldstein* in THE WALL STREET JOURNAL (New York) *FSLIC Funding Belongs Off-Budget*, Nr. 41, 1.3.1989

gerechtfertigt[1]. Die Finanzierung der Zinsen über die Savings and Loan Associations und die REFCORP birgt aber, ähnlich wie 2 Jahre zuvor bei der FICO, die Gefahr eines Bonitätsaufschlages durch die Anleger. Zudem schafft die REFCORP einen Präzendenzfall für weitere Umgehungsmaßnahmen. Es wäre also besser gewesen, den Restbetrag von 30 Mrd. ebenfalls direkt über den Haushalt zu finanzieren, anstatt die REFCORP einzurichten.

Die Unsicherheit der Kostenschätzungen ist 1988 beträchtlich, da die Zahl und der Zustand der insolventen Savings and Loan Associations unbekannt ist. Die weitere Verlustentwicklung ist vom Konjunkturverlauf und vor allem von den Immobilienpreisen abhängig. Letztere bilden die Grundlage für den Wert der meisten Sparkassenaktiva. Weitere Unsicherheitsfaktoren sind die verbleibenden Unternehmenswerte, also letztlich der Erfolg der Vermarktungs- und Abwicklungspolitik der RTC. Die Zinsentwicklung spielt ebenfalls eine Rolle. Höhere Zinsen bedeuteten höhere Verluste der offenen insolventen Unternehmen und steigern die Finanzierungskosten der RTC, bzw. der REFCO. Insofern wird schon bald nach der Verabschiedung des FIRREA deutlich, daß die bereitgestellten Mittel aller Wahrscheinlichkeit nach nicht ausreichen, um die Sanierungskosten zu decken[2].

2.4.3.5 Die Abwicklungspolitik der Resolution Trust Corporation

Aufgabe der Resolution Trust Corporation ist es, zunächst alle insolventen Savings and Loan Association zu übernehmen - also quasi zu verstaatlichen - um diese dann zu sanieren oder zu liquidieren. Der RTC fließen somit die Finanzmittel zu, die der FIRREA bereitstellt. Die Aufgaben der RTC ähneln stark der wenige Monate später in Deutschland gegründeten Treuhandanstalt zur Privatisierung der volkseigenen Betriebe der ehemaligen DDR[3].

Die RTC benötigt über ein Jahr für die Übenahme aller 500 Insolvenzen mit einer Bilanzsumme von 222 Mrd. $. Die RTC beginnt bereits im September 1989 mit der Sanierung und Reprivatisierung der übernommenen Savings and Loan Associations[4]. Hierbei wird auf Garantien, wie sie die FSLIC bei den

---

1)   Ein ähnliches Problem trat auch bei der Einführung der DM in Ostdeutschland auf. Die Ausgleichsforderungen der dortigen Banken aus den ungleichen Umstellungskursen für Sparguthaben und Kredite wurden in den Kreditabwicklungsfonds eingestellt und nicht der Staatsschuld direkt zugerechnet. Siehe Deutsche Bundesbank (1990)

2)   Siehe HANDELSBLATT, *Zweifel am Erfolg des Reformgesetzes der Regierung wachsen*, Nr. 164, 25.8.1989 und *Sind die 50 Mrd. Dollar öffentlicher Mittel nur ein Tropfen auf den heißen Stein?*, Nr. 195, 9.10.1989.

3)   Vgl. Sinn / Sinn (1991) S. 67 ff.

4)   Siehe HANDELSBLATT, *Ausverkauf der angeschlagenen Sparinstitute hat begonnen*, Nr. 174, 8.9.1989.

1988-Deals verwendet hatte, verzichtet, um nicht die Fehler der Vergangenheit zu wiederholen[1]. Bis zum September 1990 werden insgesamt 287 Unternehmen abgewickelt mit einem geschätzten Aufwand von 34 Mrd. $. Zu diesem Zeitpunkt existieren jedoch noch weitere 244 negativ kapitalisierte Savings and Loan Associations mit einer Bilanzsumme von 162 Mrd. $, die weiterhin Verluste machen.

Bereits im März 1990 müssen daher die Kosten der Sanierung erheblich nach oben revidiert werden. Die RTC selbst geht bereits von zusätzlichen Sanierungskosten in Höhe von 24 Mrd. $ aus, da allein die bis dato übernommenen 333 Unternehmen Defizite in Höhe von 42 Mrd. $ aufweisen. Damit ist bereits der wesentliche Teil des genehmigten Finanzvolumens von 50 Mrd. $ verbraucht[2]. Der Rechnungshof (GAO) veranschlagt im selben Monat den Sanierungsbedarf auf 155 Mrd. $, also um 55 Mrd. $ höher als Anfang 1989 vermutet[3]. Das Finanzministerium veröffentlicht zwei Monate später Zahlen, nach denen sich die Altlasten der FSLIC nachträglich um 12 Mrd. $ von 40 auf 52 Mrd. $ erhöhen. Der gesamte Sanierungsbedarf der RTC wird vom Finanzministerium daraufhin auf 89 bis 132 Mrd. $ veranschlagt[4].

Folge dieses Kostenanstiegs ist, daß nunmehr die RTC selbst für die Kosten der Sparkassenkrise verantwortlich gemacht wird. Dieser ist jedoch vor allem auf die Rechnungslegung der Sparkassen zurückzuführen, die es jahrelang erlaubte, die Aktiva zu überhöhten Wertansätzen zu bilanzieren. Die Öffentlichkeit reagiert sehr irritiert und sieht sich einer gigantischen Verschwörung krimineller Sparkassenbesitzerr ausgeliefert[5]. Der RTC wird vor allem vorgeworfen, die Kosten der Sparkassenkrise durch eine ineffiziente Organisation und ein zu langsames Vorgehen zu erhöhen[6].

Anfang 1990 ändert die RTC daraufhin ihre Strategie, da sich die meisten Savings and Loan Associations als ganzen Unternehmen nicht privatisieren

---

1) Siehe HANDELSBLATT, *Großzügige Garantien werden gekappt*, Nr. 188, 28.9.1989.

2) Siehe THE WALL STREET JOURNAL (New York), *S&L Bailout to Cost the Government At Least $25 Billion More, Agency Says*, Nr. 45, 6.3.1990.

3) Hinzu kommen der Zins- und Verwaltungsaufwand und es ergibt sich, je nach Zins- und Konjunkturentwicklung, eine Summe von 285 - 500 Mrd. $, allerdings summiert bis zum Jahre 2030. Siehe Business Week (New York), *The Incredible Expanding Thrift Bailout*, Nr. 3154, 38.5.1990.

4) Zuzüglich der Zins- und Verwaltungskosten der ersten 10 Jahre ergibt sich ein Betrag von insgesamt 266 Mrd. $. Siehe THE WALL STREET JOURNAL (New York), *Wite House Damage-Control Teams Struggle To Make Sure Thrift Bailout Doesn't Sink Bush*, Nr. 116, 14.6.1990.

5) Siehe bsp. Adams (1990).

6) Siehe Litan (1990) und Kane (1990).

ließen[1]. Die RTC wechselt daher dazu über, die Depositen und Aktiva der Unternehmen zu trennen und einzeln zu veräußern. Für die Aktiva lassen sich nur schwer Käufer finden und so verbleiben die meisten Aktiva zunächst im Besitz der RTC. Nachdem von August 1989 bis März 1990 lediglich 52 Savings and Loan Associations reprivatisiert wurden, beginnt im April 1990 die Operation Clean Sweep[2], bei der insgesamt 141 Savings and Loan Associations innerhalb weniger Wochen privatisiert werden. Hierbei bleiben die meisten der Aktiva zur Verwertung bei der RTC.

Es ensteht so ein kurzfristiger Finanzierungsbedarf von 45 Mrd. $ zur Finanzierung der übernommenen Aktiva. Diese Maßnahme erweist sich als sinnvoll, da die Aktiva sonst über teure Einlagen hätten finanziert werden müssen[3]. Die durch den FIRREA bereitgestellten Mittel reichen jedoch für ein solches Privatisierungstempo nicht aus. Bis Mitte 1990 werden 74 Mrd. $ ausgegeben, von denen 36 Mrd. $ direkt aus dem Bundeshaushalt finanziert werden müssen[4].

Durch die in den folgenden Monaten einsetzende Rezession und die anhaltende Überangebotskrise auf dem Immobilienmarkt wird die Arbeit der RTC in der Folgezeit nicht leichter. Im Januar 1991 stehen weitere 310 Übernahmen von Insolvenzen durch die RTC an. 620 Unternehmen erfüllen zu diesem Zeitpunkt die Eigenkapitalanforderungen des OTS nicht, 311 liegen nur knapp darüber. Von den noch insgesamt 2.505 Unternehmen werden lediglich 1.264 Sparkassen eine Überlebenschance eingeräumt[5]. Ein Ende des Sanierungsprozesses ist daher bisher nicht abzusehen. Die Kosten der Sparkassenkrise und deren Finanzierung bleiben somit bis auf weiteres eine offene Frage.

3. Zwischenbilanz - die Ursachen der Sparkassenkrise

Nach diesen Betrachtungen läßt sich nun die Krise der Savings and Loan Associations wie folgt resümieren. Die hohen und volatilen Zinssätze zu Beginn der 80er Jahre offenbaren den fundamentalen Konstruktionsfehler der Savings and Loan Associations, die extreme Fristentransformation. Dieser Fehler ist

---

1) Siehe Kap. I.3.4.3.5.
2) Vgl. Litan (1990).
3) Siehe THE WALL STREET JOURNAL (New York), *U.S. Tactic of Partial Sales Lifts Short-Term Costs, Threatens Budget*, Nr. 101, 23.5.1990.
4) Siehe Litan (1990) und Brumbaugh / Litan (1989). Die RTC selbst verfügt zwar Anfang 1990 über ein Portfolio von insgesamt 140 Mrd. $, das Vermögen besteht jedoch zur Hälfte aus Hypothekenschulden. Diese Sicherheiten gefährden bei einer raschen Liquidierung - sofern sich überhaupt ein Käufern findet - den gesamten Immobilienmarkt. Siehe Business Week (New York), *Bail, Bail, Blub, Blub*, Nr. 3147, 9.4.1990.
5) Siehe BANKERS MONTHLY, 108(1991)1, Januar, S. 10 ff.

direkt auf die Regulierungsgesetze der 30er Jahre zurückzuführen, durch die eine zum damaligen Zeitpunkt bestehende Spezialisierung in ein starres gesetzliches Korsett gepresst wurde. Die resultierenden massiven Verluste zehrten schnell einen Großteil des Eigenkapitals der Savings and Loan Associations auf und bewirkten eine Zweiteilung des Sparkassensektors in überschuldete unrentable Sparkassen und schwach kapitalisierte geringfügig rentable Unternehmen. Den überschuldeten Savings and Loan Associations war es dabei unter der Capital Forbearance erlaubt, weiterhin ohne Kontrolle ihren Geschäften nachzugehen.

Seit 1982 eröffnet die Deregulierungspolitik den Sparkassen eine Fülle neuer Diversifizierungsmöglichkeiten und ermöglicht eine spürbare Verminderung des Zinsproblems. Jedoch führt die 1986 im Südwesten einsetzende Rezession schon bald zu erneuten Verlusten, als insbesondere zahlreiche Immobilienkredite abgeschrieben werden müssen, was zu einem erneuten Anstieg der Insolvenzen führt. Insgesamt bleibt hierdurch die Kapitalbasis des Sparkassensektors während der 80er Jahre äußerst dünn und die überschuldeten Savings and Loan Associations sind nicht in der Lage, sich zu regenerieren. Aufgrund einer laxen Bankenaufsicht kommt es seit 1983 zunehmen zu spektakulären Betrugsfällen, Insidergeschäften und Mismanagement. Hierbei handelt es sich jedoch mehr um die Folgen als um die Ursache der Sparkassenkrise. Diese verschärft sich seit 1985 durch die Finanzierungkrise der Einlagenversicherung, als man auf der politischen Ebene nicht bereit ist, sich hinter die impliziten Verbindlichkeiten der FSLIC zu stellen. Daraufhin scheitern bis 1989 alle Versuche, die wachsende Zahl von überschuldeten Unternehmen und deren fortlaufende Verluste einzudämmen.

Die Untersuchung soll nun anhand zweier Linien fortgeführt werden: Zum einen geht es um die Frage, inwieweit die Faktoren Deregulierung, gesteigerter Wettbewerb, Finanzinnovation und technologischer Fortschritt die Rentabilität der Sparkassen in den 80er Jahren beeinflußten. Es gilt also zu untersuchen, inwieweit es sich bei den Sparkasseninsolvenzen um eine unterdrückte Strukturanpassungskrise handelt. Zum andern geht es um den Einfluß der Einlagenversicherung auf den Verlauf der Sparkassenkrise. Hierbei steht das aus der Versicherung resultierende Moral Hazard-Phänomen im Mittelpunkt und die Frage, inwieweit die Depositenversicherung kontraproduktiv wirkte und die hohen Kosten der Insolvenzen hervorrief.

Abschnitt II: Versicherungsaspekte

1. Begründung des Einlegerschutzes

Im zweiten Hauptabschnitt dieser Arbeit soll nun dargestellt werden, welche Rolle die staatliche Einlagenversicherung FSLIC für den Verlauf der Sparkassenkrise gespielt hat. Im Hinblick auf FSLIC wurde von zahlreichen Autoren, insbesondere von *Kane* (1989), *Barth* (1990) und *White* (1991), die Auffassung vertreten, daß die Struktur des Einlagenversicherungssystems, zumindest in der zweiten Hälfte der 80er Jahre, *die* entscheidende Ursache der Sparkassenkrise gewesen sei. Hierbei gilt es zu überprüfen, ob die FSLIC bzw. das FHLBB durch ihr Verhalten selbst Insolvenzen verursachten und inwieweit dieses Verhalten zur Kostenexplosion der Sparkassenkrise beigetragen hat.

1.1 Begründung staatlicher Interventionen im Bankensektor

In allen Industrieländern gehört der Bankensektor zu den am stärksten regulierten Wirtschaftsbereichen[1]. Prima Facie spricht angesichts der negativen Allokations- und Verteilungsaspekte von Regulierungsmaßnahmen auch im Bankenbereich vieles gegen eine Regulierung der Wirtschaftätigkeit. Regulierungsmaßnahmen bewirken demnach vor allem Vermögenstransfers, die nicht auf eine Verbesserung im Sinne eines Pareto-optimalen Gleichgewichts zielen. Die Regulierungsmaßnahmen wirken zugunsten einzelner Interessengruppen, welche sich der Anreize bedienen, denen politische Entscheidungträger und die Bürokratie bei ihren Handlungen unterliegen. Die verschiedenen Formen der Regulierung bergen danach vor allem die Gefahr eines Capturing der Regulierer durch die Regulierten selbst in sich[2].

Diese Argumente lassen sich durch die Ereignisse der Sparkassenkrise leicht untermauern. Die Sparkassen hatten ein Interesse daran, sich durch Marktzugangsbeschränkungen und Spezialisierung eine vermeintlich profitable Nische zu sichern. Zugleich betonten sie dabei ihre besondere Bedeutung in diesem Bereich und erlangten über die FHLBs und ihre Interessenvertretung, die United States League of Savings Institutions, einen erheblichen "beratenden" Einfluß auf die Aufsichtsbehörden. Das FHLBB war über weite Zeiträume Auf-

---

1) Siehe Baltensperger / Dermine (1987)
2) Siehe Goodhart (1989) S. 195 - 202.

sichtsbehörde und Interessenvertretung zugleich, was zwangsläufig zu Interessenkonflikten führen mußte. Dazu *Brumbaugh* (1988):

> It is difficult not to conclude that, by a combination of direct and indirect avenues, primarily through the Federal Home Loan Banks and trade associations, the thrift industry has heavily influenced regulatory policy since the 1930's. Without doubt, the degree of this influence has exceeded what is necessary to assure that relevant industry expertise finds its way into regulatory deliberations. To those steeped into the capture theory of regulation, however, it is not surprising that what appears to be the most regulated industry also appears to have the greatest influence over its regulators.[1]

Andererseits lag es auch im Interesse des FHLBB, seine Macht und Kompetenz auf eine möglichst große Zahl von einzelstaatlich konzessionierten Savings and Loan Associations auszudehnen. Eine Möglichkeit hierfür bot die FSLIC. Durch die Aufnahme einzelstaatlich konzessionierter Sparkassen konnte die Aufsichtskompetenz indirekt ausgeweitet werden. Das FHLBB hatte den Anreiz, durch eine Subvention über die FSLIC Prämien einzelstaatliche Unternehmen zum Beitritt zu bewegen. Hierdurch erhöhten sich freilich auch die Überwachungskosten und die potentiellen Verbindlichkeiten der FSLIC[2]. Während der 80er Jahre beeinflußten die Sparkassenvertreter zudem die politischen Vertreter im Kongreß durch Wahlkampfspenden, um die Politik der Capital Forbearance durchzusetzen[3]. Auch kann man den Verantwortlichen im FHLBB und im Kongreß unterstellen, sie hätten aus Eigennutz gehandelt, indem sie die Krise wider besseren Wissens herunterspielten. Sie verschleppten die Aufdeckung, um auf diese Weise persönliche oder parteipolitische Schuldzuweisungen zu vermeiden[4]. Dafür spricht die Tatsache, daß der Kongreß sich so lange weigerte, die impliziten Verbindlichkeiten der FSLIC anzuerkennen und eine Aufstockung der expliziten Reserven zu veranlassen[5]. Dies war wiederum kurzfristig im Interesse der Sparkassen, die nun, unter Hinweis auf den großen Finanzbedarf, den Steuerzahler für die Verbindlichkeiten der FSLIC heranziehen konnten. Die Sparkassenkrise kann somit als gutes Beispiel für ein

---

1) Brumbaugh (1988) S. 27. Ähnlich auch Barth / Regalia (1988) S. 142 ff..

2) Ein solcher Anreiz besteht auch für die FDIC in Bezug auf die einzelstaatlich konzessionierten Geschäftsbanken. Siehe Buser / Chen / Kane (1981).

3) Einen wesentlichen Einflußkanal stellen die Political Action Committees dar, die von einzelnen Interessengruppen eingerichtet werden und die den Kongreßmitgliedern zur Finanzierung ihres Wahlkampfes dienen. Die Mitglieder des Bankenausschusses im Kongreß erhielten im Vergleich zu anderen Parlamentariern während der 80er Jahre die höchsten Zuwendungen - aus diesen Fonds. Siehe Kane (1989) S. 51 ff. Verwiesen sei auch auf die Affairen um den Bankier Keating (Kap. I.3.2.2) und den texanischen Abgeordneten Wright (Kap. I.3.4.3.1).

4) Siehe Kane (1989) S. 101 ff. und die sehr aufschlußreiche Fallstudie über die Insolvenz zweier einzelstaatlicher Versicherungsfonds in Maryland und Ohio im Jahre 1985. Kane (1989a).

5) Siehe Kane (1989b)

66

Capturing der Regulierung durch die Regulierten selbst betrachtet werden und vor allem für die kontraproduktiven Anreize, mit denen sich die verantwortlichen Entscheidungsträger bei ihrer Nutzenmaximierung konfrontiert sahen.

Angesprochen ist auch der Principal-Agent-Nexus zwischen Aufsichtsbehörden und Steuerzahlern[1]. Die Führung des FHLBB hatte ein Interesse an einer Vertuschung der Schäden, die in ihren Kompentenzbereich fielen und die Karriereaussichten minderten. Die Lösung der eskalierenden Krise konnte man den Nachfolgern überlassen, die sich wiederum als Krisenmanager profilieren konnten. Der Steuerzahler als Principal hatte hingegen ein Interesse an einer Kostenminimierung. Hier versagten vor allem die politischen Entscheidungsträger in der Regierung und im Kongreß der USA, die als Agent die Interessen der Steuerzahler hätten wahrnehmen müssen. Bei diesen Agents dürfte allerdings das Wiederwahlmotiv und die Abwälzung der Verantwortung auf das FHLBB und die Sparkassen das dominierende Motiv gewesen sein.

Man darf jedoch nicht vernachlässigen, daß es Argumente gibt, die trotz der beschriebenen Unzulänglichkeiten eine staatliche Intervention im Bankensektor und die damit verbundenen direkten und indirekten Kosten in Form von Effizienzverlusten rechtfertigen. Allgemein lassen sich dabei drei Argumente für die Rechtfertigung staatlicher Interventionen heranziehen. Diese Argumente beziehen sich auf das natürliche Monopol, auf Informationsprobleme und auf externe Effekte. Es ist vor allem der dritte Punkt, namentlich die Schaltersturm-Problematik, der auf ein mögliches Marktversagen weist und der eine staatliche Regulierung und eine Einlagenversicherung gerechtfertigt erscheinen läßt. Die Bankenregulierung muß sich selbst einem Effizienzkalkül in Bezug auf die verfolgten Ziele unterwerfen. Es ist also festzustellen, ob die ergriffenen Maßnahmen zieladäquat sind[2]. Im folgenden sollen die drei Argumente zur Rechtfertigung staatlicher Interventionen näher beleuchtet werden.

1.1.1 Natürliches Monopol

Das erste Argument des natürlichen Monopols zielt auf die vermeintlichen Skalenökonomien im Bankgeschäft, welche die Gefahr der ruinösen Konkurrenz durch niedrige Soll- und hohe Habenzinsen in sich bergen. Es wird eine Konzentration im Bankenbereich auf wenige Monopolanbieter befürchtet. Zweifellos hatten die Banken in ihrer Geschichte in einzelnen Bereichen, wie etwa im Zahlungsverkehr, erhebliche Skalenerträge zu verzeichnen, diese müssen jedoch im Bezug zum Gesamtbetrieb gesehen werden. Die empirische Evidenz zeigt,

---

1) Vgl. hierzu die Arbeit von Kane (1985). Siehe auch Kane (1989c) zu einem Principal-Agent Modell des FHLBBs und Kane (1989a) zu einer Fallstudie, die die Insolvenz zweier einzelstaatlicher Versicherungsfonds in Ohio und Maryland im Jahre 1985 betrachtet.

2) Vgl. Baltensperger (1990) S. 1.

daß Skalenökonomien zu einer optimale Betriebsgröße führen, die im Verhältnis zur Marktgröße keine Monopole zuläßt. Dieses Argument ist somit nicht stichhaltig und es kann kaum noch für eine ökonomische Begründung der Bankenregulierung herangezogen werden[1].

Gerade in den USA hatte das Argument der Monopolmacht "... that abiding fear of bigness"[2] ein beträchtliches politisches Moment. Es manifestierte sich dort in dem bereits beschriebenen dualen System der Bankenregulierung, insbesondere im Unit Banking. Hierdurch sollten kleine Banken, die Neighborhood Banks und auch viele Savings and Loan Associations, gegen die vermeintliche Übermacht großer Konkurrenten gestärkt werden. Dies hatte Konsequenzen für den Zielkatalog der staatlichen Intervention, der hier auf Strukturerhaltung gerichtet war. Unbewußt wurde auch die Einlagenversicherung zum Schutz der bestehenden Struktur eingesetzt. Durch die Versicherung wurden die Risiken zwischen den Sparkassen umverteilt, und es wurde ein defacto Institutsschutz verwirklicht, da nur eine einheitliche Versicherungsprämie verlangt wurde.

Das duale System führte zu einer Vielzahl von Unternehmen mit suboptimaler Betriebsgröße und brachte regionale Monopole durch Marktzutrittsbeschränkungen erst hervor. Bei den kleinen Banken und Sparkassen führte es zu einer schlechten regionalen Diversifizierung. Es kann somit als Beispiel für eine Regulierung gesehen werden, die mehr Probleme schafft als beseitigt. Bereits *Viner* (1936) beschrieb treffend den Zusammenhang zwischen Betriebsgröße und Regulierung, der die Politik seit den 30er Jahren bestimmte:

> This country, unique in clinging to unit banking, has developed two methods of minimizing its shortcommings which are also largely peculiar to itself; namely detailed bank regulation and supervision and public guarantee of bank deposits.[3]

Viner gelangt hier bereits zu der Schlußfolgerung, daß die Einlagenversicherung in den USA nicht nur als Sicherungssystem betrachtet werden kann, sondern als Teil eines Subventionssystems gesehen werden muß. Diese Schlußfolgerung wird in den historischen Betrachtungen zur Einlagenversicherung (Kap. II.1.3) noch näher untersucht.

---

1) Siehe Meltzer (1967) und den Überblick über empirische Untersuchungen von Tichy (1990).
2) Kareken (1986) S. 6. Vgl. auch Kap. I.1.2.
3) Viner (1936) S. 108.

68

1.1.2 Informationsdefizite

Das zweite Argument der Informationsdefizite zielt auf den gewerbepolizeilichen Charakter[1] der Bankenregulierung und unterstellt dabei Informationsprobleme etwa in Analogie zum Gesundheitssektor. Postuliert wird eine eingeschränkte Konsumentensouveränität. Der Konsument, also der Einleger oder allgemein der Investor, bedarf eines besonderen Schutzes. Er ist nicht in der Lage, alle entscheidungsrelevanten Informationen zu erhalten und korrekt zu verarbeiten oder die Informationen werden ihm erst nach seiner Entscheidung zugänglich[2]. Hierbei sind zwei Varianten der Argumentation zu unterscheiden: Die meritorisch begründete Version und die auf asymmetrischer Information in den Gläubigerbeziehungen beruhende Version.

Bei der ersten Variante wird davon ausgegangen, daß viele Einleger, insbesondere die privaten Haushalte, sich nicht bewußt sind, daß sie als Kreditgeber der Bank auch deren Risiken zu tragen haben. Spar- und Sichtdepositen werden mehr unter Transaktions- und Sicherheitserwägungen gehalten und nicht als eine risikobehaftete Investition. Die staatliche Intervention beruht dabei auf der Vorstellung, daß jeder Bürger ein Recht auf eine sichere Geldanlage hätte[3], und Bankeinlagen somit als Forderungen *sui generis*[4] zu betrachten seien, denen ein besonderer staatlicher Schutz zukommen sollte. Informationsbeschaffung und Überwachung der Risiken kann von diesen Gläubigern nicht erwartet werden und wird stattdessen durch die Bankenregulierung übernommen. Bankenregulierung in diesem Sinne produziert das öffentliches Gut der Informationsbeschaffung und der Auswertung und hat ebenfalls einen meritorischen Charakter. Die Bankenregulierung sieht eine nach bestimmten Richtlinien gestaltete Institution Bank als Geldanlage vor und stattet diese mit einer entsprechenden Garantie aus.

Erklärt der Staat Depositen zu Forderungen *sui generis* und nimmt er daraufhin eine bestimmte Regulierung des Bankensektors vor, so weckt er in der Öffentlichkeit zugleich die Erwartung, daß er das Forderungsrisiko auch abdeckt[5]. Diese Garantie besteht in vollem Umfang, unabhängig von der Existenz und der Ausgestaltung einer Einlagenversicherung. Umgekehrt läßt sich hier auch ableiten, daß der Staat eine Haftung für die Folgen seines Eingriffs in das Bankenwesen übernimmt. Eine solche Garantie besteht in vollem Umfang unabhängig von der Existenz einer expliziten Einlagenversicherung. Sie

---

1) Stützel (1964).
2) Siehe Goodhart (1989) S. 206 ff.
3) Kareken (1986a) S. 198: "[...], there are those who believe that a bank account, quite free of default risk [...], ought to be a kind of birthright for every U. S. citizen.
4) Stützel (1964) S. 11
5) Siehe Stützel (1964)

kann auch durch die Notenbank, staatliche Subventionen (Bail Out) oder verstaatlichte Banken wahrgenommen werden.

Für die Entstehung der amerikanischen Einlagenversicherung hat das Konsumentenschutzargument zweifellos eine bedeutende Rolle gespielt und diese geprägt. Ähnlich traumatisch, wie sich in Deutschland die beiden Inflations phasen der 20er und 40er Jahren auf die Öffentlichkeit auswirkten, wirkten in den USA zweifellos die Bankenzusammenbrüche der 30er Jahre. Jedoch kann das Informationsargument in dieser Variante nicht überzeugen, da es nur auf einen kleinen Kreis von Bankkunden zutrifft. In seiner meritorischen Interpretation weist das Informationsargument daher einen eher rhetorischen Charakter auf:

> Almost certainly, the financially naive are not now as large a proportion as they were in 1829 or, indeed in 1933. There may, however, still be many around. Even if not, going from relative poverty, coupled with financial naivete, to government protection is a leap of the heart, not of the mind, [...][1]

Allerdings können Informationsprobleme angesichts der Informationsasymmetrien, die den Kern des Bankgeschäfts ausmachen, im Bankensektor nicht vernachlässigt werden[2]. Hier ist die Existenz privater Informationen über die Kreditnehmer angesprochen. Diese bedingt es, daß Bankaktiva für Außenstehende gar nicht oder nur unter erheblichen Kosten zu evaluieren sind. Die besondere Natur der Bankaktiva und der hohe Verschuldungsgrad stellen die Einleger vor Informationsprobleme. Eine Bankenregulierung die hier Mindeststandards setzt, spart Informationskosten. Dies allerdings um den Preis einer erhöhten Homogenität und Ineffizienz der Banken in Bezug auf die Portfeuille- und Kapitalstruktur. Hinzu kommt die Verminderung der Marktdisziplin durch die Fremdkapitalgläubiger.

Nun ist es fraglich, inwieweit die bestehende Bankenregulierung diesem Informationsproblem überhaupt gerecht wird, bzw. ob sie nicht einen Teil der asymmetrischen Informationsverteilung selbst verursacht[3]. Ein wesentliches Problem bei der Informationsbeschaffung durch die Gläubiger stellt die eingeschränkte Publizität im Bankgewerbe dar, die es in vielen Bereichen unmöglich macht, aussagefähige Informationen zu beschaffen. Diese Einschränkung wird von den Aufsichtsbehörden für notwendig gehalten, um die Einleger vor Schalterstürmen und möglichen Dominoeffekten zu schützen. Für Deutschland läßt sich hier insbesondere das Prinzip der Überkreuzkompensation anführen, das jedoch in den USA nicht im selben Ausmaß verwirklicht ist (siehe Kap. III.-1.1). Dort war es auch Bestandteil der Deregulierungspolitik, die Publizitäts-

---

1) Kareken (1986) S. 5
2) Vgl. Goodhard (1989) S. 113 ff. und S. 206 ff..
3) Siehe Baltensperger (1990) S. 5.

pflicht für Wertberichtigungen auf Kredite zu verbessern und die Aussagefähigkeit der Bilanzen zu erhöhen[1]. Diese graduelle Verbesserung wurde jedoch durch die RAP-Politik des FHLBBs unterlaufen. Erst seit 1986 waren die Savings and Loan Associations gezwungen, auf Veranlassung des FHLBBs Wertberichtigungen vorzunehmen und Reserven auszuweisen.

Letztlich handelt es sich hier um das klassische Problem im Bankensektor. Zur Verbesserung der Publizität wurde bereits von *Stützel* (1964) die Forderung nach einer Einlegerschutzbilanz erhoben. Eine neuere Variante des Versuchs, die Informationsprobleme im Bankensektor sowohl für die Einleger als auch für die Bankenaufsicht zu mindern, stellt das Market Value Accounting dar[2]. Die Bewertung von Aktiva und Passiva erfolgt dabei nach tatasächlichen oder vermuteten Marktwerten. Auf diese Weise können die Geschäftsstrategien einzelner Banken im Hinblick auf Kredit- und Zinsrisiken besser bewertet werden. Indes erscheint es wenig praktikabel, daß die Banken den Wert ihrer Aktiva regelmäßig zu Marktpreisen bestimmen und diese Informationen den Aufsichtsbehörden oder sogar der Öffentlichkeit zugänglich machen. Hier wären die Aufsichtsbehörden auf eine Kooperation des Managements angewiesen. Eine Koorperation die zwangsläufig eingeschränkt ist, wenn deren Ergebnisse für das Management mit Sanktionen verbunden sind.

Die geschilderten Informationsprobleme sind auch für einen Einlagenversicherer nicht zu überwinden, was unmittelbar zur Moral Hazard Problematik der Versicherungstheorie führt. Auch ein Versicherer wird nicht in der Lage sein, die Risikoposition einer versicherten Bank korrekt zu beurteilen und fortlaufend zu überwachen. Für die staatliche Einlagenversicherung hat der Einlegerschutz eine weitere widersprüchliche Implikation: Er rechtfertigt lediglich eine Mindestabsicherung, die ohne Probleme vom privaten Sektor bereitgestellt werden könnte, ggf. auf eine Versicherungspflicht gestützt[3]. Letztere wäre notwendig um die Informationsprobleme des Versicherers zu lösen, der mit adverser Selektion rechnen müßte[4]. Andererseits sind es aber gar nicht die schlecht informierten und schutzbedüftigen Kleineinleger, die das Problem darstellen, sondern vielmehr die relativ gut, aber eben nicht vollständig informierten Großeinleger. Letztere reagieren besonders sensibel und schnell auf Informationen[5]. Genau im Verhalten der Großeinleger liegt aber die im folgenden zu behandelnde Problematik der eigentlichen Schalterstürme begründet.

---

1) Vgl. Meeker / Gray (1987).

2) Siehe Benston / Kaufman (1988), Benston (1990) und Mengle (1990).

3) Vgl. Meltzer (1967)

4) Siehe Borch (1990) S. 315 ff. So erwiesen sich freiwillige Sicherungsfonds in den USA im 19. Jh. als anfällig gegen Adverse Selection. Siehe Calomiris (1989).

5) Vgl. Becker (1987)

1.1.3 Externe Effekte

Externe Effekte bilden ein zentrales Argument für die Rechtfertigung der Regulierung des Bankensektors. Ziel ist hierbei der Schutz der Bankgläubiger und des Bankensystems vor Schalterstürmen. Analog zur Umweltverschmutzung, deren Kosten nur zu einem Teil verursachungsgerecht zugeordnet werden können, verursachen Bankeninsolvenzen Externalitäten in der Form, daß die Insolvenz einer einzelnen Bank die Insolvenz weiterer eigentlich solventer Banken nach sich zieht. Ziel der staatlichen Intervention ist dabei nicht die Verhinderung von einzelnen Insolvenzen, sondern die Verhinderung einer Ausbreitung von Schalterstürmen auf solvente Banken. Dieser Dominoeffekt beruht auf der Tatsache, daß die Banken im Gegensatz zu anderen Wirtschaftszweigen untereinander umfangreiche Gläubigerpositionen einnehmen. Hinzu kommen die negativen Effekte, die aus einem Zusammenbruch des Zahlungssystems für die übrige Wirtschaft entstehen. Grundlage der Schalterstürme ist dabei die besondere Struktur der Bankbilanzen. Extrem kurzfristigen Verbindlichkeiten mit festem Nominalwert (Sichteinlagen) steht ein illiquides Portfolio von risikobehafteten Forderungen aus Krediten gegenüber. Die Ursache liegt in der betriebenen Fristentransformation.

Auch die Savings and Loan Associations nutzten als Intermediäre die unterschiedlichen Preferred Habitats der Haushalte, die als Kreditoren ihre Mittel vor allem kurzfristig investieren und als Kreditnehmer auf langfristige Verschuldung angewiesen sind. Die resultierende positive Zinsstruktur ermöglichte es den Savings and Loan Associations, über lange Zeiträume rentabel zu arbeiten.

Die Illiquidität der Aktiva resultiert indes nicht ausschließlich aus der Fristentransformation, sondern vor allem aus der Tatsache, daß für viele Bankaktiva keine Sekundärmärkte existieren. Es sind die bereits in Kap. II.1.2 angesprochenen Informationsasymmetrien und die Transaktionskosten, die es den Banken überhaupt erst ermöglichen, mit anderen Kapitalgebern und Finanzintermediären zu konkurrieren, indem sie die Auswahl und Überwachung von Kreditnehmern übernehmen[1]. Der Marktwert dieser Aktiva läßt sich nur schwer bestimmen und er läßt sich kurzfristig nur gegen entsprechende Verluste monetarisieren. Ein ähnlicher Zusammenhang liegt auf der Einlagenseite vor. Die Banken bieten hier mit ihren Depositen einen speziellen Versicherungskontrakt gegen individuelle Liquiditätsrisiken an, die sich jedoch für den Aussenstehenden nicht beobachten lassen, weshalb sich die Bank nur schwer gegen vorzeitige Einlagenabzüge schützen kann[2]. Eine Bank kann ebenfalls als eine

---

1)   Diamond (1984).
2)   Diamond / Dybvig (1983).

Versicherung aufgefaßt werden, die sich mit asymmetrischer Information konfrontiert sieht.

Damit ergibt sich die Überleitung zur Schaltersturm-Problematik. *Diamond / Dybvig* (1983) zeigten, daß eine staatliche Intervention zur Effizienzsteigerung der Banken im Hinblick auf die Transformation von Liquidität beitragen könnte. Der Staat mit seiner Steuerkraft tut dies, indem er den Banken hilft, die Informationsasymmetrie zwischen Bank und Einleger zu überwinden und eine optimale Versicherung des Liquiditätsrisikos ermöglicht. *Diamond / Dybvig* machen jedoch letztlich keine Aussage über die Form der Intervention. Zum einen ist es denkbar, daß doch private Kontrakte existieren, die eine optimale Versicherung des Liquiditätsrisikos erlauben[1]. Zum anderen unterstellen sie risikofreie Bankaktiva. In diesem Fall ergibt sich keine spezifische Rolle für einen Einlagenversicherer. Seine Aufgabe kann, wie von *Diamond / Dybvig* (1983) selbst vorgeschlagen, auch von einer Zentralbank übernommen werden[2]. Die Moral Hazard-Problematik und deren Kosten sind in diesem Ansatz in Bezug auf die Handlungen der Bank nicht berücksichtigt. Einlagenversicherung und Bankenregulierung schützen der Intention nach vor allem den Einleger gegen die Informationsasymmetrien bezüglich der Aktiva der Bank und nicht die Bank gegen die Handlungen der Einleger.

Im Mittelpunkt des Run- oder Schaltersturm-Problems steht die besondere Vertrauensanfälligkeit[3] des Bankensektors. In einer Krisensituation, hervorgerufen durch beliebige schlechte Informationen, reicht für den einzelnen Einleger die Vermutung aus, daß die anderen Gläubiger ihre Einlagen abziehen werden, um selbst gezwungen zu sein, seine Depositen abzuheben. Da die Bank nur über begrenzte Reserven von Zentralbankgeld verfügt und ihre Aktiva mangels Sekundärmärkten kurzfristig nur unter Verlusten liquidieren kann, wird jede Insolvenzvermutung - berechtigt oder nicht - von selbst Realität. Hinreichend für einen Dominoeffekt, bei dem die Insolvenz einer Bank die Insolvenz weiterer eigentlich solventer Banken verursacht, ist jedoch erst eine Homogenität der Kreditinstitute im Bezug auf einzelne Risiken. Dies veranlaßt die Gläubiger weiterer Banken zu Insolvenzvermutungen, wodurch wiederum der Konkurs eigentlich solventer Banken verursacht werden kann[4].

Die externen Kosten dieser Schalterstürme liegen nicht in den Vermögensverlusten der Einleger, die quasi zu spät kommen und nicht mehr in der Lage sind den vollen Nominalwert ihrer Forderungen zu realisieren. Die Externalität ensteht vielmehr aus den fire sale Verlusten der Banken, deren Verkäufe von

---

1) Siehe Schönfelder (1991).

2) Siehe Goodhart (1989) S. 176 ff. (Why Do Banks Need a Central Bank?).

3) Vgl. Krümmel (1984)

4) Siehe Krümmel (1984) S. 481 ff.

Aktiva die Preise bzw. Kurse senken und auf diese Weise den Realzins erhöhen. Zudem kann der Zusammenbruch einer Vielzahl von Banken eine multiple Kontraktion der Geldmenge auslösen, wenn die Einleger das Vertrauen verlieren und ihre Mittel auch nicht bei (noch) solventen Kreditinstituten deponieren[1]. Hierbei ist jedoch die Reaktion der Zentralbank zu beachten, in deren Hand es letztlich liegt, die zusätzliche Geldnachfrage zu befriedigen. Ein weiterer negativer externer Effekt geht von dem Verlust an privaten Informationen über die Kreditnehmer aus, der entsteht, wenn zahlreiche Banken Konkurs anmelden müssen. Bestimmte Gruppen von Kreditnehmern insolventer Banken, im Falle der Savings and Loan Associations bspw. Immobilienfirmen, die von der Öffentlichkeit mit der Insolvenz des Kreditinstituts assoziiert werden, fällt es aufgrund der Informationsprobleme auf den Kreditmärkten möglicherweise schwer, sich neue Kreditlinien zu erschließen, wodurch rezessive Tendenzen verschärft werden können[2].

Auf Basis dieser Argumentation ließe sich eine staatliche Intervention im Bankenbereich rechtfertigen[3]. Es ist jedoch einzuwenden, daß auch die bestehende Bankenregulierung Gefahren hervorruft. So ist es die Bankenregulierung zu großen Teilen selbst, die die Homogenität im Bankensektor in vielen Bereichen erst hervorbringt. Zum einen durch Diversifizierungs- und Kapitalstrukturregeln, die allen Banken eine ähnliche Geschäftsstruktur und damit eine ähnliche Risiken aufzwingt. Die Regulierung der Savings and Loan Associations vor 1980 sei hier als ein abschreckendes Beispiel genannt. Zum anderen durch die verfolgte Publizitätspolitik, die es den Einlegern nur in geringem Umfang ermöglicht, Banken zu unterscheiden. Ein Teil der Probleme ist somit hausgemacht, und es stellt sich die Frage, die hier allerdings nicht weitergehend behandelt werden kann, wie instabil ein unreguliertes Bankensystem tatsächlich sein würde[4].

---

1) So die monetaristische Interpretation der Weltwirtschaftskrise von Friedman / Schwartz (1963).

2) Bernanke (1983)

3) So beispielsweise Baltensperger (1990) und Goodhart (1989).

4) Siehe hierzu bspw. Kareken / Wallace (1978). Sie vetreten den Standpunkt, daß es in einem unregulierten Bankensystem bei vollständiger Information aller Beteiligten nicht zu Schalterstürmen kommt. Diamond / Dybvig (1983) argumentieren in einem Rahmen unvollständiger Information zugunsten einer positiven Run-Gefahr. Siehe auch Benston / Kaufman (1988), Litan (1987).

1.2 Begründung der staatlichen Einlagenversicherung

Externe Effekte und Informationsprobleme rechtfertigen zwar den staatlichen Eingriff, sagen aber noch nichts über die Form der Intervention aus und machen eine Einlagenversicherung nicht zwingend erforderlich. In diesem Zusammenhang erscheint es zweckmäßig, im Sinne *Baltenspergers* (1990) zwischen Vorbeuge- und Schutzmaßnahmen und deren diskretionärer oder institutioneller Ausgestaltung zu unterscheiden. Bankenregulierung und Einlagenversicherung formen danach im Hinblick auf die Verhinderung von externen Effekten eine Einheit. Die Regulierung kann in einer marktwirtschaftlichen Ordnung nicht jedes Risiko ausschließen (da einzelwirtschaftliche Entscheidungen zugelassen werden müssen) und sollte dies auch nicht tun (da ein Ausleseprozeß notwendig ist)[1]. Die Regulierung setzt auf Vorbeugung, während die Einlagenversicherung zu einem Komplement der Bankenregulierung wird. Zudem kann man den Fall nicht ausschließen, daß die Bankenregulierung durch eine falsche Portefeuilleregulierung Krisen mit verursacht. Neben Präventivmaßnahmen erscheinen also zusätzliche Schutzmechanismen angezeigt.

Es fällt jedoch wiederum schwer, die Existenz einer expliziten Einlagenversicherung zu begründen. Bereits im 19. Jahrhundert erhob sich in England die Forderung nach einer Zentralbank als Lender of Last Resort (LoLR)[2], der illiquide aber solvente Banken im Krisenfall stützen sollte. Dies erscheint auch heute die logische Antwort auf die Liquiditätsproblematik, denn allein die Zentralbank kann gesetzliche Zahlungsmittel in beliebigem Umfang bereitstellen. Zu diesem Zweck wurde in den USA 1913 das Federal Reserve System gegründet. Ein solcher LoLR unterscheidet sich von der Einlagenversicherung durch die diskretionäre Natur seines Eingreifens. Während die Depositenversicherung dem Einleger einen institutionellen Schutz gegen Vermögensverluste aus Bankenpleiten gewährt, ist es der Zentralbank selbst überlassen, ob sie zugunsten einer einzelnen Bank interveniert oder es unterläßt[3].

Gegen einen ausschließlichen LoLR lassen sich verschiedene Punkte vorbringen, die einen zusätzlichen Schutz sinnvoll erscheinen lassen: Es ist denkbar, daß die Zentralbank eigene makroökonomische Ziele verfolgt, die im Widerspruch zu großangelegten Stützungsmaßnahmen stehen. Als Beispiel kann hier das Verhalten der Federal Reserve während der Jahre 1930-33 angesehen werden, die ihre Aufgabe als LoLR schlicht und einfach nicht erfüllte[4]. Ein

---

1) Siehe Voigt (1962) S. 13 ff. und S. 216 ff..

2) Siehe die klassische Darstellung bei Bagehot (1873) und die aktuellen Beiträge von Bordo (1989) und Todd (1988), sowie das entsprechende Kapitel bei Benston et. al. (1986).

3) Siehe Baltensperger (1990).

4) Siehe die klassische Interpretation der großen Depression bei Friedman / Schwartz (1963).

weiteres Beispiel ist der im ersten Abschnitt beschriebene Volcker-Schock, bei dem die Zentralbank durch ihre Zinspolitik selbst zum Anlaß für die Insolvenz der meisten Savings and Loan Associations wurde - die Ursache lag allerdings in der Portefeuille-Regulierung. Massive Interventionen zugunsten von offensichtlich insolventen Kreditinstituten hätten hier die Glaubwürdigkeit der Geldpolitik untergraben.

Es erscheint fraglich, ob es der Zentralbank im Einzelfall gelingen kann, zwischen illiquiden und insolventen Banken zu unterscheiden. In einem Bankensystem mit eingeschränkter Publizität sind Situationen denkbar, in denen die Zentralbank einen entsprechenden Informationsvorsprung gegenüber anderen Gläubigern besitzt. Ansonsten gilt jedoch, daß die Illiquidität der Bonität folgt. Liquidität und Bonität sind eng verknüpft und der Verlust der ersteren kann nicht ohne Konsequenzen für die letztere bleiben. Zentralbankinterventionen haben also immer den Charakter eines Bail Outs, einer institutserhaltenden Subvention an die Eigentümer der Bank. Diskretionäre Bail Outs sind insbesondere wegen der damit vielfach verfolgten too-large-to-fail Doktrin problematisch, da diese große Unternehmen gegenüber kleinen Unternehmen bevorteilt.

Eine Einlagenversicherung bietet ein zusätzliches Sicherungssystem gegen ein mögliches Versagen der Zentralbank. Durch eine Einlagenversicherung kann der Anreiz zu Schalterstürmen beseitigt werden, wenn alle Einleger vollkommen geschützt werden. Dies bedeutet aber auch, daß die versicherten Banken gegenüber ihren Gläubigern geschützt sind, die keinerlei Interesse mehr haben, die Risiken der Kreditinstitute zu kontrollieren. Die mangelnde Marktdisziplin muß die Einlagenversicherung durch geeignete Maßnahmen ausgleichen. Ansonsten besteht die Gefahr, daß die Banken zusätzliche Risiken eingehen, für die sie die Fremdkapitalgeber nicht kompensieren müssen und deren Ertrag den Eigenkapitalgebern daher als Free Lunch allein zufällt[1]. Die mangelnde Marktdisziplin ist der Kern des Moral Hazard Problems, das aus der Einlagenversicherung resultiert und im folgenden Kapitel II.2 ausführlicher behandelt wird.

Aufgrund der Probleme der FSLIC mehrten sich in jüngster Zeit die Forderungen nach einem privaten Einlagensicherungssystem. Bereits *Meltzer* (1967)[2] hatte die Einführung einer privaten Einlagenversicherung vorgeschlagen, bei der die Einleger selbst entscheiden, in welchem Umfang sie ihre

---

1) Gegen die Wirksamkeit des Marktmechanismus sprechen allerdings die bereits behandelten Informationsprobleme. Die Wirksamkeit verschiedener Marktmechanismen bei der Risikobegrenzung im Bankgeschäft untersuchte Gilbert (1990).

2) "... individuals could be permitted to purchase insurance on the fraction of their deposits they desire to safeguard at the prevailing insurance premium. Insurance companies, whether privately or publicly owned, could collect information periodically on the risk position of banks and set premiums that depend on their estimate of failure." Meltzer (1967) S. 496.

Forderungen absichern wollen. Diesen Ansatz griffen *England* (1985) und *Ely* (1985)[1] wieder auf. Gegen solche Lösungen läßt sich jedoch einwenden, daß die Kapazität der bestehenden privaten Versicherungsmärkte nicht ausreichen würde, und dieser Markt für sich selbst wiederum einen erheblichen Regulierungsbedarf hervorrufen könnte[2].

1.3 Entstehung der staatlichen Einlagenversicherung in den USA

Die amerikanische Einlagenversicherung entstand in den 30er Jahren in Folge der Ereignisse der Weltwirtschaftskrise und der Bankenzusammenbrüche der Jahre 1931-33. Die damaligen Ereignisse hatten sowohl in den USA als auch in Deutschland eine verstärkte Regulierung des Bankensektors zur Folge. Die USA wählten in den 30er Jahren zunächst allein den Weg der staatlichen Einlagenversicherung[3], während man sich in Europa, neben einer stärkeren Regulierung, vor allem auf die Zentralbank als LoLR stützte[4]. Erst in den 70er Jahren wurde in Deutschland ein explizites System eingeführt, das jedoch nicht den Umfang des amerikanischen Systems erreichte[5]. Im folgenden wird deshalb kurz auf die Geschichte der amerikanischen Einlagenversicherung eingegangen.

Vor dem Hintergrund zahlreicher Banken-Runs hatten sich bereits im 19. Jahrhundert in den USA kleinere Einlagensicherungssysteme auf einzelstaatlicher Ebene gebildet[6]. *Calomiris* (1989) wies darauf hin, daß es bereits im 19. Jahrhundert - der Ära des Free Banking - bei vielen Sicherungsfonds zu Mißbrauch und Betrug kam. Dies führte zur Insolvenz zahlreicher Fonds. Der effektive Schutz vor Moral Hazard durch die versicherten Mitglieder stellte schon bei den frühen Systemen einen wesentlichen Erfolgsfaktor dar. Nur wenigen Fonds war es gelungen, dem Moral Hazard durch Aufsicht und Zugangsbeschränkungen zu begegnen.

Den frühen Systemen mangelte es jedoch auch an einem effektiven Lender-of-Last-Resort. Diese Funktion wurde bis zur Gründung des Federal Reserve Systems im Jahre 1913 von den Clearing Houses wahrgenommen[7], die jedoch nicht immer in der Lage waren, auf nationaler Ebene ein stabiles Geldangebot

---

1) Eine detaillierte Darstellung des von Ely vorgeschlagenen "Supplementary Deposit Protection Sceme" gibt Wallison (1990).
2) Siehe das entsprechende Kapitel bei Benston et. al. (1986).
3) Ein erstes System war bereits 1923 in der Tschechoslowakei eingeführt worden.
4) Hierbei ist jedoch anzumerken, daß die "europäische" LoLR-Doktrin stärker auf Institutsschutz auch bei insolventen Banken setzt, während die "amerikanische" Auffassung sich näher am klassischen Ideal orientiert. Siehe Todd (1988) und Goodhart (1989) Chap. VIII.
5) Siehe den Überblick in McCarthy (1980), Schoenmaker (1992), Vogel (1989).
6) Siehe Calomiris (1989) und (1990).
7) Siehe Wallison (1990) S. 5 f..

aufrecht zuhalten, da die Reserven im zersplitterten Bankensektor ungleichmäßig verteilt waren. Insofern lassen sich die Probleme der frühen Einrichtungen nicht ohne weiteres auf spätere Verhältnisse übertragen. Angesichts dieser historischen Erfahrungen, ist es jedoch erstaunlich, daß die USA in den 30er Jahren den Weg eines nationalen Einlagensicherungssystems beschritten.

Für Savings and Loan Associations gab es bis 1934 keine Einlagenversicherung. Ihre Verbindlichkeiten hatten den Charakter von Anteilen, die nicht sofort liquidisiert werden konnten. Es bestand somit keine Schaltersturmgefahr. Außerdem waren die Geschäfte der Savings and Loan Associations einfacher Natur und wurden im Rahmen der genossenschaftlichen Organisation von den Mitgliedern - also den Einlegern selbst - überwacht. Diese Einleger waren in der ursprünglichen Form zugleich auch die Kreditnehmer. Eine Separierung von Kreditoren und Debitoren erfolgte somit lediglich in zeitlicher Hinsicht[1], was den Informationsfluß erheblich erleichterte. Alle diese Faktoren machten eine Einlagensicherung bei den Savings and Loan Associations zunächst überflüssig.

Dies alles änderte sich im Zuge der Bankenkrisen der Jahre 1930-33. Hier war es jedoch nicht das Fehlen einer Einlagenversicherung oder einer Bankenregulierung, das zu der Katastrophe führte, sondern das Versagen des Federal Reserve-Systems als Lender-of-Last-Resort[2]. Die klassische Darstellung dieses Arguments findet sich bei *Friedman / Schwartz* (1963): Die Bankenzusammenbrüche bewirkten eine multiple Kontraktion von Einlagenbasis und Geldmenge, die fortlaufend weitere Bankenzusammenbrüche verursachte. Aus dem Rückgang der Geldmenge resultierten dann die verheerenden Auswirkungen auf den Zins und die Beschäftigung. *Friedman / Schwartz* sahen also die Ursache der damalige Schalterstürme nicht im Solvenzstatus einzelner Banken, sondern in Faktoren begründet, die fernab von der Situation der einzelnen Bank lagen:

Whatever may have been true of the initial bank failures in the first banking crisis (april 1930), any ex ante deterioration in the quality of loans and investments in the later twenties or simply the aquisition of lower quality loans in that period, even if not different in quality than in earlier periods, was a minor factor in the subsequent bank failures. As we have seen, the banking system as a whole was in a position to meet the demands of depositors for currency only by a multiple contraction of deposits, hence of assets. Under such circumstances, any runs on banks for whatever reason became to some extent selfjustifying, whatever the quality of assets held by banks. [...] If the deterioration of credit quality was the trigger, which it may to some extent have been, the damaging bullet it discharged was the inability of the banking system to aquire additional high powered

---

1) Siehe Barth / Regalia (1988) S. 115 ff.

2) Wichtig ist die Unterscheidung zwischen LoLR Operationen, die sich allein auf die kurzfristige Diskontierung von Bankaktiva beziehen und der übergeordneten Geldpolitik - der Offenmarktpolitik -, die auf die Geldmenge als ganzes wirkt. Siehe Todd (1988) S. 15.

78

money to meet the resulting demands for currency without a multiple contraction
of deposits.[1]

Diese Interpretation der Bankenkrise vom monetaristischen Standpunkt her,
macht die Geldpolitik der Federal Reserve zum Hauptverursacher der Runs.
Man erkannte nicht die geldpolitischen Konsequenzen der Bankenpleiten,
sondern sah - ganz im Sinne des Free Bankings - die Ursache der Pleiten allein
in schlechtem Management. In dieser Fixierung auf den Solvenzaspekt übersah
man die Liquiditätsprobleme der Banken; die ausgelösten Runs machten dann
aus der anfänglichen Rezession die große Depression. Für *Friedman / Schwartz*
kam in der damaligen Situation der Errichtung der Einlagenversicherung eine
außerordentliche Bedeutung zu:

> Federal insurance of bank deposits was the most important structural change in
> the banking system to result from the 1933 panic, and, indeed in our view, the
> structural change most conducive to monetary stability since [...] the civil war.[2]

In weiteren Ausführungen betonten die Autoren dabei den Vertrauensaspekt für
die Stabilität des Bankensystems als ganzes:

> Federal deposit insurance attempts to solve the problem by removing the initial
> reasons for runs - loss of confidence in the ability to convert deposits into curren-
> cy.[3] [...] the knowledge on the part of small depositors that they will be able to
> realize on their deposits even if the bank should experience financial difficulties
> prevents the failure of one bank from producing "runs" on other banks that in
> turn may force "sound" banks to suspend. Deposit insurance is thus a form of
> insurance that tends to reduce the contingency insured against.[4]

Die Einführung eines nationalen Einlagenversicherungssystems, war eine Maßnahme, um das Vertrauen in den Bankensektor wiederherzustellen. Alternativ
hätte der Staat auch einmalig, wie zur selben Zeit in Deutschland geschehen,
die Rolle eines Konkursversicherers übernehmen können. Eine dauerhafte
explizite Einlagenversicherung war vor allem eine Schutzmaßnahme gegen ein
erneutes Versagen des Federal Reserve Systems als Liquiditätsquelle[5].
Die Schlußfolgerung von Friedman, "Deposit insurance is thus a form of
insurance that tends to reduce the contingency insured against.", gilt nur unter
der Annahme, daß es nicht zu Moral Hazard seitens der Versicherten kommt

---

1) Friedman / Schwartz (1963) S. 355.

2) Friedman / Schwartz (1963) S. 434. Ähnlich äußert sich auch Tobin im Kommentar zu
Meltzer (1967) S. 508: "Compulsory deposit insurance is certainly one of the most successfull
reforms ever adopted in the United States, as even a cusory glance at banking history before
and after demonstrates".

3) Ibid. S. 440.

4) Ibid. S. 437.

5) Siehe Kareken (1983) und (1983a).

bzw. daß die Bankenregulierung die Risiken der Banken begrenzt. Schon damals war die nationale Einlagenversicherung aus solchen Überlegungen heraus nicht unumstritten. Auf der politischen Ebene wehrte sich Präsident *Roosevelt* zunächst vehement gegen die Einführung einer staatlichen Einlagenversicherung:

> As to guaranteeing bank deposits, the minute the government starts to do that [...] the government runs into a probable loss. We do not wish to make the United States government liable for the mistakes and errors of individual banks, and put a premium on unsound banking in the future.[1]

Roosevelt wies bereits auf die Wechselwirkung von Bankenregulierung und Einlagengarantie hin: Es ist nicht zuletzt die Einlagensicherung selbst, die eine Regulierung des Bankensektors notwendig macht, damit der Staat die übernommenen Risiken kontrollieren kann. Senator *Glass*, Mitverfasser des Glass / Steagall Gesetzes, warnte vor dem Subventionseffekt der Einlagenversicherung:

> Is there any reason why the american people should be taxed to guarantee the debts of banks, any more than they should be taxed to guarantee the debts of other institutions, including the merchants, the industries, and the mills of the country?[2]

Beide Zitate dokumentieren das politische Spannungsfeld in dem sich eine Einlagenversicherung bewegt. Sie zeigen auch, wie tiefgreifend der staatliche Eingriff in den 30er Jahren ausfiel: Es fand nicht nur eine Regulierung statt, sondern der Staat übernahm auch einen Teil des unternehmerischen Risikos[3]. - Hier offenbarte sich bereits zu Beginn ein grundlegender Interessenkonflikt zwischen Großbanken und kleineren Unternehmen: Die Großen wollten nicht die kleine, aber lästige Konkurrenz durch die öffentliche Garantie subventioniert sehen[4], die Kleinen erhofften sich hingegen von der Einlagenversicherung eine Institutssicherung und sahen sie als Garant des Status quo.

Im Hinblick auf die FSLIC traten diese Konflikte noch prononcierter zu Tage. Hier war das Schutzargument zum damaligen Zeitpunkt weniger, wenn überhaupt, relevant. Zwischen 1930 und 1933 mußten 36,4% aller Banken schließen, jedoch lediglich 4,4% aller Savings and Loan Associations und 1,7% aller Mutual Savings Banks[5]. Savings and Loan Associations verfügten nicht

---

1) Zit. nach The Wall Street Journal (New York), *Crisis History*, Nr. 52, 15.3.1990.
2) Zit. nach Todd (1988) S. 1.
3) Dieses Argument wurde auch von akademischer Seite unterstützt. Siehe die zeitgenössischen Beiträge von Emerson (1933) und Viner (1936).
4) Vgl. Pilzer / Deitz (1989) S. 31-52.
5) Siehe Benston (1986a) S. 20.

über Sichteinlagen. Die Sparkassen waren somit weder für die Funktionsfähigkeit des Zahlungssystems noch für die Steuerung der Geldmenge im engeren Sinne von Bedeutung. Wie jeder andere Sektor, litten sie unter den hohen Realzinsen und den Einkommens- bzw. Vermögensverlusten der privaten Haushalte. Über die 1934 gegründete Home Owners Loan Corporation übernahm die Regierung notleidende Hypotheken in Höhe von 3,1 Mrd. $[1]. Obwohl die Savings and Loan Associations von dem allgemeinen Vertrauensverlust nicht unbeeinflußt blieben[2], trat der Institutssicherungsaspekt und der Subventionsaspekt bei der Gründung der FSLIC in den Vordergrund. Dies äußerte sich nicht zuletzt in der gewählten konstanten Prämienstruktur, die von Anfang an eine feste Einheitsprämie für alle Savings and Loan Associations vorsah und zwar unabhängig von der ökonomischen Situation des einzelnen Unternehmens[3]. *Grossman* (1992) zeigte, daß es bereits in der Entstehungsphase der FSLIC zu Moral Hazard kam. Dem FHLBB gelang es durch erfolgreiches Screening, die besseren Risiken unter den Savings and Loan Associations für die FSLIC auszuwählen. Danach änderte sich jedoch das Verhalten der versicherten Savings and Loan Associations und sie wählten riskantere Portefeuilles.

Daß die von der FSLIC und dem FHLBB verlangten expliziten und impliziten Prämien nicht zu hoch waren, läßt sich am Anteil der versicherten einzelstaatlichen Unternehmen ablesen, die keiner Versicherungspflicht unterlagen. Nur für die bundesstaatlich konzessionierten Unternehmen - die Federal Savings and Loan Associations - bestand eine Pflichtmitgliedschaft im FHLBS und bei der FSLIC. Alle anderen Savings and Loan Associations hatten die Wahl, sich entweder bei der FSLIC zu versichern, einzelstaatlichen Fonds beizutreten, oder aber sich überhaupt nicht zu versichern. Der Marktanteil der FSLIC stieg nach zögerlichem Beginn bis auf 90% aller Aktiva der Savings and Loan Associations. Maßgeblich waren dabei die freiwillig versicherten Sparkassen, die etwa die Hälfte aller FSLIC Mitglieder ausmachten (Tabelle 5). In den 80er Jahren verlor die FSLIC nach Einführung des Special Assessment wieder Mitglieder an die FDIC. Zwischen 1985 und 1988 wechselten ca. 120 Savings and Loan Associations von der FSLIC zur FDIC, indem sie ihre Rechtsform von einer Savings and Loan Association Konzession zu einer Mutual Savings Bank Konzession umwandelten[4].

Die FSLIC war letztlich Bestandteil eines fein verwebten Netzes von gesetzlich festgelegten Wettbewerbsvor- und nachteilen und basierte nicht auf einem versicherungsmathematischen Effizienzkalkül. Die Situation zu Beginn

---

1) Siehe Eichler (1989) S. 9 f.
2) Vgl. Brumbaugh (1988) S. 12.
3) Siehe Barth / Bradley (1989) S. 255.
4) Siehe United States League (1989) Tab. 56, S. 48.

Tabelle 5: FSLIC-Mitgliedschaft 1935 - 1989				
	FSLIC versicherte SLA		Einzelstaatliche SLA	
	Anzahl	Aktiva	FSLIC-Mitglied	Nicht-Mitglied
1935	1.117	12,1%	130	9.149
1950	2.860	81,0%	1.334	3.134
1960	4.098	94,3%	2.225	2.222
1970	4.365	96,8%	2.298	1.304
1980	4.005	97,3%	2.017	589
1985	3.246	99,1%	1.525	289
1989	2.878	99,6%	1.033	133

Quelle: OTS (1989), Tab. A1 & A2; Die Zahlen für 1989 beziehen sich auf den SAIF; Aktiva: Aktiva der FSLIC-versicherten SLA in % aller von SLA gehaltenen Aktiva.

der 30er Jahre hatte die Ausweitung der Bankenregulierung und die Einführung der FDIC zu einer historischen Notwendigkeit gemacht. Die Existenz der FSLIC war lediglich ein Reflex dieser Notwendigkeit und dokumentiert die tiefgreifenden Auswirkungen des staatlichen Eingriffs in den Finanzsektor.

2. Die FSLIC vor dem Hintergrund der Versicherungstheorie

2.1 Die FSLIC im Lichte des Bernoulli-Prinzips

Nach diesen historisch orientierten Betrachtungen, soll nun die Funktionsweise der FSLIC auf der Basis einfacher Versicherungstheorie analysiert werden. Dabei ist vor allem zu fragen, um welche Art Versicherung es sich handelt und welche Gestaltungsprinzipien angewandt werden. Unter einer Versicherung soll dabei eine Vereinbarung der Form verstanden werden, bei der eine Partei (der Versicherte) das Risiko eines möglichen Vermögensverlusts gegen Zahlung einer Prämie an eine andere Partei (den Versicherer) in Form einer verbindlichen Vereinbarung (bspw. eine Versicherungspolice) abtritt.

Bei der Anwendung dieser Konstruktion auf die FSLIC ist zu beachten, daß es nicht zwei, sondern drei verschiedene Parteien des Versicherungsvertrages gibt. Die FSLIC tritt als Versicherer aller Bankeinlagen bis zu einer absoluten Höchstgrenze pro Konto auf. Der Versicherte ist jedoch nicht der Einleger, sondern die Sparkasse selbst. Der Einleger ist hingegen der Begünstigte (Dritte) des zwischen der FSLIC und den Savings and Loan Associations bestehenden Versicherungsvertrages. Die Savings and Loan Association profitiert nur indirekt von der Versicherung über die Refinanzierungskosten. Im Insolvenzfall haben die Eigentümer der Sparkasse keinen Vorteil aus der Versicherung.

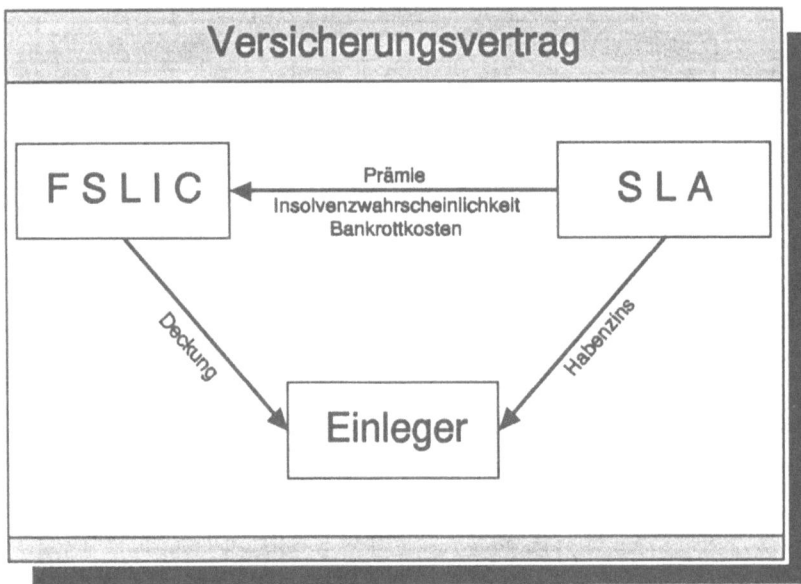

Diagramm 5: Struktur des Versicherungsvertrages

Diese Konstruktion entspricht einer Haftpflichtversicherung, wie sie bspw. für Kraftfahrzeuge, Privat- und Berufshaftpflicht verbreitet ist (Diagramm 5)[1].

Die Deckungssumme, die 1935 im NHA zunächst auf lediglich 5.000 $ festgesetzt worden war, stieg zu Beginn der 70er Jahre zunächst auf 40.000 $ und wurde 1980 durch den DIDMCA schließlich auf 100.000 $ pro Einlage erhöht (inklusive der aufgelaufenen Habenzinsen). Einzelne Personen oder Körperschaften können dabei auch mehrere versicherte Einlagen in diesem Umfang bei verschiedenen Kreditinstituten unterhalten. Bezogen auf den Einleger ist der Versicherungsumfang also lediglich durch die Zahl der selbständigen Sparkassen und durch die Transaktionskosten begrenzt. Im Mittelpunkt des Interesses des Versicherers stehen indes nicht die Einleger, sondern die versicherten Savings and Loan Associations.

---

1) Siehe White (1991) S. 211: "Deposit insurance [...] can properly be considered to be a form of insurance. It is best linkened to medical malpractice insurance or to third-party automobile liability insurance. The insurer is promising to third party beneficiaries [...] that they will be made whole in the event that the parties carrying the insurance cause them harm [...]. In essence the insurer is covering the liabilities of the insured party. The party carrying the insurance is different from the benificiary; and the former is the focus of the insurers attention and efforts in trying to reduce its payouts."

Der Versicherungsvertrag zwischen der FSLIC und den Savings and Loan Associations setzt sich aus zwei Elementen zusammen: Die Prämie (P) und die Kompensationszahlung (X), die eine Wahrscheinlichkeitsfunktion F(x) besitzt. Ein solches Paar (F(x), P) ist aus Sicht des Versicherers ein Spiel oder eine risikobehaftete Investition. Entsprechend läßt es sich entscheidungstheoretisch analysieren. Grundsätzlich geht es dabei um die Frage, wie die Prämie (P) von den Eigenschaften der Funktion F(x) abhängt[1]. Die Bruttoprämie (P) läßt sich dabei in drei verschiedene Komponenten aufteilen:

$$P = E(x) + A + R$$

Wobei gilt:

$$E(x) = \bar{x} = \sum_{i=1}^{n} x_i \, F(x_i)$$

Der Erwartungswert der Kompensation E(x) - bestimmt durch Eintrittwahrscheinlichkeit und Schadenssumme - bildet die eigentliche Nettoprämie. (A) bezeichnet die Verwaltungs- und Kapitalkosten des Versicherers und (R) die Risikoprämie, die notwendig ist, den Versicherer zur Übernahme des Risikos zu veranlassen. Während die Festlegung der Nettoprämie E(x) und der Verwaltungskosten (A) ein versicherungstechnisches Problem darstellen, läßt sich die Risikoprämie (R) und damit die eigentliche Bruttoprämie (P) nur im Marktgleichgewicht bestimmen. Bei risikoaversen Marktteilnehmern wird sich für die meisten Risiken in der Regel ein entsprechendes Marktgleichgewicht mit einer positiven Risikoprämie bilden, sofern Informationsprobleme und Transaktionskosten diesem nicht entgegenstehen[2].

Im Hinblick auf eine staatliche Einlagenversicherung ergibt sich die Schwierigkeit, daß ein entsprechender Markt für diese Art Versicherung realiter nicht existiert[3]. Es gibt lediglich einen Anbieter, die FSLIC, und für weite Teile des Banken- und Sparkassensektors besteht eine Pflichtmitgliedschaft[4]. Es herrscht also nicht das von *Meltzer* (1967) geforderte freie Spiel von Angebot und

---

1) Siehe Borch (1990) Kap. 1.

2) Borch (1990) S. 29 ff..

3) Siehe Kap. II.1.2.

4) Die FDIC stellte jedoch bis 1987 aus Sicht der Savings and Loan Associations eine Alternative dar, da es einzelnen Instituten möglich war, im Rahmen eines Konzessionswechsels von einer Savings and Loan Charter zu einer Savings Bank Charter, auch die Einlagenversicherung zu wechseln. 1987 wurde jedoch durch den CEBA ein einjähriges Moratorium verhängt. Danach wurde von der FSLIC für den Versicherungswechsel eine Strafprämie von 0,83 % der Depositen verlangt (siehe Anhang 1).

Nachfrage. Weder die Preise noch die Mengen können daher bestimmt werden. Der Staat muß sowohl die Prämie als auch den Versicherungsumfang selbst festlegen. Im Gegensatz zu privaten Anbietern bedarf es bei einer staatlichen Versicherung nicht notwendigerweise einer Risikoprämie, um einen Versicherungsvertrag zustande kommen zu lassen. Der staatliche Anbieter, der weder auf Aktionäre und Gläubiger Rücksicht nehmen muß, noch einem Opportunitätskostenkalkül in Bezug auf alternative Anlageformen unterliegt, kann sich allein an Nettoprämie und Kostendeckung orientieren.

Ein Verzicht auf eine Risikoprämie bedeutet jedoch nicht unbedingt einen Verzicht auf eine *risikoabhängige* Nettoprämie, wie sie sich aus der Anwendung des Äquivalenzprinzips ergibt. Letzteres besagt, daß sich bei einem Versicherungsvertrag die Gegenwartswerte von Prämienaufkommen und erwarteter Schadenssumme entsprechen; analog dem fairen Spiel im Sinne *Bernoullis*, bei dem der Einsatz und der Erwartungswert des Gewinnes übereinstimmen. Die Funktionsfähigkeit der Versicherung beruht nach diesem Prinzip auf dem Gesetz der großen Zahl, also auf einer möglichst großen Menge von Versicherten (n) mit unabhängig verteilten Risiken. Der Staat kann durch die Einführung einer entsprechenden Versicherungspflicht eine große Zahl sicherstellen. Bezüglich der exogenen Risiken besteht ein ähnliches Problem wie etwa bei der Arbeitslosenversicherung. Die Risiken der einzelnen Sparkassen sind über konjunkturelle und vor allem über geldpolitische Einflüsse miteinander verbunden. Hinzu kommen die Risiken aus einer Regulierung, die allen Sparakassen die Bilanzstruktur vorschreibt.

Die eigentliche Komplikation der staatlichen Einlagenversicherung liegt in der zentralen Festsetzung der Prämie (P) in Abhängigkeit von der Schadenshäufigkeit und dem Schadensumfang. Die FLIC verlangte einen einheitlichen Prozentsatz des gesamten inländischen Einlagevolumens - also nicht nur der versicherten Einlagen - für die Übernahme der Haftpflicht. Diese Quote betrug bis 1985 0,125 % aller Einlagen und stieg in der Folgezeit auf 0,203 % und beträgt seit 1990 0,230 % aller inländischen Depositen. Das Prämienaufkommen orientierte sich also an der Größe und in geringem Umfang an der Kapitalstruktur der Sparkassen. Hierbei handelte es sich nicht um eine versicherungsmathematisch korrekte Versicherungsprämie. Für einzelne Sparkassen bestand der Anreiz, die Risikoposition zu ihren Gunsten zu beeinflussen.

Die Insolvenzwahrscheinlichkeit wird entscheidend durch die Bankenregulierung und durch die Prämienpolitik bestimmt. Die Bankenregulierung beeinflußt das Insolvenzrisiko durch Vorschriften über die Portefeuille- und Bilanzstruktur. Sie kann dabei sowohl risikobegrenzend wirken, kann aber auch selbst Risiken hervorbringen, wie bspw. die Zinskrise der Sparkassen zu Beginn der 80er Jahre. Ergänzend wirkt aus Sicht des Versicherers die Kontrolle der Geschäftspraktiken der Versicherten durch die Bankenaufsicht. Insofern kann ein Großteil der Risiken des Versicherers von ihm selbst beeinflußt werden. Es

handelt sich also um endogene Variablen und nicht um vorgegebene Wahrschein-
lichkeiten.

Der Moral Hazard resultiert aus der unvollständigen und asymmetrischen
Information der beiden Vertragsparteien. Der Versicherungsvertrag begründet
den Risikoübergang zwischen beiden Parteien und schafft auf diese Weise neue
Verhaltensanreize für den Versicherten, der von nun an durch die Haftpflicht
des Versicherers gegen bestimmte Konsequenzen seines Handelns geschützt ist.
Die Einlagenversicherung manipuliert durch ihre Intervention den Preismecha-
nismus für die Bewertung der Risiken der Banken. An die Stelle der Marktdisziplin durch risikoaverse Investoren, die für jedes zusätzliche Risiko durch
höhere Erträge entschädigt werden wollen, tritt eine Nivellierung, die alle
Banken aus Sicht der Investoren gleich erscheinen läßt. Unter einem solchen
Regime haben die Banken den Anreiz, ihre Risikoposition auszudehnen, da
ihnen der zusätzliche Ertrag aus zusätzlichem Risiko vollständig allein zufällt[1].
Das Ausmaß des Moral Hazards wird zum einen durch den Umfang der Informationsdefizite bestimmt, bzw. durch die Kosten, die seitens des Versicherers
aufgewendet werden müssen, um diese zu beseitigen. Zum anderen sind die
Anreize, die der Versicherer dem Versicherten durch die Gestaltung des Versicherungsvertrages setzt von großer Bedeutung. Bei Verlusten haften die
Eigentümer jedoch im Umfang des tatsächlichen Eigenkapitals, das die Risiko-
neigung begrenzt.

Das Informationsproblem der Einlagenversicherung ist dabei im Gegensatz zu
anderen Haftpflichtbeziehungen, die sich auf mehr oder minder exakt definierte
Ereignisse beziehen, von grundsätzlicher Bedeutung. Es hat angesichts des
globalen Garantiecharakters einen Umfang, der selbst durch erheblichen Infor-
mationsaufwand nur graduell beseitigt werden kann. Allein die Festlegung und
Bewertung derjenigen Handlungen, die eine Insolvenz herbeiführen bzw.
vermeiden, stellt ein schwieriges Problem dar. Informationen über Kreditent-
scheidungen sind zunächst allein dem Management der Bank zugänglich, und
erst bei einer nachträglichen Bankprüfung kann der Einlagenversicherer eine
detaillierte Offenlegung aller Informationen fordern. Jedoch dürfte es auch auf
dieser Basis schwer sein zu beurteilen ob der Kredit X an die Person Y im
Hinblick auf Insolvenzwahrscheinlichkeit und Schadenssumme hätte unter-
bleiben müssen. Auch bei einem Portfolio Z von offensichtlich uneinbringlichen
Immobilienfinanzierungen ist es unter Umständen unmöglich nachträglich die
Investitionsentscheidung des Managements zu bewerten - dieses würde im-

---

1) Gemeint sind dabei nicht die "unmoralische" Verhaltensweisen wie Betrug oder Insider-Ver-
stöße, die auch ohne Versicherung ein Problem wären - und die bei der Sparkassenkrise
ebenfalls eine Rolle gespielt haben -, sondern das Verhalten des Versicherten in einer Situation, in der er nicht die vollen Kosten seiner Entscheidungen tragen muß.

plizieren, daß die Behörden die besseren Banker wären. In der Regel ist es dann für den Versicherer meist auch schon zu spät, den Schaden zu begrenzen.
Ein Schaden ensteht dem Einlagenversicherer in Höhe der Bankrottkosten, die bei der Insolvenz einer Bank anfallen. Die Haftungssumme gegenüber den Einlegern sagt nur indirekt etwas über die potentielle Belastung des Versicherers aufgrund von Insolvenzen aus. Diese vertragliche Regelung bezieht sich lediglich auf das Verhältnis zwischen Versicherer und Einleger, nicht jedoch auf das direkte Verhältnis zwischen Versicherer und Bank. Eine Prämie, die sich allein am Umfang der Einlagen orientiert, entspricht somit nicht dem Äquivalenzprinzip. Im Innenverhältnis ist die Differenz zwischen dem Marktwert der Aktiva der Bank und dem Wert der Ansprüche der Einleger an den Versicherer maßgeblich. Geht man davon aus, daß das Fremdkapital einer Bank nur aus versicherten Einlagen besteht, so entspricht die Schadensquote der FSLIC im Einzelfall dem Marktwert des Eigenkapitals der Bank zum Zeitpunkt der Insolvenz. Nur in Extremfällen entspricht der Schaden dabei dem Wert der versicherten Depositen[1]. Es erhebt sich also aus Sicht des Versicherers die Notwendigkeit, unabhängig von bestehenden Bilanzierungsvorschriften und Eigenkapitalnormen, den tatsächlichen Marktwert des versicherten Vermögens fortlaufend zu überwachen[2]. Darüber hinaus muß der Versicherer über ausreichende rechtliche Handlungsspielräume verfügen um Unternehmen bei Eintritt der Insolvenz auch tatsächlich schließen zu können. Hierzu zählen u. a. ausreichende Personal- und Finanzmittel und vor allem politische Unabhängigkeit[3].

Aus den hoheitlichen Befugnissen der FSLIC bzw. des FHLBB ergaben sich im Vergleich zu privaten Versicherungen einige Besonderheiten. Letztlich war es allein die Entscheidung des FHLBBs, eine Savings and Loan Association für insolvent zu erklären. Wurde ein Unternehmen vom FHLBB geschlossen, trat die FSLIC zugleich als Konkursverwalter der insolventen Savings and Loan Association auf und konnte nach eigenem Ermessen mit der Sparkasse verfahren. Zugleich entschädigte die FSLIC im Idealfall alle versicherten Einleger direkt und übernahm deren Forderungen. Die FSLIC befand sich so in der Doppelrolle von Konkursverwalter und Gläubiger[4]. Die Schadenshöhe war

---

1) Ein Beispiel für einen solchen Fall stellt die Insolvenz von *Vernon Savings and Loan* dar (siehe Kap.I.3.2.2)
2) Siehe Benston / Kaufman (1988) und Benston (1990) S. 45 f.
3) Siehe Benston et. al. (1986) S. 227: "Agency funds are at risk only because monitoring difficulties and political conflict frequently prevent an insurer from closing troubled institutions before their net worth is exhausted." Vgl. auch Benston / Kaufman (1988) und Benston (1990).
4) Siehe Dotsey / Kuprianov S. 8.

hauptsächlich vom Zeitpunkt der Insolvenzentscheidung des FHLBB abhängig[1]. Entsprach der Wert der versicherten Einlagen zu diesem Zeitpunkt dem Liquidationswert der Aktiva oder dem Veräußerungswert der Savings and Loan Association, so war der Schaden aus Sicht der FSLIC gleich Null. Erst wenn der Liquidations- oder Veräußerungswert der Savings and Loan Association unter den Wert der Ansprüche der Einleger lag, entstand ein Schaden für die FSLIC. Die Probleme der FSLIC bei der Festlegung der Nettoprämie unterschieden sich somit nicht von denen eines normalen Fremdkapitalgebers, der die Bankrottkosten in sein Risikokalkül mit einzubeziehen hat. Das Eigenkapital der Savings and Loan Associations fungierte dabei, versicherungstechnisch gesehen, für die FSLIC als Selbstbeteiligung (Deductible) des Versicherten. Das eigentliche Risiko der FSLIC lag nicht im Insolvenzrisiko der versicherten Sparkasse, sondern in der Unmöglichkeit, eine Savings and Loan Association so zu kontrollieren, daß eine Schließung und Abwicklung rechtzeitig vor Eintritt der Überschuldung erfolgen konnte. Die Ursache hierfür lag in der asymmetrischen Information zwischen der FSLIC und den Sparkassen[2].

Die garantierten 100.000 $, wirken im Schadensfall lediglich als Cap auf die Verbindlichkeiten des Versicherers. Ähnlich der Selbstbeteiligung der Kapitalgeber am Schaden in Form des Eigenkapitals (Deductible), werden auf diese Weise auch die Einleger durch eine Selbstbeteiligung (Coinsurance) am Risiko beteiligt[3]. Bei dieser Methode unterliegt die versicherte Sparkasse einer zusätzlichen Marktdisziplin, die durch die unversicherten Einleger ausgeübt wird[4]. Die Obergrenze soll vor allem Großeinleger zu mehr Überwachungsaktivitäten anregen und diese veranlassen, für ihre Einlagen einen Bonitätszuschlag zu verlangen. Der von den Gläubigern verlangte Bonitätszuschlag auf unversicherte Forderungen ist ein Anhaltspunkt für eine marktmäßige Bewertung der Risikoposition[5].

---

1) Siehe Horvitz (1983) S. 257: The deposit insurance agencies have control over the extend of their losses when an insured event (a failure) is imminent. The losses of the deposit insurance system are not closely related to the riskyness of insured institutions. Losses are more a function of the timing of closing of a failing bank or savings institution.

2) Siehe Kap. II.1.1.2.

3) Siehe Benston / Kaufman (1988) und White (1989).

4) Diese Vereinbarung entspricht in etwa der Selbstbeteiligung bei einer Krankenversicherung, durch die der Versicherte angeregt werden soll, selbst Kosten aufzuwenden um den Versicherungsfall zu verhindern. Vgl. Short / O'Driscoll (1983).

5) Hierzu zählen auch nachrangige Schuldverschreibungen (Subordinated Debt). Siehe Krümmel (1983) und White (1991) S. 237 f. Vgl. auch das Modell von Gilbert (1990). Gilbert kam zu dem Ergebnis, daß nachrangige Verbindlichkeiten in Form von subordinated debt eine alternative Form der Coinsurance darstellen.

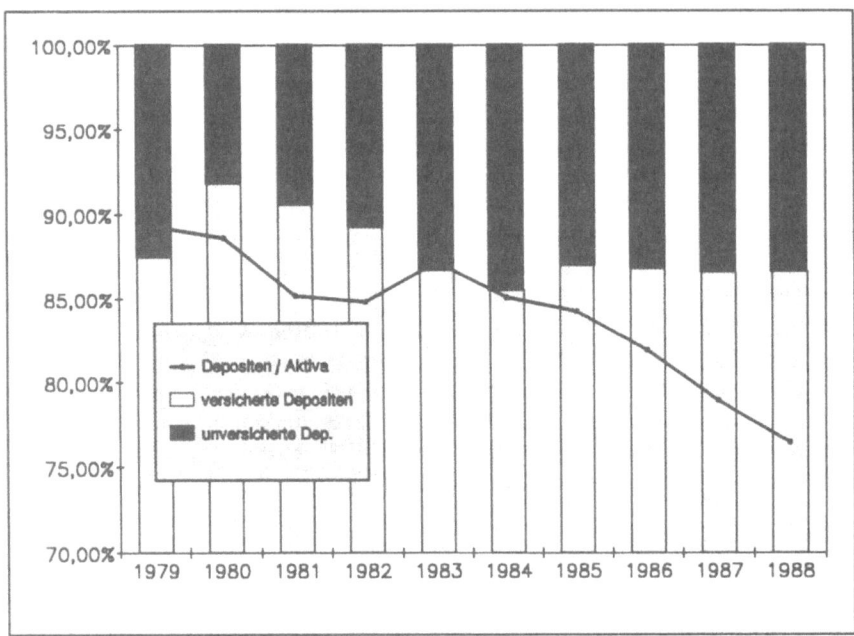

Abbildung 7:   Coinsurance bei Savings and Loan Associations

Quelle: U.S. League (1989) und Barth / Bartholomew /Labich (1989)

Diese wirksame Form der Coinsurance kollidiert jedoch unter Umständen mit dem Stabilitätsziel der Einlagenversicherung. Gerade die gutinformierten, unversicherten Einleger stellen im Hinblick auf die Schalterstürme das entscheidende Risiko dar. In der Praxis führt dies häufig dazu, daß im Krisenfall auch die unversicherten Einleger geschützt werden - die bekannte Too-Large-To-Fail-Problematik[1]. Grundsätzlich besteht bei dieser Maßnahme also ein Trade-Off zwischen Risikobegrenzung durch Marktdisziplin und einer höheren Wahrscheinlichkeit von Schalterstürmen.

In Bezug auf die Sparkassen stellt sich die Frage, welche Bedeutung die Höchstgrenze von 100.000 $ in der Realität hatte. So finanzierten sich die Savings and Loan Associations durchschnittlich zu 80 % durch Einlagen, jedoch lagen nur etwa 12% des Einlagenvolumens über der Versicherungsgrenze von 100. 000 $ (Abbildung 7). Der geringe Anteil an unversicherten Verbindlichkeiten bedeutete, daß die Coinsurance im Insolvenzfall für die FSLIC nur eine untergeordnete Bedeutung hatte.

---

1)   Siehe die anschauliche Darstellung dieses Dilemmas bei Sprague (1986). Vgl. auch Brumbaugh (1988) S. 125.

Die Überlegungen in diesem Kapitel haben gezeigt, daß sowohl die Schadenshöhe als auch die Insolvenzwahrscheinlichkeit maßgeblich von der FSLIC mitbestimmt worden sind. Dieser Zusammenhang offenbart den Garantiecharakter der Einlagenversicherung: Durch die FSLIC gab der Staat mit seiner Bonität eine verbindliche Garantie für eine bestimmte Art von Bankverbindlichkeiten Depositen bis 100.000 $ - zugunsten der Savings and Loan Associations. Einzige Bedingung war, daß diese sich der Regulierung durch das FHLBB oder durch einzelstaatliche Behörden unterwarfen. Der Eintritt des Versicherungsfalles war nicht an bestimmte Zufallsereignisse gekoppelt, sondern er war von den Entscheidungen und dem Verhalten der Aufsichtsorgane abhängig. Es ist also fraglich, ob das Äquivalenzprinzip ex ante von der FSLIC in sinnvoller Weise angewendet werden kann. Die Komponenten der fairen Nettoprämie waren nicht exogen gegeben, sondern wurden allein im Innenverhältnis zwischen FSLIC und Savings and Loan Associations bestimmt[1].

Ohne Zweifel war der Preis, den der Staat bzw. die FSLIC für die Übernahme der Garantie verlangte, von entscheidender Bedeutung in Bezug auf die Anreize, die sich für das versicherte Sparkasseninstitut ergaben. Ein einheitlicher Pauschalsatz auf die Einlagen, in welcher Höhe auch immer, wie er von der FSLIC verlangt wurde, stellte dabei ein grundsätzliches Problem dar. Er berücksichtigte nur bedingt die individuellen Verhältnisse der einzelnen Unternehmen. Zwangsläufig kam es zur Quersubventionierung unterschiedlicher Risiken, und die FSLIC verzichtete auf ein wesentliches Instrument der Risikokontrolle.

2.2 Die FSLIC aus der Sicht der modernen Optionspreistheorie

Die Theorie der Optionspreise bietet die Möglichkeit, die potentiellen Verbindlichkeiten der FSLIC und die aus dem Versicherungsvertrag resultierenden Anreize zu analysieren. Allgemein kann eine Verkaufsoption als eine Versicherung gegen den Wertverlust eines beliebigen Aktivums aufgefaßt werden. Die Finanzierungstheorie betrachtet bspw. das Eigenkapital einer Unternehmung mit beschränkter Haftung als Kaufoption des Inhabers auf die Aktiva seiner Unternehmung[2]. Durch die Verschuldung des Unternehmens erlangen die Fremdkapitalgeber das Recht, die Aktiva im Konkursfall zu liquidieren. Die Eigenkapitalgeber veräußern durch die Verschuldung die Aktiva der Unternehmung zu einem Preis (Zins) an die Gläubiger und erhalten die Option, die

---

1) Siehe Kane (1989) S. 4: [...], we must understand that deposit insurance is not strictly insurance at all. This is because FSLIC guarantees are not written against a specified set of risks whose actuarial potential to destroy the institution's financial liability can be calculated in advance.

2) Siehe Franke / Hax (1990), Schneider (1990)

Aktiva zu einem festen Preis (Wert der Verbindlichkeiten) zurückzukaufen. Von dieser Option - die ein Recht, nicht aber eine Pflicht darstellt - werden die Eigentümer zum Fälligkeitstag nur Gebrauch machen, wenn der Wert der Aktiva über dem der Schulden liegt. Das Eigenkapital der Unternehmung stellt für die Fremdkapitalgeber einen wichtigen Risikofaktor dar. Berücksichtigt man asymmetrische Information und Bankrottkosten, so ist die Kapitalstruktur der Unternehmung für die Fremdkapitalgeber nicht irrelevant. Die Unternehmung kann durch ihre Entscheidungen den Wert des Fremdkapitals beeinflussen - ein Moral Hazard seitens der Eigentümer gegenüber den Fremdkapitalgebern. Da die Fremdkapitalgeber dieses Verhalten nicht ex ante in ihren Zinsforderungen berücksichtigen können, werden sie versuchen, diesem Moral Hazard durch entsprechende Auflagen und Sicherheiten zu begegnen[1].

Ähnlich lautet nun die Argumentation für den Einlagenversicherer: Eine Einlagenversicherung bringt die Besitzer einer Bank in den Besitz einer Verkaufsoption auf die Einlagen (Schulden) ihrer Bank. Es handelt sich um eine Garantie eines Dritten gegenüber den Einlegern für die Schulden des Unternehmens. Für den Fall, daß der Wert der Aktiva unter den der Verbindlichkeiten sinkt, werden die Eigenkapitalgeber der Bank diese Option ausüben. Sie haben das Recht, die Aktiva zum Wert der Einlagen an den Versicherer zu veräußern. Der Einleger wird durch die Option, die sich im Besitz der Bank befindet, gegen Vermögensverluste geschützt. Der Wert dieses Rechtes kann zugleich als der versicherungsmathematische Gegenwert der Verbindlichkeiten des Einlagenversicherers betrachtet werden.

Mit Hilfe der Optionspreistheorie lassen sich der Wert dieses Rechtes und seine Einflußfaktoren analysieren und unter den vereinfachenden Annahmen der Finanzierungstheorie quantifizieren. *Merton* (1977)[2] wies erstmals auf die Isomorphie zwischen einer Einlagenversicherung und herkömmlichen Verkaufsoptionen auf Aktien (Puts) hin und wendete die Optionspreistheorie auf die Einlagenversicherung an. Er betrachtete in seinem Modell den Staat als Garantiegeber bzw. Stillhalter von unzweifelhafter Bonität, dessen Garantievermögen von allen Einlegern anerkannt wird. Sodann interpretierte *Merton* die Depositen als verzinsliches Fremdkapital, dessen Laufzeit sich an den Intervallen der Bankprüfungen (Bilanzstichtage) durch die Aufsichtsbehörden bemißt. Am Bilanzstichtag wird jeweils der Wert von Forderungen (Bankaktiva) und Verbindlichkeiten gegenübergestellt und das Eigenkapital der Bank ermittelt. Für den Fall, daß die Forderungen die Verbindlichkeiten am Bilanzstichtag übersteigen, sind die Eigentümer gezwungen, die Option auszuüben, und die Ein-

---

1) Siehe Jensen / Meckling (1976) und die Anwendung des Property Right-Ansatzes auf die Sparkassenkrise durch Dotsey / Kuprianov (1990).

2) Mertons Modell stellt eine Abwandlung des Black / Scholes Ansatzes dar. Siehe auch Merton (1978) und Flood (1989).

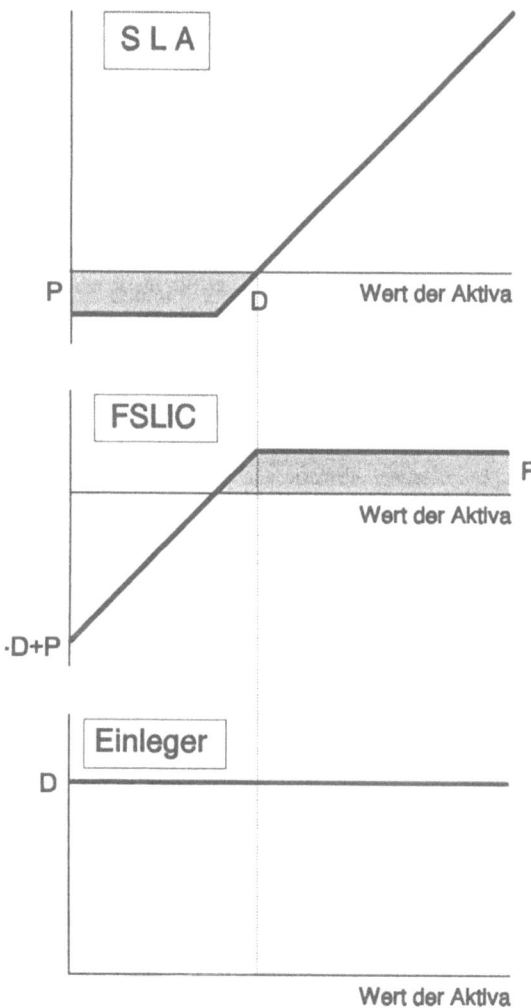

Diagramm 6: Auszahlungen der Vertragsparteien im Optionsmodell

lagenversicherung wickelt die Bank ab. In dem Fall übernimmt sie die Aktiva der Bank und zahlt die Einleger aus. Als Verbindlichkeit bleibt der Einlagenversicherung nun die Differenz zwischen dem Liquidationswert der Aktiva und dem Wert der Ansprüche der Einleger.

Zur Vereinfachung wird an dieser Stelle auf eine explizite Darstellung des *Merton*-Ansatzes verzichtet, stattdessen wird in Diagramm 6 eine graphische Darstellung gegeben[1]. Die potentielle Verbindlichkeit der FSLIC ergibt sich aus der Differenz von Aktiva und Passiva (D) der Bank. Der Maximalverlust ist begrenzt durch das versicherte Einlagevolumen (D) abzüglich der Versicherungsprämie (P). Es sei im folgenden zur Vereinfachung angenommen, daß die Einleger der Bank vollständig geschützt sind und daß keine weiteren unversicherten Verbindlichkeiten bestehen[2]. In dieser Situation erhalten die Einleger immer den vollen Wert ihrer Depositen inkl. der bis zum Bilanzstichtag aufgelaufenen Zinsen. Die Sparkasse profitiert von dieser Versicherung, solange die Differenz zwischen Aktiva und Passiva zum Bilanzstichtag positiv ist. Die Verbindlichkeiten der FSLIC sind im wesentlichen eine Funktion der Eigenkapitalposition bzw. des Marktwertes der Aktiva der Sparkassen.

Die von *Merton*[3] verwendete Optionsformel wird nun als "Black Box" betrachtet, durch die eine Reihe von Einflußfaktoren auf den Wert der Put-Option (P) wirken. *Merton* unterschied in seiner Funktion fünf Variablen, die den Preis der Einlagenversicherung bzw. den potentiellen Wert der FSLIC-Verbindlichkeiten beeinflussen:

$$P = P (A , D , \sigma , T , r)$$
$$ - \quad + \quad + \quad + \quad +$$

(A)	Marktwert der Bankaktiva	(Basiswert)
(D)	versicherte Depositen	(Basispreis)
(σ)	Standardabw. der Bankaktiva	(Standardabw. des Basiswertes)
(T)	Abstand der Stichtage	(Laufzeit der Option)
(r)	Habenzins	(risikofreier Zinssatz)

Der Wert des Puts ist für die Bank um so größer, je wahrscheinlicher der Insolvenzfall ist und je größer der erwartete Verlust bei Eintritt der Insolvenz ist. Wichtigster Bestimmungsfaktor ist die Differenz zwischen dem Marktwert der Aktiva und dem Marktwert der Verbindlichkeiten (A-D). Je mehr Eigenkapital am Stichtag vorhanden ist, desto geringer ist die Wahrscheinlichkeit, daß die Option am nächsten Stichtag ausgeübt wird und desto geringer ist die Wahrscheinlichkeit eines Verlustes für den Einlagenversicherer als Stillhalter.

---

1) Vgl. die Darstellung des Merton-Ansatzes bei Flood (1990).
2) Siehe die Diskussion von weiteren Spezialfällen bei Flood (1989) S. 30 ff..
3) Siehe Merton (1977) S. 8 ff.

Der Zusammenhang zwischen Standardabweichung (σ) und Überwachungszeitraum (T) und dem Optionspreis (P) ist offensichtlich: Je höher die Standardabweichung und / oder je länger der Zeitraum zwischen zwei Bilanzstichtagen (T), desto größer der Erwartungswert eines Schadenfalles für den Versicherer.

Der risikofreie Zinssatz fungiert im ursprünglichen Optionspreismodell als Arbitragebedingung und als Diskontierungsfaktor. In *Merton* (1977) wird der Zinssatz durch die Annahme eliminiert, daß der Einlagenversicherer den Wert der Depositen und alle auflaufenden Zinszahlungen garantiert. Auf diese Weise entfällt eine Diskontierung des Basispreises in der Zukunft. Stattdessen wird nun der Wert der Depositen (D) selbst abgezinst. Geht man jedoch von differierenden Soll- und Habenzinsen aus, so ist zu beachten, daß Zinsstrukturänderungen den Wert der Depositen und Aktiva bei einer Bank in unterschiedlichem Umfang beeinflussen. Auf diese Weise wird über eine Änderung der Differenz von A und D auch den Wert der Option beeinflußt. Die Fristigkeitsstruktur der Zinsen wirkt also ebenfalls auf den Wert der Option. Betreibt die Bank Fristentransformation oder ändert sich der Bonitätsstatus der Bank, so wird eine Erhöhung der Habenzinsen in der Regel positiv mit dem Wert der Option verknüpft sein.

Es sind vor allem die asymmetrische Information bzw. die Überwachungskosten des Versicherers, die den Wert der Option ausmachen. In einem erweiterten und modifizierten Modell, das die Überwachungskosten als weitere Verbindlichkeit des Versicherers berücksichtigte, kam *Merton* (1978) zu dem Ergebnis, daß es diese Kosten aus Sicht des Versicherers notwendig machen, die Überwachungsfrequenz in Abhängigkeit vom Eigenkapital zu variieren[1]. *Merton* verweist somit auf den Zusammenhang zwischen Bankenregulierung und Einlagenversicherung. Die Einlagenversicherung braucht die Bankenregulierung bzw. die Bankenaufsicht als zusätzlichen Schutzmechanismus gegen Moral Hazard, da die Bank den Anreiz hat, den Wert der Option zwischen den Bilanzstichtagen zu ihren Gunsten zu verändern. Eigenkapitalnormen sind für den Versicherer ein zusätzlicher Schutz gegen Überwachungsfehler bzw. Resultat der asymmetrischen Informationsverteilung, die es ihm nicht erlaubt, das Risiko der versicherten Unternehmen zu bestimmen. Zugleich stellen die Eigenkapitalnormen auch einen Schutz gegen das verbleibende Systemrisiko dar, das auch den Versicherer einem Restrisiko durch exogene Schocks wie z. B. eine Änderung der Geldpolitik aussetzt.

Eine Einheitsprämie, die sich in Bezug auf Eigenkapital und Standardabweichung nicht an den Gegebenheiten der einzelnen Sparkasse orientierte, verursachte bei den Sparkassen die Quersubventionierung unterschiedlicher Risiken. Schlecht kapitalisierte Unternehmen und / oder Unternehmen, deren

---

1)　Siehe Merton (1978) S. 445.

Portefeuilles eine hohe Standardabweichung aufwiesen, wurden durch die FSLIC subventioniert. Die riskant geführten Unternehmen erzielten eine höhere Eigenkapitalrendite, da sie ihre Fremdkapitalgeber aufgrund der FSLIC-Garantie nicht für die zusätzlichen Risiken kompensieren mußten. Mit wachsendem Verschuldungsgrad stieg für die Eigentümer der Sparkassen der Wert der Option.

Buser / Chen / Kane (1981) und *Kane* (1985) wiesen darauf hin, daß der Einlagenversicherer bei risikounabhängiger Prämie diesem Anreiz durch eine Variation der impliziten Prämien begegnen muß[1]. Implizite Prämien in Form von entgangenen Gewinnen resultieren aus Regulierungsmaßnahmen, die wiederum maßgeblich auf dem Recht der Bankprüfung durch die Aufsichtsbehörden beruhen. Grundlage für die Intervention ist eine Eigenkapitalregulierung, die es dem Versicherer erlaubt, Sanktionen gegen die Eigentümer zu ergreifen. Jede Variation in den Mindestnormen, wie etwa durch die RAP-Ansätze des FHLBB, bedeutet zugleich auch eine Variation der impliziten Versicherungsprämie.

Mit diesem Prinzip läßt sich auch die Regulierung der Savings and Loan Associations bis 1980 beschreiben. Die FSLIC verlangte eine einheitliche Versicherungsprämie und begrenzte den Moral Hazard durch die Portefeuilleregulierung, die den Savings and Loan Associations eine bestimmte Bilanzstruktur vorschrieb. Hinzu traten die Regulation Q und die Eigenkapitalrichtlinien. Anstatt die Versicherungsprämie der FSLIC an die Risiken der einzelnen Sparkassen anzupassen, wurde das Risiko der einzelnen Sparkassen nivelliert und an die bestehende Einheitsprämie angeglichen. Es gab nur wenig Möglichkeiten für Moral Hazard-Verhalten, da die Bilanzstruktur nur in geringem Umfang variiert werden konnte[2]. Genau umgekehrt wirkte nun die Deregulierung in den Jahren 1980 bis 1982. Durch den DIDMCA und den Garn-StGermain Act wurde zwar die Effizienz der Portefeuilles verbessert, zugleich aber auch der Moral Hazard Spielraum erweitert. Es war jedoch nicht die Deregulierungspolitik, die die Krise verursachte, sondern die mangelnde Synchronisation der Deregulierung mit Reformen der Einlagenversicherung und der Bankenaufsicht. Die Deregulierung hätte daher mit einer Reform der Einlagenversicherung verbunden werden müssen[3].

---

1) Siehe auch Kareken / Wallace (1978).

2) Hinzu tritt noch der Effekt, daß die Savings and Loan Associations aufgrund der Regulation Q mengenbeschränkt waren, ihre Bilanzsumme also nicht beliebig ausdehnen konnten. Vgl. die Implikationen für das Portefeuillemodell bei DiCagno (1990) S. 51-71.

3) Durch den Garn-StGermain Act waren sowohl die FSLIC als auch die FDIC angewiesen worden, entsprechende Pläne vorzulegen. In dem 1983 veröffentlichten Bericht (Siehe Flannery / Protopapadakis (1984)), wurden dann von beiden Versicherern in geringem

(Fortsetzung...)

Das wesentliche Problem war aber, daß die Deregulierung zusätzlich noch mit einer Verminderung der impliziten Prämie durch die Capital Forbearance verbunden war. Diese ermöglichte es den überschuldeten Sparkassen, ihre Geschäfte auf Risiko des Einlagenversicherers fortzuführen. Die gut kapitalisierten Institute hatten auch bei einer fixen Prämie den Anreiz, das Insolvenzrisiko zu kontrollieren. Dieser Anreiz zur Risikobegrenzung fiel hingegen für die negativ kapitalisierten Institute weg. Für diese Unternehmen stellte die Option das einzige Vermögen überhaupt dar. Hier war der Staat über seine Einlagengarantie implizit der einzige Eigenkapitalgeber. Die Expansion der Savings and Loan Associations zwischen 1983 und 1985 war die logische Folge dieser Anreize. Die Savings and Loan Associations konnten dadurch ihre Verluste auf die niedrigverzinslichen Hypotheken ausgleichen und zugleich auch den Wert der FSLIC-Garantie mangels anderer Ertragsquellen maximieren. Bei einem Teil der Sparkassen war diese Strategie jedoch ein reines Glücksspiel, da die Wahrscheinlichkeit einer Erholung in vielen Fällen sehr gering war[1]. Die insolventen Unternehmen hatten jedoch allen Anreiz, die Standardabweichung ihres Portefeuilles zu steigern, in der Hoffnung, bis zum nächsten Bilanzstichtag doch noch ein positives Eigenkapital aufzuweisen[2].

Um gegen die Insolvenzen vorzugehen, setzte das FHLBB seit 1985 wiederum auf eine Ausweitung der impliziten Prämie und begab sich auf einen Re-Regulierungskurs. Hierzu zählt die Beschränkung der Direct Investments seit 1985 und der 1987 durch den CEBA eingeführte QTL-Test, der wiederum ein Mindestmaß für den Anteil der Realkredite an den Sparkassenportfeuilles festlegte. Diese Maßnahmen hätten den Moral Hazard begrenzen können, wenn man zugleich die Eigenkapitalrichtlinien verschärft und die insolventen Unternehmen geschlossen hätte.

Bei einer großen Zahl von schwach oder negativ kapitalisierten Instituten kommt den Sanktionsmechanismen eine entscheidende Bedeutung zu. Der Versicherer kann den Eintritt der ökonomischen Insolvenz nicht direkt beobachten.

---

3) (...Fortsetzung)
   Umfang risikoabhängige Prämien gefordert. Ein Schritt in die richtige Richtung, der jedoch in den folgenden Jahren politisch nicht umgesetzt werden konnte. Vgl. auch Short / O'Driscoll (1983), Keeton (1984) und Kane (1985).

1) Scott (1990) beschreibt die unterschiedliche Entwicklung innerhalb des Sparkassensektors zutreffend als ein durch die Capital Forbearance erzeugtes Zufallsergebnis und setzt damit direkt bei den Ende 1982 bestehenden Problemen an. Danach hatten die Savings and Loan Associations die Wahl, "passiv" auf eine Zinssenkung zu hoffen oder "aktiv" zu versuchen, mit frischen Mitteln aggressiv in neue Bereiche mit maximaler Rendite bei entsprechenden Risiken zu expandieren.

2) Horvitz / Pettit (1980) warnten bereits zu Beginn der Capital Forbearance davor, daß die Risiken und die Erträge bei zu langer Dauer der Eigenkapitalerleichterungen ungleich verteilt sein würden.

Daraus folgt, daß rechtliche Sanktionsmöglichkeiten zur Verfügung stehen müssen, die bei schwach kapitalisierten Versicherten bereits im Vorfeld einer vermuteten Insolvenz greifen können[1]. Die risikobegrenzende Wirkung einer Eigenkapitalregulierung ist für den Versicherer umso größer, je weniger immaterielle Aktiva dabei berücksichtigt werden, die bei einer Insolvenz ebenfalls an die FSLIC fallen würden und die somit den Eigentümern verloren gingen[2].

Unternehmen, die in Portefeuilles mit geringem Risiko bzw. Ertrag investiert haben und / oder Unternehmen mit geringerem Verschuldungsgrad, sind in einem solchen System benachteiligt. Solche Unternehmen werden jedoch durch eine Einheitsprämie ebenfalls zu riskanteren Portefeuillestrategien veranlaßt, da auch ihnen die Erträge aus zusätzlichen Risiken umsonst zufallen. Dieser Anreiz wird verstärkt, wenn man die Annahme eines einheitlichen Zinssatzes fallen läßt und unterschiedliche Soll- und Habenzinsen in Betracht zieht. Dann ist es denkbar, daß die Risikosubvention des Versicherers in Form höherer Soll- und niedrigerer Habenzinsen an die Kunden im Einlagen- und Kreditgeschäft weitergeben wird. Hierdurch sinken auch die Margen der weniger riskant geführten Wettbewerber und deren Insolvenzrisiko erhöht sich[3]. *Kane* (1987) bezeichnete daher die insolventen Savings and Loan Associations als Zombies[4].

Ein weiteres Beispiel für Moral Hazard sind die Brokered Deposits: Hier ging Moral Hazard auch von den Sparkassen-Einlegern aus, die ihre Gelder zu maximalen Zinssätzen bei beliebigen Sparkassen anlegten, obwohl sie genau wußten, daß diese eigentlich überschuldet waren. Jedoch auch hier war der Mißbrauch der Brokered Deposits durch insolvente Savings and Loan Associations lediglich die Folge, nicht aber die Ursache der Insolvenz.

Erhebt der Versicherer eine Einheitsprämie, so resultiert für den Versicherer auch die Gefahr der aversen Selektion von Eigentümern mit hoher Risikopräferenz. Eine Sparkassenkonzession wird auf diese Weise zu einer

---

1) Siehe den Beitrag von Flannery (1989) und den Reformvorschlag von Benston / Kaufman (1988). Hier wird eine Verbesserung der Bilanzierungsrichtlinien gefordert, verbunden mit einem stufenweisen Interventionsplan, sobald das Eigenkapital einer Bank unter bestimmte Mindestwerte sinkt.

2) Merton (1978) S. 448 und S. 449

3) Siehe Kane (1987), Brumbaugh (1988). Mögliche Einflüsse auf den Realzins untersuchen Shoven / Scott / Waldvogel (1992).

4) Siehe Kane (1987) S. 78: Zombie S&L's are institutional corpses capable of financial locomotion and various forms of malefic behaviour. Much as in George Romero Movies these undead entities wreck havoc in financial markets by feeding on the markets of the living, there by turning competitors into zombies, too. Zombie firms do this in two ways: (1) they lower industry profits margins by shifting the deposit insurance subsidy they receive (this implicit subsidy grows rapidly with the riskiness of their portefeuille and with the extent of their de facto insolvency) in higher deposit rates and lower loan rates. (2) They increase the annual deposit insurance premiums that surviving institutions must ultimately pay.

vergleichweise billigen Option auf die Wertänderung der Aktiva. Im Falle der Savings and Loan Associations handelte es sich um eine Option auf die Zinsentwicklung und auf die Immobilienpreise. Die Gewinne fielen den Inhabern der Savings and Loan Associations zu, das Verlustrisiko war auf den geringen Eigenkapitaleinsatz begrenzt[1]. Der Erwerb oder die Neugründung einer Savings and Loan Associations stellte unter der Capital Forbearance für Investoren mit hoher Risikopräferenz eine lukrative Investition dar.

Bisher wurde die FSLIC als öffentliche Körperschaft von unzweifelhafter Bonität betrachtet. Dies trifft jedoch nur bedingt zu, da die FSLIC als selbständiger Fonds gestaltet war und keine Regelung bestand, in welcher Weise die FSLIC auf das allgemeine Steueraufkommen zurückgreifen konnte. Der Staat stand also nicht zu jedem Zeitpunkt 100 % hinter den Verbindlichkeiten der FSLIC[2]. Aufgrund dieser Illiquidität war die FSLIC nicht in der Lage, überschuldete Unternehmen zu schließen. Selbst bei einer Überschuldung am Bilanzstichtag, mußten die Eigentümer nicht mit einer Schließung und dem Verlust der Aktiva rechnen. Es stellt sich also die Frage, wer überhaupt im Besitz der Option war, wenn die FSLIC aus politischem Kalkül insolvente Savings and Loan Associations nicht schließen konnte. Für die Einleger und die Eigenkapitalgeber war nicht das Inolvenzrisiko maßgeblich, sondern allein die Wahrscheinlichkeit, mit der die Aufsichtsbehörden ein insolventes Unternehmen schließen würden[3]. Durch eine Verzögerung erhöhte sich der Wert der Option für die Eigentümer insolventer Savings and Loan Associations. Umgekehrt stieg der Wert der Verbindlichkeiten der FSLIC. Risikostrategien insolventer Savings and Loan Associations wurden hierdurch begünstigt, da ihnen mehr Zeit blieb, ihre Portefeuilles zu verändern und Buchgewinne zu transferieren.

Die Einleger mußten ebenfalls seit Mitte der 80er Jahre eine Illiquidität des Fonds in Betracht ziehen. Sie verlangten daher von den Sparkassen auch für ihre versicherten Einlagen einen Bonitätszuschlag. Das Texas-Premium war eine Risikoprämie für die FSLIC und nicht für die insolvente Bank. Das Texas Premium resultierte also auch aus der vermuteten Zahlungsunfähigkeit der FSLIC zwischen 1985 und 1989. Hierdurch kam es zu zusätzlichen Verluste

---

1) Vgl. Brumbaugh / Carron (1987) S. 364.

2) Verwiesen sei auf die wiederholten "full faith and credit" Erklärungen des Kongresses mit denen sich der Gesetzgeber hinter die Verbindlichkeiten der FSLIC stellen mußte, obwohl er nicht bereit war die Verpflichtungen haushaltsmäßig anzuerkennen. Obwohl de jure durchaus eine Möglichkeit, drohte jedoch in der Realität zu keinem Zeitpunkt die ernsthafte Gefahr eines Konkurses der FSLIC. Dies hätte dem Stabilitätsziel der Einlagenversicherung widersprochen und stellte für die Regierung zu keinem Zeitpunkt eine realistische Handlungsalternative dar.

3) Vgl. Scott (1987) S. 95 und Barth / Brumbaugh / Sauerhaft / Wang (1989).

der insolventen Savings and Loan Associations, die in vielen Fällen den Wert der FSLIC-Verbindlichkeiten erhöhten.

Bezüglich seiner Annahmen erweist sich das *Merton*-Modell als problematisch, da sich die betrachteten Akteure nicht auf einem vollkommenen Kapitalmarkt bewegen[1]. Es wird von der Optionspreistheorie ein Gleichgewicht in der Form angenommen, als daß sich der Gegenwartswert der Zinsersparnis der versicherten Banken und der riskobehaftete Gegenwartswert der Verbindlichkeiten des Einlagenversicherers genau entsprechen. Unter diesen Bedingungen ist es schwer, die Existenz von Banken zu modellieren, die ja gerade von den zahlreichen Marktunvollkommenheiten profitieren. Einen Wert hat die Einlagenversicherung nur bei asymmetrischer Information bzw. bei positiven Überwachungskosten. Generell wird es nur annäherungsweise möglich sein, den Marktwert und die Varianz von Bankaktiva zu beobachten. In Bezug auf die Einlagenversicherung als ganzes stellt sich hier auch die Frage, ob der Staat seine Garantie insgesamt zu billig oder zu teuer abgibt die Sparkassen und die Geschäftsbanken also subventioniert oder besteuert werden. Angesichts der besonderen Natur der Bankaktiva ist es kaum verwunderlich, daß empirische Untersuchungen über die FSLIC und die FDIC hier zu keinem einheitlichen Ergebnis kamen[2].

Der Optionsansatz eröffnet somit die Facetten des Garantie-Problems. Unter Einschränkungen erlaubt er eine Quantifizierung der Wertschwankungen der FSLIC-Verbindlichkeiten bzw. der fairen Nettoprämie. Der Optionsansatz zeigt, daß vor allem schwach und negativ kapitalisierte Unternehmen einen Anreiz haben, ihre Risikenposition bei konstanter Versicherungsprämie auszudehnen. Im folgenden wird nun der Moral Hazard in Bezug auf das Portefeuillerisiko diskutiert, über dessen endogene Bestimmung der Optionsansatz keine direkten Aussagen macht.

2.3 Portefeuilletheoretische Überlegungen

Mit Hilfe der Portefeuilletheorie kann gezeigt werden, durch welche Mechanismen eine Einlagenversicherung die Banken zu höheren Risiken veranlaßt. Bei der Optionspreistheorie wird angenommen, daß die Eigentümer der Unternehmung den Marktwert ihrer Unternehmung durch eine Ausweitung von Aktivrisiko und Verschuldungsgrad maximieren. Die Portefeuilletheorie geht nun davon aus, daß die Unternehmen eine Nutzenfunktion in Bezug auf den

---

1) Es wird an dieser Stelle lediglich auf die wichtigsten nicht-technischen Probleme eingegangen. Zu weiteren Einwendungen siehe Merton (1978) und Flood (1989) S. 31 ff..

2) Siehe Markus / Shaked (1984), Miles / Kim (1988), Flannery (1989) und den Überblick über weitere Untersuchungen bei Flood (1989).

Mittelwert und die Standardabweichung des Portefeuilles des Eigenkapitals maximieren.

Um die Logik der Portefeuilletheorie auf den Bankensektor zu übertragen, müssen bezüglich der Funktionsweise des Bankensektors einige Annahmen getroffen werden. Vor allem stellt sich die Frage, warum die Banken eine positive Zinsspanne erzielen. *Fama* (1980) zeichnete das Bild eines Bankensektors, dessen Aufgaben sich allein auf die Abwicklung von Vermögenstransaktionen und auf die Wahrnehmung von Portefeuillemanagement beschränken. Banken handeln als der verlängerte Arm der Haushalte auf den Finanzmärkten. Dies steht im Gegensatz zu den bisher beschriebenen Informationsproblemen, die zur Folge haben, daß die Bank in spezifische Aktiva investiert, die anderen Investoren nicht zur Verfügung stehen. Zugleich finanziert sich die Bank im wesentlichen über Depositen und verfügt über ein geringes eigenes Vermögen. Die Depositen stellen dabei keine Forderungen gegen die Aktiva der Bank dar, wie dies etwa bei einem Investmentfonds der Fall ist, sondern es sind Forderungen gegen die Bank selbst. Bei der hier gewählten mikroökonomischen Perspektive sei angenommen, daß die Bank aufgrund der Asymmetrien und der Skalenökonomien in der Lage ist, Depositen und Kredite zu Preisen zu verkaufen, die es ihr ermöglichen, Portefeuilles mit positivem Erwartungswert zu konstruieren. Dabei sei es der Bank möglich, ihr Insolvenzrisiko soweit zu reduzieren, daß die Kapitalstruktur zunächst für die Fremdkapitalgeber keine Rolle spielt. Das Eigenkapital kann gleich Null gesetzt werden. Unter dieser Voraussetzung übertrugen *Hart / Jaffee* (1974) den Portefeuilleansatz auf den Bankensektor[1].

Diagramm 7 zeigt den Risiko / Ertrags Trade Off für die Bank. Die Effizienzlinie (R) ergibt sich aus den exogen gegebenen Risiko- und Ertragseigenschaften aller Aktiva und Passsiva, die durch den erwarteten Ertrag und die Standardabweichung gekennzeichnet sind. Die Summe aller Aktiva und Passiva im Portefeuille der Bank ist zum Ausgangszeitpunkt t_0 gleich Null. Die Bank verfügt also über kein eigenes Vermögen. Es werden, gemäß obigen Überlegungen, nur Portefeuilles von Aktiva und Passiva betrachtet, deren Erwartungswert positiv ist. Für die erwartete Gewinnspanne (E) zum Zeitpunkt t_1 gelte daher $r_a > r_p$[2]. Für die Standardabweichung (S) der Portefeuilles gelte, daß sie für alle Kombinationen von Aktiva und Passiva positiv sei. Es existiert somit kein riskofreies Portefeuille mit einem positiven Ertrag. Der tatsächliche Wert der Aktiva und Passiva am Ende der Periode t_0 bis t_1 ist die Zufallsvariable. Die Bank wählt dabei nur effiziente Portefeuilles entlang von R.

---

1) Vgl. auch DiCagno (1990) S. 13-28.
2) Sollzins > Habenzins

100

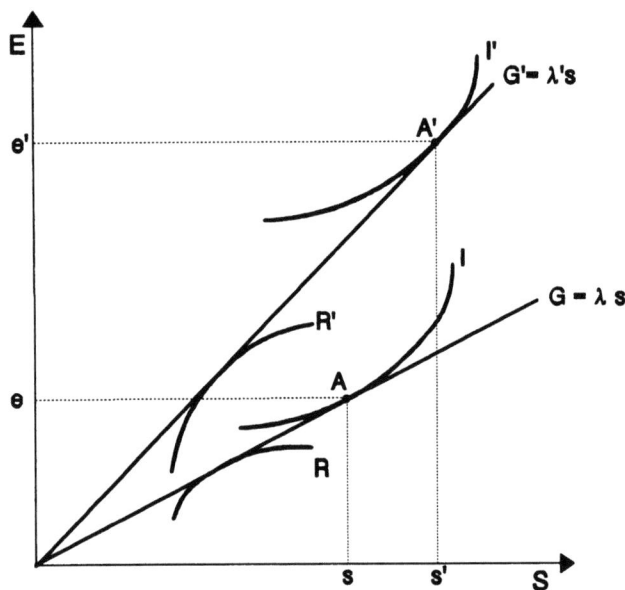

Diagramm 7: Einlagenversicherung im Portefeuillemodell

Auch hier gilt das Separationstheorem: Die Bank wählt das Portefeuille mit dem maximalen Verhältnis von Ertrag zu Risiko $\lambda = E/\sigma$ in Abhängigkeit von den exogenen Eigenschaften der Aktiva und Passiva. Jedoch sind nicht alle Kombinationen entlang R relevant, da sich das Portfeuille mit dem maximalen Durchschnitt von E/σ beliebig durch eine Ausweitung der Portfeuillebestände reproduzieren läßt. Die Effizienzlinie ist daher die Ursprungsgerade G mit der mit der Steigung λ, die R im Punkt A tangiert. Dann wählt die Bank in einem zweiten Schritt das gewünschte Risiko / Ertrags Niveau ihres Vermögens zum Zeitpunkt t_1 entlang der Ursprungsgeraden G. Die Punkte entlang G entsprechend jeweils einem Vielfachen der Portfeuilles von R. In Abwesenheit einer Regulierung und bei Irrelevanz der Kapitalstruktur kann die Bank jedes beliebige Portefeuille entlang von G wählen. Die Risikopräferenz des Managements ist durch die Indifferenzkurven I/I' wiedergegeben[1]. Management und Einleger der Bank handeln in diesem Modell risikoavers und gehen höhere Risiken aus einer gestiegenen Verschuldung nur gegen eine entprechende Kompensation ein. Entsprechend diesen Präferenzen wählt die Bank das Portefeuille A auf der Geraden G in Diagramm 7.

---

1) Es sei angenommen, daß die Risikopräferenzen durch konstante und abnehmende absolute Risikoaversion gekennzeichnet ist. Siehe Hart / Jaffee (1974) S. 139 f..

Wie wirkt nun, komparativ-statisch betrachtet, die Einführung einer Einlagenversicherung ohne risikoabhängige Prämie auf das Portefeuillegleichgewicht? Durch die Versicherung werden die Passiva der Bank in risikofreie Investitionen umgewandelt. Hier bezahlt die Bank nur den risikofreien Zinssatz $r_f < r_p$. Auf diese Weise ändern sich die exogenen Risiko / Ertragseigenschaften des optimalen Portefeuilles für die Bank. Der zusätzliche Ertrag für die Bank aus zusätzlichen Risiken steigt, weil die Gläubiger nun nicht mehr für zusätzliche Risiken kompensiert werden müssen. R verschiebt sich nach R' und der Quotient λ erhöht sich auf λ'. Die Möglichkeitenkurve G dreht sich daraufhin nach G'. Bei unveränderten Risikoeigenschaften der Aktiva und Passiva und unveränderter Risikopräferenz wählt das Mangement nunmehr den Punkt A' auf der Geraden G'. Das fehlende Preissignal bzw. die fehlende Marktdisziplin veranlaßt die Bank, höhere Risiken einzugehen[1].

Nur wenn der Einlagenversicherer seine Prämie entsprechend dem Portefeuillerisiko der Bank variiert, also selbst die Differenz G'-G als risikoabhängige Prämie verlangt, besteht seitens der Bank kein Anreiz zur Ausweitung des Risikos. In diesem Fall würde die Bank freiwillig keine Versicherung abschließen. Dieses Portefeuillemodell zeigt, daß es bei konstanter oder nicht vorhandener Versicherungsprämie auch für eine risikoaverse Bank rational ist, ihre Verschuldung auszudehnen. Über die Zusammensetzung der Aktiva können indes keine Aussagen gemacht werden. Denkbar ist, daß dieser Effekt allein auf der Kostensenkung bei den Depositen beruht. Möglich wäre auch, daß die Bank riskantere Aktiva als zuvor wählt, da hier der zusätzliche Ertrag in Relation zur Zinsersparnis bei den Einlagen am größten ist. Das Ausmaß dieses Effektes wäre vor allem davon abhängig, inwieweit die Einleger zuvor in der Lage waren, die Risiken der Bankaktiva zu erkennen.

Die empirische Evidenz dieses Phänomens bei der Sparkassenkrise ist umstritten. Tatsächlich unterschieden sich die Portefeuilles der insolventen Savings and Loan Associations markant von denen der solventen, wie sich in Tabelle 6 ablesen läßt. Insolvente Savings and Loan Associations hielten weniger Hypothekarkredite und mehr Direktinvestitionen. Zudem waren die Kreditausfälle bei überschuldeten Unternehmen bedeutend höher. Es stellt sich jedoch die Frage, ob diese Diskrepanzen in der Portefeuillestruktur Ursache oder Folge der Insolvenz waren[2].

Barth et. al. (1985) verglichen die Bilanzkennziffern von 318 durch die FSLIC abgewickelten Unternehmen mit denen von 588 solventen Unternehmen zwischen Ende 1981 und Ende 1983. Mittels logistischer Regression wurde der

---

1) Vgl. die ähnliche Darstellung bei Short / O'Driscoll (1983) S. 13 f. Short / O'Driscoll untersuchen, wie sich die Einlagenversicherung auf das Verhältnis von riskanten und risikofreien Aktiva im Bankportefeuille auswirkt und kommen zu dem selben Ergebnis.

2) Vgl. Barth / Bradley (1989).

Tabelle 6: Bilanzstruktur von solventen und insolventen FSLIC-versicherten Savings and Loan Associations

	1982	1983	1984	1985	1986	1987	1988
Herkömmliches Realkreditgeschäft							
Solvent	69,3	64,6	62,2	61,6	57,1	56,2	56,1
Insolvent	59,4	56,6	56,6	55,7	53,7	45,9	44,2
Direktinvestitionen							
Solvent	1,2	1,5	2,3	2,7	2,4	2,2	2,3
Insolvent	1,2	1,1	1,7	2,9	4,1	4,4	4,3
Sicherheitsübereignungen							
Solvent	0,4	0,5	0,5	0,7	0,9	0,9	0,9
Insolvent	0,5	0,6	0,9	2,1	4,7	7,8	8,7

Aktiva jeweils in Prozent der aggregierten Bilanzsumme aller solventen bzw. aller insolventen Savings and Loan Associations am Jahresende; Quelle: Barth /Bradley (1989) Tab. 4&5 S. 246 f.

Einfluß der Bilanzkennziffern auf die Insolvenzwahrscheinlichkeit und die Insolvenzkosten untersucht. Die Autoren ermittelten dabei einen signifikanten Einfluß der Direktinvestitionen, besonders der Service Corporations, sowohl auf die Insolvenzwahrscheinlichkeit als auch auf die Abwicklungskosten. Im Gegensatz zu *Barth* et. al. (1985) fand *Benston* (1986) keine Anhaltspunkte dafür, daß die Verwendung der Aktiva einen Einfluß auf die Insolvenzwahrscheinlichkeit oder die Insolvenzkosten hatte. Er untersuchte 178 Insolvenzen zwischen Anfang 1981 und August 1985 und verglich deren Bilanzkennziffern mit denen von 712 solventen Savings and Loan Associations. In Bezug auf die umstrittenen Direct Investments stellte *Benston* fest, daß diese positive Erträge zeigten und zudem negativ mit den übrigen Einnahmen der Savings and Loan Associations korreliert waren[1].

Diese Untersuchungen sind mit Schwächen behaftet, da sie nicht direkt die Standardabweichung und die Erträge der Portefeuilles messen, sondern eine eher willkürliche Auswahl an Kennziffern der externen Rechnungslegung zugrundelegen. Sie geben insofern kaum Anhaltspunkte, um das für oder wider der De- bzw. Re-Regulierungspolitik zu erörtern. Alle Studien unterliegen einem Bias bei der Auswahl der Beobachtungswerte, da nicht alle insolventen Unternehmen untersucht wurden, die von der FSLIC auch tatsächlich abgewickelt wurden. Die Ergebnisse reflektieren daher die Reaktionen der FSLIC auf

---

1) Einige weitere Studien verwendeten die Varianz der Aktienkurse der Savings and Loan Associations als Maß für das Portefeuillerisiko. Hierbei ist die Zahl der Savings and Loan Associations zwangsläufig eingeschränkt, da nur ein Teil der Aktienbanken regelmäßig gehandelt wird. Die Studien fanden ebenfalls, daß eine verstärkte Diversifizierung mit Direct Investment das Portefeuillerisiko minderten. Siehe Brewer (1989) S. 13 f.

bestimmte Bilanzkennziffern und nicht die tatsächlichen Insolvenzursachen[1]. Das zugrunde liegende Problem dieses Bias besteht in der Tatsache, daß sich der Zeitpunkt der ökonomischen Insolvenz, des negativen Marktwertes des Eigenkapitals, nicht bestimmen läßt. Es ist davon auszugehen, daß alle Sparkassen eine längere Zeit überschuldet waren, bevor sie ein negatives bilanzielles Eigenkapital ausgewiesen haben.

Einen Teil dieser Probleme vermieden *Barth* et. al. (1990) indem sie zunächst einmal alle 808 Insolvenzen zwischen 1980 und 1988 in ihre Untersuchung einbezogen und damit die bisher umfassendste Studie zu diesem Thema vorlegten. Sie teilten den Untersuchungszeitraum in drei Teilperioden auf, um damit die Strukturbrüche zu berücksichtigen, die durch den Rückgang des Zinsniveaus 1983 und den Anstieg des Kreditrisikos nach 1985 verursacht wurden. Die Diversifizierungsstragien der insolventen Savings and Loan Associations unterschieden sich nach 1982 zunehmend von denen der solventen Savings and Loan Associations. Die Kreditrisiken waren bei insolventen Savings and Loan Associations signifikant höher als bei solventen Savings and Loan Associations. Die Diversifizierungstrategie der insolventen Savings and Loan Associations führte während der 80er Jahre zu riskanteren Kreditportefeuilles und höheren Verlusten.

Nun kann auch das Zusammenwirken von Portefeuilleregulierung und Einlagenversicherung auf die Risikoposition der Bank und ein mögliches Moral Hazard Verhalten betrachtet werden. In diesem Fall ersetzt der Einlagenversicherer die fehlende explizite risikoabhängige Prämie durch eine implizite Prämie in Form einer ertragsmindernden Portefeuilleregulierung. Der Einlagenversicherer könnte versuchen, das Risiko der Bank durch eine Portefeuilleregulierung zu mindern, die es verbietet, Aktiva mit hohem Ertrag und Standardabweichung zu halten. Dies erscheint sinnvoll, da hier die Zinsersparnis der Bank aus der Versicherung relativ am höchsten ist. Ein solcher Fall ist in Diagramm 8 dargestellt[2]. Durch die Regulierung verschiebt sich die Effizienzlinie nach rechts unten von R nach R' und G dreht entsprechend nach G'. Hierdurch läßt sich der in Diagramm 7 beschriebene Effekt teilweise rückgängig machen, jedoch um den Preis eines Effizienzverlustes durch die Portefeuilleregulierung. R' wird in den meisten Fällen vollständig innerhalb von R liegen, und das Verhältnis von Risiko und Ertrag λ verschlechtert sich. Die Banken halten nunmehr Portefeuilles mit geringerem Ertrag bei relativ höherer Standardabweichung. Die größere Varianz erhöht für den Einlagenversicherer wiederum die Wahr-

---

1) Barth et. al. (1989) stellten u. a. fest, daß auch die finanziellen Reserven der FSLIC einen signifikanten Einfluß auf die Wahrscheinlichkeit hatten, daß eine Sparkasse geschlossen werden würde.

2) Vgl. Blair / Heggestad (1978).

104

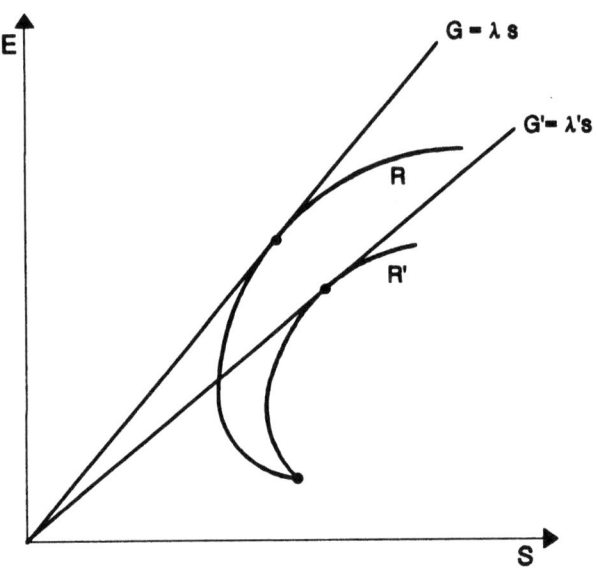

Diagramm 8:   Wirkung einer Portefeuilleregulierung

scheinlichkeit, daß die Bank insolvent werden könnte[1]. Bei dieser Regulierung besteht also ein Zielkonflikt zwischen den Bedürfnissen des Versicherers, den Moral Hazard Anreizen zu begegnen und den Effizienzverlusten, die sich aus der Regulierung ergeben.

Koehn / Santomero (1980) berücksichtigten in ihrem Modell die Kapitalstruktur der Bank und untersuchten die Auswirkungen einer Eigenkapitalregulierung auf das Portefeuillerisiko. Es ergibt sich der in Diagramm 9 dargestellte Zusammenhang[2]. Hierbei repräsentiert R nun die Risiko / Ertragseigenschaften der Portefeuilles in Bezug auf die eingesetzte Einheit Eigenkapital. Bewegungen entlang R entsprechen einer Änderung der Aktivportefeuilles, während eine Bewegung entlang G einer Änderung des Verschuldungsgrades entspricht. Der erwarteter Ertrag und die Standardabweichung beziehen sich nunmehr auf die Rendite des Eigenkapitals. Entscheidend ist die Annahme, daß die Einleger die Verzinsung ihrer Mittel nicht vom Verschuldungsgrad abhängig machen und nur einen risikofreien Zinssatz r_f verlangen, wie bspw. unter einer Einlagenver-

---

1)   Gemäß Roy's "Safety Fist"-Kriterium. In diesem Beispiel ist das Eigenkapital null und es reicht aus, daß der tatsächliche Ertrag negativ wird. Siehe Blair / Heggestad (1978).

2)   Siehe Keeley / Furlong (1990) und Koehn / Santomero (1980).

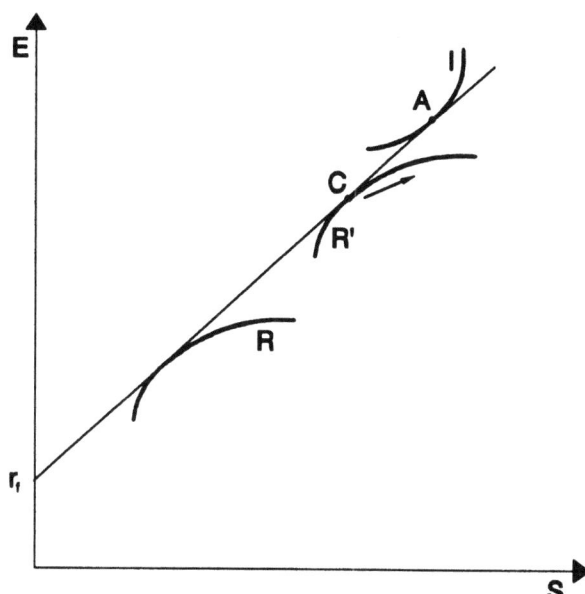

Diagramm 9: Wirkung einer Eigenkapitalregulierung

sicherung. Auf diese Weise ergibt sich ein linearer Zusammenhang zwischen Verschuldungsgrad und Ertrag, da das Fremdkapital durch die Einlagenversicherung abgesichert ist und die Differenz (r_a - r_f) bei steigendem Verschuldungsgrad konstant bleibt. Im Gegensatz zu dem Ergebnis in Kap. II.2.2 kamen *Koehn / Santomero* zu der Schlußfolgerung, daß das Unternehmen unter einer Einlagenversicherung seinen Verschuldungsgrad nicht maximiert, sondern sich wiederum ein Gleichgewicht in Abhängigkeit von den Präferenzen der Bank ergibt. Bei einer Eigenkapitalregulierung, die den Verschuldungsgrad auf eine feste Quote beschränkt (Punkt C in Diagramm 9) besteht ohne begleitende Portefeuilleregulierung die Gefahr, daß die Banken riskantere Aktivportefeuilles (Bewegung entlang von R') wählen[1], um die reduzierte Eigenkapitalrendite zu kompensieren.

Dieses Ergebnis steht jedoch im Widerspruch zu den Implikationen des Optionsansatzes, nach dem das Eigenkapital einen wesentlichen Schutzfaktor für den Einlagenversicherer gegen Verluste und gegen Moral Hazard seitens der Versicherten bedeutet. Es stellt sich die Frage, ob eine Eigenkapitalregulierung aus Sicht des Einlagenversicherers überhaupt kontraproduktiv wirken kann. Das Problem des Portefeuilleansatzes ist, daß das tatsächliche Insolvenzrisiko nicht

---

1)   Siehe Koehn / Santomero (1980).

berücksichtigt wird. Im Portefeuilleansatz wird lediglich die Standardabweichung als Risikomaß verwendet, jedoch kein Unterschied zwischen Zuständen gemacht, in denen die Bank insolvent ist und solchen in denen dieses nicht der Fall ist. Die Kapitalstruktur ist irrelevant, da die Fremdkapitalgeber keine Bankrottkosten haben. Der Optionsansatz berücksichtigt hingegen den tatsächlichen Eintritt der Insolvenz und die Bedeutung der Kapitalstruktur[1]. Die Ansprüche der Einleger vermindern sich bei einer Insolvenz um die Differenz A-D (siehe Diagramm 5 im vorherigen Abschnitt). Die Einleger wollen ohne Einlagenversicherung für dieses Kapitalstrukturrisiko kompensiert werden.

Keeley / Furlong (1990) zeigten, daß die Linearität in Diagramm 9 auch für versicherte Einlagen nicht zutrifft, wenn man den Optionswert der Einlagenversicherung in Abhängigkeit vom Verschuldungsgrad berücksichtigt. Die Insolvenzwahrscheinlichkeit vergrößert sich durch den steigenden Verschuldungsgrad. Dadurch vergrößert sich auch der Wert, der in Kapitel II.2.2 beschriebenen Option für die Bank, sofern der Versicherer keine risikoabhängige Prämie in Relation zum Verschuldungsgrad verlangt. Für den Fall eines nicht vorhandenen Eigenkapitals geht der Wert der Option bezogen auf das Eigenkapital gegen unendlich[2]. Für die versicherte Bank ist der Zusammenhang zwischen Leverage und Ertrag also nicht wie in Diagramm 9 linear, sondern er erhöht sich bei steigendem Verschuldungsgrad überproportional durch den zunehmenden Wert der Option. Durch diesen ist die Bank kostenlos gegen die Insolvenz abgesichert. Es besteht also der Anreiz, den Verschuldungsgrad auszuweiten. Unter Berücksichtigung dieses Optionswertes stellt eine Eigenkapitalregulierung, wie auch eine Portefeuilleregulierung aus Sicht des Einlagenversicherers eine wirksame Begrenzung des Risikos dar[3].

3. Reform der Einlagenversicherung - der Brady-Plan von 1991

Die bisherige Analyse in diesem Abschnitt hat gezeigt, daß die Einlagenversicherung FSLIC einen erheblichen Einfluß auf das Ausmaß der Sparkassenkrise hatte. Eine Einlagenversicherung stellt zwar ein Instrument zur Verhinderung von systemweiten Schalterstürmen dar, bringt selbst aber Moral Hazard hervor. Ursache des Moral Hazards ist die asymmetrische Information aller Vertragsparteien im Bankgewerbe. Der Moral Hazard macht eine Bankenregulierung und -aufsicht zum Schutze des Einlagenversicheres zwingend erforderlich.

---

1) Vgl. Buser / Chen / Kane (1981).

2) Siehe Keeley / Furlong (1989) und Keeley / Furlong (1990).

3) Keeley / Furlong (1990).

Für den Einlagenversicherer ist die Eigenkapitalregulierung von zentraler Bedeutung um den Moral Hazard zu begrenzen. Dies setzt voraus, daß der Einlagenversicherer in der Lage ist, den tatsächlichen Marktwert des Eigenkapitals der versicherten Banken zu bestimmen. Da dieses Problem nur annäherungsweise zu lösen ist, benötigt der Einlagenversicherer Sanktionsmechanismen, die bereits weit vor dem Eintritt der buchmäßigen Überschuldung greifen. Hierbei handelt es sich vor allem um ein rechtliches Problem, bei dem die Erfordernisse des Einlagenversicherers mit den Ansprüchen der Eigentümer einer Bank kollidieren.

Risikoabhängige Prämien können zur Verbesserung der Marktdisziplin herangezogen werden, sollten aber nicht überschätzt werden. Das Portefeuillerisiko ist ex ante für den Versicherer schwer abzuschätzen. Eine zu hohe oder eine falsch strukturierte Prämienstaffelung könnte die Banken, ähnlich wie bei einer falsch konzipierten Bankenregulierung, zu Ausweichmanövern oder riskanteren Aktivitäten veranlassen. Eine risikoabhängige Prämie stellt bei unvollständiger Information also allenfalls eine Ergänzung des Instrumentariums dar. Zur Verhinderung der Sparkassenkrise hätte eine risikoabhängige Prämie nichts beitragen können, da die Savings and Loan Associations bereits insolvent waren. Bei insolventen Unternehmen muß eine sofortige Übernahme durch den Versicherer erfolgen. Hier ist es eine Frage der Ziele, die mit einem Einlagenversicherungssystem verfolgt werden. Ein wettbewerblich gestaltetes System sollte Insolvenzen nicht verhindern, sondern einen Ausleseprozeß zulassen. Systemschutz darf nicht mit Institutsschutz gleichgesetzt werden.

Die FSLIC war kein solches System, sie war von Anfang an auf den Institutsschutz ausgerichtet. Die einheitliche Prämienstruktur und die Capital Forbearance dienten als Subventionsinstrumente. Diese impliziten Subventionen waren das Ergebnis einer politischen Entscheidung zugunsten der Savings and Loan Associations als Realkreditfinanzierer. Die FSLIC wies hier gravierende Fehler in der institutionellen Ausgestaltung auf, die es den Verantwortlichen ermöglichten, die impliziten Verbindlichkeiten der FSLIC nicht anzuerkennen. Diese Verzögerung war extrem kostspielig, da sie den Moral Hazard verstärkte und die Finanzierungskosten der Insolvenzabwicklung erhöhte.

Alle diese Probleme, die sowohl die FSLIC als auch die FDIC[1] betrafen, wurden vom amerikanischen Gesetzgeber bislang nicht adäquat gelöst. Der FIRREA beseitigte zwar die schwersten Symptome der Sparkassenkrise, adressierte aber nicht die grundlegenden Probleme der Einlagenversicherung. Im Februar 1991 legte das Finanzministerium den sog. Brady-Plan zur Reform der

---

1) Siehe Brumbaugh / Litan (1991).

Einlagenversicherung und des gesamten Finanzsystems vor, der zumindest zum Teil die Erkenntnisse aus der Sparkassenkrise berücksichtigte (Anhang I)[1].

Im Mittelpunkt des Brady-Plans steht das Konzept einer Financial Services Holding Company, die neben dem herkömmlichen Bank- und Sparkassengeschäft verschiedene selbständige Tochterunternehmen betreiben kann. Diese Tochterunternehmen dürfen jeweils eine der Sparten im Wertpapier-, Versicherungs- und Fondsgeschäft betreiben. Ziel ist es, den Einlagenversicherer vor bankfremden Aktivitäten zu schützen, indem das Einlagen- und Kreditgeschäft in eine separate Gesellschaft ausgegliedert wird. Es wird also mit Rücksicht auf den Einlagenversicherer eine Mischform zwischen Spezial- und Universalbankensystem angestrebt. Eine zweifelhafte Lösung im Hinblick auf die Risikomischung. Es erscheint arbiträr, warum ausgerechnet das Kreditgeschäft durch die FDIC garantiert werden soll und die anderen Bereiche nicht. Konsequenterweise müßte dann auch das Einlagengeschäft vom Kreditgeschäft vollkommen isoliert werden[2].

Die FDIC soll nach diesem Modell ihre Ressourcen in Zukunft allein auf die Abwicklung von Insolvenzen und den Unterhalt eines ausreichenden Fonds konzentrieren. Hierzu werden eine Reihe von Maßnahmen vorgeschlagen, in deren Mittelpunkt die Eigenkapitalregulierung steht. Bezüglich der Bemessungsgrundlage wird eine Annäherung an eine marktmäßige Bewertung des Eigenkapitals vorgeschlagen, bei der auch Zins- und Kreditrisiken bilanziert werden. Die Sanktionsmöglichkeiten der FDIC sollen sich an einem fünf-Stufen-Plan orientieren, bei dem die FDIC eingreifen kann, sobald das Eigenkapital unter 6% der Aktiva sinkt. Die frühen Sanktionen sollen es ermöglichen, die Insolvenzkosten für den Versicherer gering zu halten[3]. Eine Sanktionspflicht ist jedoch nicht vorgesehen. Den Banken werden auch weniger Rechtsmittel gegen die Maßnahmen der FDIC erlaubt. Die Ausweitung der Geschäfte im Sinne der obigen Holding ist nur erlaubt, wenn jeweils ein bestimmtes Mindesteigenkapital vorhanden ist. Auch die Versicherungsprämie wird in Zukunft an das Eigenkapital gebunden[4]. Zudem soll ein Teil des Versicherungsvolumens der FDIC auf dem privaten Markt rückversichert werden, um die Risikoeinschätzung zu verbessern[5]. Der Umfang der Einlagenversicherung wird auf 200.000 $ pro Einleger begrenzt und Geldmakler und Fonds werden vollkommen ausgeschlossen. Hierdurch wird der Umfang der FDIC-Verbindlichkeiten im Insolvenzfall gemindert und die Marktdisziplin durch die

---

1) Siehe Mishkin (1992) und Link / Hartung (1991).
2) Vgl. den Narrow Bank - Vorschlag von Litan (1987).
3) Vgl. hierzu den Vorschlag von Benston / Kaufman (1988).
4) Vgl. White (1989)
5) Vgl. den Ansatz von Meltzer (1967) und die Vorschläge in Wallison (1990).

Großeinleger wird verbessert. Dies macht jedoch ein kostspieliges Überwachungssystem erfordern, das bis dato nicht existiert.

Die Abschaffung des Interstate Banking Verbots wird ebenfalls gefordert, kann jedoch durch ein Bundesgesetz nicht erzwungen werden. Desweiteren wird eine weitere Straffung der Bankenaufsicht verlangt. Die bisherigen Behörden, Comptroller of the Currency und Office of Thrift Supervision, werden zu einer einheitlichen Federal Banking Agency zusammengefaßt, die zusammen mit dem Federal Reserve Board alle Banken und Sparkassen in den USA überwacht.

Das Maßnahmenpaket trägt deutlich die Spuren der Sparkassenkrise. Nach den Erfahrungen der Vergangenheit, wird seine Wirksamkeit jedoch wesentlich davon bestimmt, inwieweit es möglich ist, das Eigenkapital exakt zu berechnen und zu überwachen. Je mehr Sanktionen und Entscheidungen an dieses Kriterium gebunden sind, desto gravierender wirken sich die Fehler in der Messung aus. Zudem ist es an den politischen Willen gekoppelt, zunächst einmal die notwendigen Mittel bereitzustellen, um alle Banken und Sparkassen zu sanieren oder zu schließen, die diesen Anforderungen nicht gerecht werden. Hier besteht auch in Zukunft die Versuchung, aus politischer Opportunität explizite Haushaltsbelastungen zu vermeiden. Ist es bei der überwiegenden Zahl der Banken eine Kostenfrage, so besteht bei größeren Unternehmen auch weiterhin der Anreiz, sich unter der Too-Large-To-Fail-Doktrin über die restriktiven Bestimmungen für schwach kapitalisierte Banken hinwegzusetzen[1]. Diese Schwächen würden auch weiterhin dem Moral Hazard Verhalten im Bankenbereich Vorschub leisten. Wünschenswert zur Begrenzung des Moral Hazards und möglicher Prinzipal-Agent Probleme wäre eine stärkere Regelbindung der Aufsichtsbehörden und der FDIC[2].

Bisher gelang es nicht, den Reformansatz des Finanzministeriums in ein verbindliches Gesetz umzuwandeln. Der im Dezember 1991 verabschiedete Federal Insurance Corporation Insurance Act stellte wiederum lediglich einen Teil-Beitrag dar (Anhang I). Die FDIC erhält Finanzmittel in Höhe von 70 Mrd. $, um die insolventen Banken und Sparkassen abzuwickeln. Dies ist eine wesentliche Voraussetzung, um die gestiegenen Eigenkapitalanforderungen des FIRREA durchzusetzen. Desweiteren bekommt die FSLIC zusätzliche Kompetenzen, um gegen schwach kapitalisierte Unternehmen vorgehen zu können. Die Eigentümer und Manager der Banken und Sparkassen können in größerem Umfang als zuvor für den finanziellen Schaden von Manipulationen haftbar gemacht werden. Weiterhin ist die FDIC jedoch nicht gezwungen, insolvente oder schwach kapitalisierte Institute zu schließen. Dies impliziert letztlich ein Festhalten an der Too-Large-To-Fail-Doktrin. Jedoch darf die FDIC risiko-

---

1) Vgl. Mishkin (1992)
2) Siehe Benston / Kaufman (1988) und Kane (1989).

abhängige Prämien erheben. Die Prämien für BIF werden dabei von 0,23 auf 0,30 % angehoben, wobei gut kapitalisierten Instituten ein Rabatt von 10% gewährt wird. Alle weitergehenden Reformen scheiterten jedoch am Widerstand des Kongresses.

Abschnitt III:
Rentabilitätsvergleich zwischen Sparkassen und Geschäftsbanken auf Basis von Gesamtzinsspannen

In diesem Abschnitt sollen die Auswirkungen der Portefeuilleregulierung auf die Rentabilität des Sparkassensektors untersucht werden. Der im ersten Abschnitt geschilderte Verlauf der Sparkassenkrise hat bereits gezeigt, welchen Beitrag die erzwungene Fristentransformation als Auslöser der Krise leistete. Aber auch danach blieben Rentabilitätsprobleme ein dominierendes Problem innerhalb des Sparkassensektors. Dies zeigt sich in der wachsenden Zahl überschuldeter Unternehmen (Tabelle 3) und in der anhaltend schwachen Eigenkapitalbasis (Abbildung 4) des Sektors. Es stellt sich die Frage, ob es den Sparkassen überhaupt möglich war, unter der seit 1930 bestehenden Gesetzgebung rentabel zu arbeiten.

Die Hauptkonkurrenten der Sparkassen sind die Commercial Banks, die Geschäftsbanken, die zwar einer anderen Regulierung unterliegen, deren Geschäft sich aber in vielen Bereichen mit dem der Sparkassen überschneidet. Bereits in den 60er Jahren begannen die Geschäftsbanken ebenfalls private Hypotheken anzubieten, sowie im Zuge des Einlagenwettbewerbs auch Spareinlagen entgegenzunehmen. Die Sparkassen antworteten ihrerseits in den 70er Jahren mit den NOW-Konten und begannen, mit den Geschäftsbanken um Sichteinlagen zu konkurrieren. Ziel der Deregulierung war es, die Annäherung auf der gesetzlichen Ebene voranzutreiben und einheitliche Wettbewerbsbedingungen, ein Level Playing Field, für die Kreditinstitute zu schaffen.

Im folgenden wird untersucht, wie sich die beiden Akteure auf den Märkten durchsetzen konnten, und warum es vielen Sparkassen offenbar nicht gelang, von der Deregulierung zu profitieren. Letztendlich geht es hierbei auch um die Frage, welchen Einflüssen die Rentabilität der amerikanischen Spezialbanken unterlag, und in welchem Ausmaß ein gesetzlich verankertes Spezialbankensystem Verzerrungen verursachte.

1. Ziel und Methode der Untersuchung

1.1 Methodische Überlegungen zur Zinsspannenrechnung

Als Verfahren der Gesamtbetriebskalkulation bei Kreditinstituten erfaßt die Zinsspannenrechnung die Entstehung des Betriebserfolgs der Bank je Periode. Grundsätzlich umfaßt die in Diagramm 10 dargestellte Gesamtzinsspannenrech-

112

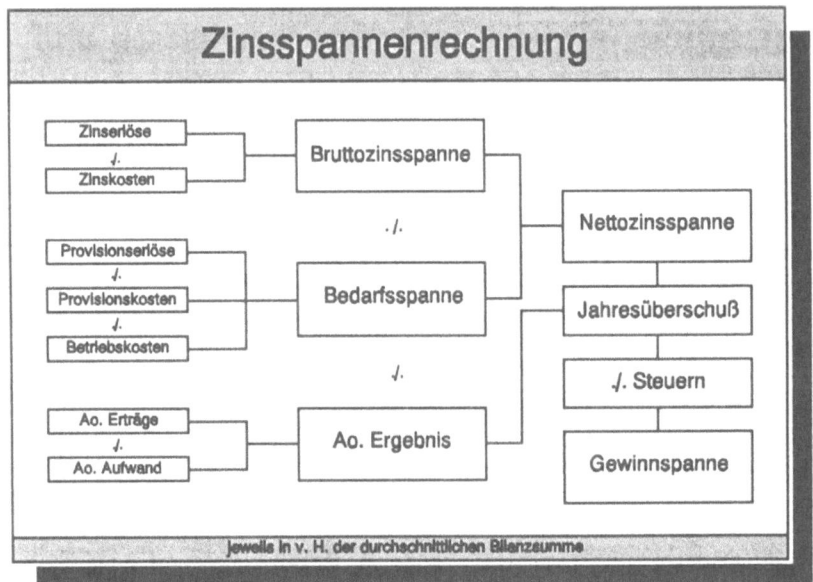

Diagramm 10: Schema der Zinsspannenrechnung

nung dabei eine ganze Reihe von Ertragsindikatoren, bei denen jeweils eine
Stromgröße aus der Gewinn- und Verlustrechnung auf eine Größe aus der
Beständebilanz bezogen wird. Zunächst werden dabei die Zinserlöse und die
Zinskosten[1] durch das durchschnittliche Bilanzvolumen der Periode dividiert.
Die Differenz ergibt die Bruttozinsspanne, den zinsabhängigen Ertragsanteil
einer Bank bzw. einer Bankengruppe. Die Bruttozinsspanne wird mit den
Betriebskosten und dem zinsunabhängigen Provisionsergebnis verrechnet, um
zur Nettozinsspanne zu gelangen. Betriebskosten und Provisionsergebnis
können dabei auch als Bedarfsspanne zusammengefaßt werden. Die Bedarfsspanne gibt den Umfang der Kosten an, der durch das Wertgeschäft der Bank
gedeckt werden muß. Die Nettozinsspanne entspricht dem Betriebsergebnis der
Bank. Bereinigt um den Saldo der außerordentlichen Erträge und Aufwendungen ergibt sich schließlich der Jahresüberschuß vor Steuern[2].

Aus betriebswirtschaftlicher Sicht wird diesem Verfahren im Rahmen der
Kostenrechnung ein geringer Informationsgehalt für dispositive Entscheidungen
beigemessen. Die verwendeten Spannen besitzen in ihrer aggregierten Form

---

1) Der Erlös entspricht dem Kostenbegriff im Sinne der Kosten- und Leistungsrechnung.
2) Zu den einzelnen Verfahren vgl. Hagemüller / Jakob (1988) S. 103 ff., Oesterlin (1979),
   Deutsche Bundesbank (1976).

wenig Aussagekraft, da zwischen den Strom- und Bestandsgrößen kein sachlogischer Zusammenhang besteht. Auf Basis dieser Kritik stößt das Verfahren der Gesamtzinsspannenrechnung in der betriebswirtschaftlichen Bankkalkulation überwiegend auf Ablehnung[1]. Die in dieser Untersuchung verwendeten aggregierten Gesamtzinsspannen für Gruppen von Kreditinstituten auf Basis externer Rechnungslegungsdaten lassen die genannte Kritik noch stärker in den Vordergrund treten. Hier werden die veröffentlichten Daten durch die bilanzpolitischen Maßnahmen der Banken beeinflußt und durch die Aggregation von zahlreichen Einzeldaten wird die Aussagefähigkeit in bezug auf einzelne Unternehmen zusätzlich vermindert, da sich Gewinne und Verluste kompensieren. Bei der hier angestrebten globalen Betrachtung von Zinsspannen ist das Erklärungsziel jedoch ein gänzlich anderes und entspricht nicht den in der Kostenrechnung verfolgten Zielen. Nicht die zahlreichen Zufällen unterliegende einzelwirtschaftliche Rentabilität der Kreditinstitute soll untersucht werden, sondern vielmehr der Einfluß von globalen für alle bzw. für bestimmte Gruppen von Banken geltenden Rahmenbedingungen auf die Rentabilität.

Der Informationsgehalt der Bruttozinsspanne läßt sich erhöhen, wenn man im Rahmen einer Zinsertragsbilanz die Zinskosten und -erlöse den entsprechenden Beständen an Aktiva und Passiva zurechnet; hier ergibt sich die gesamte Bruttozinsspanne als gewichtetes Mittel der einzelnen Zinsergebnisse. Bei dieser Methode können auch die Einflüsse von Änderungen der Mengenrelationen innerhalb der Beständebilanz erfaßt werden, und die Rentabilität einzelner Aktivitäten bestimmt und verglichen werden[2]. Die weiterführende Methode der Teilzinsspannenrechnung erlaubt eine Gegenüberstellung einzelner miteinander verbundener Investitions- und Refinanzierungstätigkeiten. Deren Zusammenfassung im Rahmen einer Schichtenbilanz muß jedoch weitgehend willkürlich erfolgen, da nicht von einem zwingenden Verbund von Mittelbeschaffung und Mittelverwendung ausgegangen werden kann[3]. Bei den bis in die 80er Jahre hinein sehr einfach strukturierten Sparkassenbilanzen lassen sich solche Schichten jedoch relativ leicht bilden.

Bei der Betrachtung von Bankengruppen auf Basis externer Bilanzdaten ergeben sich bei diesen Verfahren einige Probleme, die die Aussagekraft einzelner Spannen beeinträchtigen. Zum einen stellt die Auswahl einer geeigneten Bezugsgröße ein grundsätzliches Problem dar, da die Zuordnung der Stromgrößen zwangsläufig der Willkür unterliegt. Wählt man die durchschnittliche Bilanzsumme einer Periode bzw. das Geschäftsvolumen, so enthält diese Größe

---

1) Vgl. Büschgen (1991) S. 573 f., Hagemüller / Jakob (1988) S. 103 ff.
2) Vgl. Hagemüller S. 103 ff.
3) Vgl. Büschgen (1991) S. 575 ff..

unverzinsliche bzw. nicht festverzinsliche Bestandteile wie Betriebsausstattung und Eigenkapital, die nur indirekt Einfluß auf das Zinsergebnis haben, gleichwohl aber für das laufende Bankgeschäft notwendig sind. Hier stellt sich die Frage, inwieweit die Relationen im Zeitablauf und im Vergleich zwischen verschiedenen Kreditinstituten konstant sind[1]. Desweiteren kommt es in der externen Rechnungslegung häufig zur Durchbrechung des Bruttoprinzips, wobei einzelne Aktiv- und Passivposten direkt saldiert werden und einander kompensieren.

Die einzelnen Kreditinstitute selbst haben bei der Rechnungslegung große Spielräume, was zu Ungenauigkeiten bei der Bestimmung von einzelnen Spannen führt. Einige Spielräume liegen in der Natur der Sache, wie beispielsweise die zeitliche Rechnungsabgrenzung und die Trennung von Erlösen und Erträgen bzw. Kosten und Aufwand. Hierzu zählt auch die Abgrenzung von zinsabhängigen und zinsunhabhängigen Kosten und Erlösen im Kreditgeschäft. Dies führt zu einer Verschiebung innerhalb der verschiedenen Zinsspannen, deren Ausmaß allerdings bei aggregierten sektoralen Bilanzen im Zeitablauf als konstant und unerheblich betrachtet werden kann.

Diesen mehr technisch bedingten Spielräumen stehen die bewußten, im Rahmen der stillen Reserven-Politik vorgenommenen bilanzpolitischen Maßnahmen der Banken gegenüber. Hierbei handelt es sich um die Bewertung von Aktiva, die dem Zins- und Ausfallrisiko unterliegen und um den Ausweis von Ab- und Zuschreibungen im Rahmen des außerordentlichen Ergebnisses. Der Gebrauch solcher Bilanzierungs- und Bewertungswahlrechte führt unter Umständen zu einer Durchbrechung der Bilanzkontinuität.

Verschärft wird dieses Problem, wenn die verglichenen Bankengruppen einer unterschiedlichen Regulierung - hier insbesondere Eigenkapitalanforderungen - und Bankenaufsicht unterliegen. Dadurch kann es in bestimmten Perioden zu großen Diskrepanzen in der Rechnungslegung der Unternehmen kommen und somit zu starken Abweichungen der externen Zinsspannen von den tatsächlich realisierten Werten. Diese Diskrepanzen werden zum einen durch unterschiedliche Vorschriften verursacht, zum anderen durch den unterschiedlichen Einfluß, den die Behörden bei Bankprüfungen auf den Gewinn- bzw. Verlustausweis nehmen. Hier stellt sich die Frage, ob es im Falle der amerikanischen Sparkassen und Geschäftsbanken überhaupt möglich ist, die Gesamtzinsspannen in jedem beliebigen Jahr direkt zu vergleichen. Zusätzlich können Änderungen in der Steuergesetzgebung die Unternehmen veranlassen, den Gewinnausweis im Zeitablauf anders zu gestalten, wodurch langfristige Untersuchungen erschwert werden.

Ein wesentliches Problem stellen hier die 1980-1987 vom FHLBB verfügten RAP Eigenkapitalrichtlinien dar, die sich wesentlich von den für die

---

1) Vgl. zu diesem Problem Oesterlin (1979) S. 33 ff..

Geschäftsbanken geltenden GAAP-Richtlinien unterschieden. Dabei war es den Sparkassen u. a. möglich, realisierte Verluste aus Verkäufen von Aktiva über einen Zeitraum von 20 Jahren abzuschreiben, was einerseits die Bilanz verlängerte und den Eigenkapitalausweis erhöhte, andererseits eine zeitliche Strekkung der Verluste zur Folge hatte[1].

Ein weiteres Hindernis bei Ertragsvergleichen stellen die von allen Kreditinstitutsgruppen in den USA in den 80er Jahren vermehrt, jedoch in unterschiedlichem Umfang, durchgeführten Off-Balance-Sheet Transaktionen dar. Hierdurch kommt es zu Verschiebungen zwischen den als zinsabhängig ausgewiesenen Erlösen und Kosten und in der Bedarfsspanne erfaßten Erlösen und Kosten. Starke Divergenzen im Ausmaß dieser Transaktionen erschweren Zinsspannenvergleiche, da es nicht vollständig möglich ist, den Umfang der Aktivitäten zu erfassen.

Ein Beispiel dafür sind die Sekundärmarktaktivitäten der Sparkassen. Nach 1980 verbrieften die Sparkassen Teile ihrer privaten Hypothekarkredite und veräußerten diese am Sekundärmarkt. Die Aquisition und Abwicklung dieser Kredite führt zu entsprechenden Kosten und Erlösen, die sich in der Bedarfsspanne niederschlagen und die zugleich auch die Bilanz verkürzen. Eine ähnliche Entwicklung trat bei den Geschäftsbanken ein, die ebenfalls gezwungen waren, einen Teil ihres Kreditportefeuilles zu verbriefen. Weitere Verzerrungen ergeben sich aus der Tatsache, daß sowohl die Sparkassen als auch die Geschäftsbanken in den 80er Jahren verstärkt begannen, Teile ihres Geschäfts in Tochtergesellschaften auszugliedern. Bei den Sparkassen geschah dies insbesondere durch die Service Corporations, die einerseits bankfremden Tätigkeiten nachgingen, andererseits Dienstleistungsaufgaben, wie z. B. das Mortgage Banking, übernahmen. Somit kommt es zu Verschiebungen in der Bedarfsspanne und auch im Bilanzvolumen.

Probleme ergaben sich zudem aus der Abgrenzung von ADC-Krediten und Direktinvestitionen. Im Gegensatz zu Krediten trägt das Kreditinstitut bei Direktinvestitionen das volle Risiko, und eine abschließende Gewinn- und Verlustrechnung kann erst nach Veräußerung der Objekte erfolgen. Um den kurzfristigen Gewinnausweis zu erhöhen, tarnten einzelne Sparkassen Direktinvestitionen als Kredite und buchten fiktive Bereitstellungsprovisionen und Zinszahlungen, die häufig selbst Bestandteil der Kreditsumme waren, als laufende Erträge. In Folgeperioden mußten dann in den meisten Fällen erhebliche Wertberichtigungen vorgenommen werden. Diese Politik, die erst in der zweiten Hälfte der 80er Jahre von den Aufsichtsbehörden wirksam unterbunden

---

1) Siehe Kap. I.3.1.3.

werden konnte, führte wiederum zu einer Aufblähung des kurzfristigen Gewinns zu Lasten der langfristigen Ertragsentwicklung[1].

Zusammenfassend läßt sich somit die Aussagefähigkeit von Gesamtzinsspannen wie folgt beurteilen: Im Rahmen einer Längsschnittanalyse sind Zinsspannen ein brauchbarer Indikator für die Entwicklung der Rentabilität einer Bankengruppe. Problematisch sind bei dieser Betrachtung Änderungen in der Bankenregulierung, die die Bilanzkontinuität gefährden. Bei stark divergierender Entwicklung der Ertragslage kommt es zusätzlich zu dem Problem, daß sich bestimmte Entwicklungen durch Aggregation kompensieren und so die tatsächlichen Zusammenhängen verschleiern. Bei der Querschnittsanalyse treten zusätzliche Probleme durch eine unterschiedliche Regulierung und Aufsicht der betrachteten Bankengruppen auf. Es kann nicht davon ausgegangen werden, daß die Niveaus der einzelnen Spannen einander entsprechen, da die Art der Geschäfte sich in unterschiedlichen Spannen niederschlägt und unterschiedliche Relationen von Erlös und Kosten mit sich bringt. Dies betrifft insbesondere das Niveau der Bruttozinsspanne. Bei der Nettozinsspanne liegt das entscheidende Problem in den Off-Balance-Sheet Transaktionen, deren Einfluß sich nur bedingt isolieren läßt.

1.2 Die Datenbasis

Ein wesentliches Problem bei der Zinsspannenberechnung stellen die vorhandenen Daten über die Bilanzen von Sparkassen und Geschäftsbanken dar, die nicht, wie etwa in der Bankenstatistik der Deutschen Bundesbank, einheitlich erfaßt werden, sondern von den einzelnen Aufsichtsbehörden gesondert für die jeweiligen Unternehmen gesammelt werden. Das FHLBB bzw. später das OTS erfassen die Daten für die meisten Savings and Loan Associations, während die FDIC und das Federal Reserve Board die Daten über die Geschäftsbanken erheben.

Um die Rentabilitätsentwicklung über einen Zeitraum von 20 Jahren - also vor und nach dem Beginn der Deregulierung - zu untersuchen, ist es zunächst notwendig, eine einheitliche Datenbasis zu bestimmen. Aufgrund der komplizierten aufsichtsrechtlichen Gegebenheiten in den USA ist es hierbei unmöglich, alle Savings and Loan Associations zu erfassen. Einzig umfassendes Kriterium ist die Zugehörigkeit zur Einlagenversicherung. Die von der FSLIC und ihren Nachfolgern, dem OTS bzw. SAIF erfaßten Sparkassen stellen etwa 80% aller Sparkassen dar und repräsentieren 82% aller Vermögenswerte, die

---

1) Vgl. Benston (1986) zum Abgrenzungsproblem von Krediten und Direktinvestitionen und Strunk / Case (1989) zu den Möglichkeiten des Mißbrauches.

von Sparkassen gehalten werden[1]. Hierbei handelt es sich sowohl um einzel- als auch um bundesstaatlich konzessionierte Sparkassen, die entweder eine Savings and Loan-Konzession oder eine Savings Bank-Konzession haben. Nicht erfaßt sind die von der FDIC versicherten Savings Banks und Unternehmen, die keiner Einlagenversicherung angehören. Probleme ergeben sich aus dem Umstand, daß einige Sparkassen in den 80er Jahren die Versicherung wechselten. Die FSLIC erhielt Zulauf von vorher unversicherten Sparkassen und solchen, die insolventen einzelstaatlichen Einlagensicherungsfonds angehört hatten. Andererseits wechselten Sparkassen aufgrund der 1985 vorgenommenen Prämienerhöhungen von der FSLIC zur FDIC. Da die Eigenkapitalanforderungen der FDIC damals erheblich über denen der FSLIC lagen, ist anzunehmen, daß insbesondere die rentableren, gut kapitalisierten Unternehmen zur FDIC wechselten. Es liegen hier also Verschiebungen in der Datenbasis vor, die allein auf rechtliche Faktoren zurückzuführen sind und die in bezug auf die Rentabilität eine Negativauslese darstellen.

Die Daten der Geschäftsbanken beziehen sich auf das Inlands- und Auslandsgeschäft aller FDIC-versicherten Commercial Banks. Die gewählte Abgrenzung der FDIC- bzw. BIF- versicherten Banken gewährleistet dabei Kontinuität in den erhobenen Daten[2], vereint aber eine recht heterogene Gruppe von Kreditinstituten. Das FRB veröffentlicht seit 1984 eine Bankenstatistik[3] auf Basis der FDIC-Daten, die nach Größenklassen gegliedert ist, was es für die zweite Hälfte der 80er Jahre ermöglicht, die Banken in verschiedene Gruppen zu differenzieren.

1.3 Strukturelle Unterschiede zwischen Sparkassen und Geschäftsbanken.

Ein weiterer Punkt, der bei einem Vergleich zu beachten ist, ist die äußerst unterschiedliche Struktur der beiden Kreditinstitutsgruppen. Die Zahl der Geschäftsbanken beträgt in etwa ein Vierfaches der Sparkassen, und die Variation in Betriebsgröße und Tätigkeitsfeld ist bei Geschäftsbanken um ein Vielfaches größer als bei den Sparkassen. So ähneln die kleinen Geschäftsbanken, die sogenannten Neighborhood Banks, sehr stark den Sparkassen, hingegen unterscheidet sich das Geschäft der großen Money Center Banks erheblich von dem

---

1) Die Quellen im einzelnen: FSLIC (1987), U.S. League (1989), OTS (1989) und FDIC (1990). Weitere Daten finden sich in OECD (1992). Siehe auch die Zusammenstellung der Daten in Anhang III.

2) Die Quellen: FDIC Annual Report bis 1980, FDIC Statistics on Banking seit 1989.

3) Siehe Brunner et. al. (1992), Brunner et. al. (1991), Duca et. al. (1990), Wolfson et. al. (1989).

118

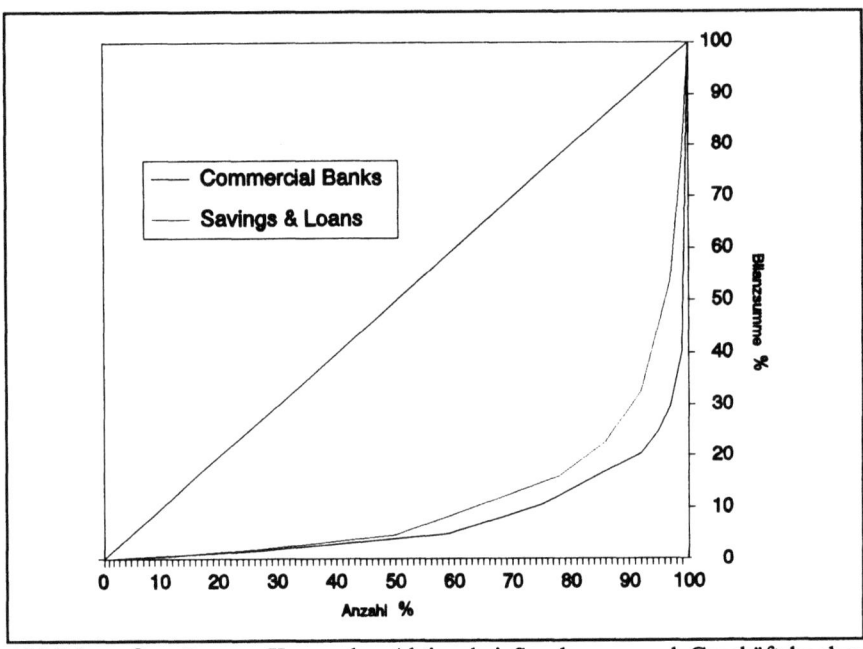

Abbildung 8: Lorenz-Kurve der Aktiva bei Sparkassen und Geschäftsbanken 1990

Quelle: FDIC (1990)

Tabelle 7: Größenstruktur

	1970		1980		1990	
	SLA	C-Bk.	SLA	C-Bk.	SLA	C-Bk.
Anzahl der Institute	4.365	13.473	4.005	14.434	2.526	12.345
ag. Bilanzsumme (Mrd. $)	171	581	621	1.856	1.085	3.389
Durchschnittsgröße (Mrd)	*0,391*	*0,432*	*0,155*	*0,129*	*0,430*	*0,275*

SLA: FSLIC-versicherte Sparkassen; *C-Bk.:* FDIC-versicherte Commercial Banks; Quelle: OTS (1989), FDIC (1990)

der Sparkassen und auch der meisten anderen Geschäftsbanken. Entsprechend unterschiedlich ist auch die Größenstruktur in beiden Sektoren. Tabelle 7 zeigt, daß die Durchschnittsgröße der Savings and Loan Associations seit Ende der 70er Jahre über der der Geschäftsbanken liegt. Die Geschäftsbanken verfügen jedoch über bedeutend größere Spitzeninstitute. So hatten 1990 die 9 größten Money Center Banks eine durchschnittliche Bilanzsumme von jeweils rund 70 Mrd. $, während die 10 größten Sparkassen eine Bilanzsumme von je etwa 22 Mrd. aufwiesen. Die Lorenzkurven der Vermögensverteilung im Sparkassen- und Geschäftsbankensektor in Abbildung 8 zeigen die größere Konzentration im Geschäftsbankenbereich.

Im Gegensatz zu den Sparkassen unterliegen die Geschäftsbanken keiner vergleichbar strengen Portefeuilleregulierung im Kreditgeschäft, was sich in bedeutend diversifizierteren Bilanzen niederschlägt. Tabelle 8 zeigt, daß die Geschäftsbanken knapp zwei Drittel ihrer Mittel im Kreditgeschäft investieren. Der Rest wird in liquiden Aktiva, insbesondere in Staatspapieren gehalten[1]. Innerhalb des Kreditgeschäfts dominierte bis zum Ende der 80er Jahre der Firmenkredit (Commercial and Industrial Loans, C&I) vor dem Realkredit. Bei den C&I Krediten handelt es sich um die traditionelle Aktivität der Commercial Banks als prime lender fast aller Unternehmen in den USA. Die Umschichtungen zugunsten des Realkredits zu Beginn der 90er Jahre sind auf die bevorstehende Einführung von risikogewichteten Eigenkapitalnormen zurückzuführen[2], sowie auf die Probleme des Sparkassensektors.

Eine wichtige Rolle spielt bei den Commercial Banks der Auslandsbereich, den die Money Center Banks fast vollständig auf sich vereinen und der bei den Sparkassen nur eine unbedeutende Rolle spielt. 1990 wurden etwa 16% aller Aktiva im Ausland investiert[3]. Dieser Trend zur Internationalisierung setzte bei den amerikanischen Banken in den frühen 60er Jahren ein und führte zu Beginn der 80er Jahre zur Verwicklung der Großbanken in die internationale Schuldenkrise[4]. Die Internationalisierung des Bankgeschäfts führte jedoch auch zu verstärkter Konkurrenz durch ausländische Banken auf dem heimischen Markt. Ende 1986 machten die Aktiva von Niederlassungen ausländischer Banken 17% der Aktiva der Geschäftsbanken aus[5]. Auf der Passivseite verfügen die Geschäftsbanken im Gegensatz zu den Sparkassen über einen großen Bestand an Sichteinlagen, die etwa 20% aller Depositen umfassen. Die Abwicklung des Zahlungsverkehrs spielt bei den

---

1) Siehe auch Brunner et. al. (1992).
2) Siehe Kap. I.3.4.3.3.
3) Siehe Burns (1988) Tab. 7. 1980 hatte der Anteil bei 25% gelegen.
4) Siehe Burns (1988) S. 19 ff.
5) Siehe Burns (1987) Tab. 8.

Tabelle 8: Bilanzstruktur der Geschäftsbanken

% der Bilanzsumme

	1970	1975	1980	1985	1990
AKTIVA					
Kredite	51,7	52,8	54,6	60,3	60,6
-Firmenkredit	19,5	18,5	18,4	21,2	18,1
-Realkredit	12,6	14,3	17,1	16,1	24,5
-Konsumentenkredit	11,4	11,2	11,8	11,3	11,9
-sonstige	6,4	8,8	7,3	11,7	7,7
Liquide Aktiva	44,5	41,4	34,2	33,4	26,6
sonstige	3,4	5,8	11,1	6,3	11,1
PASSIVA					
Einlagen	83,5	82,0	77,5	77,6	78,2
-unverzinslich	40,6	33,7	28,1	21,3	20,2
-verzinslich	42,8	48,2	49,4	44,4	49,3
sonstige	8,4	10,8	15,1	16,2	15,3
Eigenkapital	7,1	7,2	7,4	6,2	6,4
Bilanzsumme (Mrd. $)	582	952	1.539	2.731	3.389

Quelle: FDIC Annual Reports 1980 & 1975, Statistics on Banking 1990

Geschäftsbanken somit eine erheblich größere Rolle als bei den Sparkassen. Ein Teil dieser Mittel steht den Banken dabei zinslos zur Verfügung. Hierbei handelte es sich um das wichtigste Privileg, das die Regulierung den Geschäftsbanken bis 1980 einräumte. Ein striktes Zinsverbot galt jedoch nur bis 1980. Danach wurde, insbesondere durch NOW-Konten, Super-NOW-Konten und Share Drafts, auch bei den Geschäftsbanken ein wachsender Teil der Sichteinlagen verzinst[1].

---

1) Siehe Murphy / Rodgers (1987).

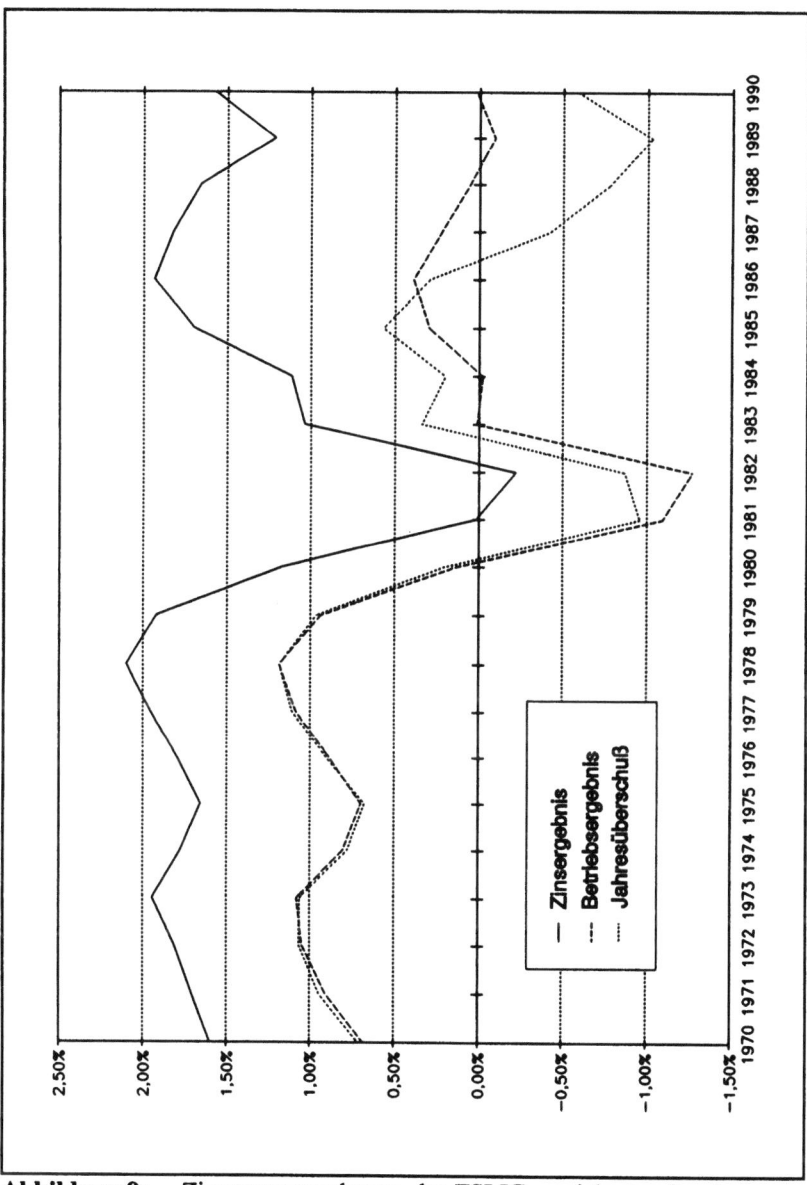

Abbildung 9: Zinsspannenrechnung der FSLIC-versicherten Sparkassen

2. Bestimmungsgründe der Sparkassenrentabilität

2.1 Die Entwicklung der Bruttozinsspanne

In Abbildung 9 wird die Entwicklung der Bruttozinsspanne im Sparkassenbereich zwischen 1970 und 1990 dargestellt[1]. Wie zu erwarten, wird der Verlauf der Bruttozinsspanne bis in die 80er Jahre hinein im wesentlichen durch den Einfluß der Festzinspositionen bestimmt. Die Fristentransformation resultiert dabei aus dem hohen Anteil von privaten Hypothekarkrediten, die bei festen Konditionen Laufzeiten von bis zu 30 Jahren aufweisen. Dadurch ist die Bruttozinsspanne im wesentlichen von Änderungen des Zinsniveaus und von der Fristigkeitsstruktur der Zinssätze abhängig.

Die Betrachtung zeigt, daß die Sparkassen bis in die 80er Jahre hinein im wesentlichen Zinsarbitrage entlang der Fristigkeitsstrukturkurve betreiben. Ihr komparativer Vorteil gegenüber anderen Intermediären, insbesondere gegenüber den Geschäftsbanken, liegt dabei in der Aquisition von Hypothekarkrediten privater Haushalte und in der Bonitätsprüfung. Zugleich eröffnen ihnen enge Kundenbeziehungen den Zugang zu günstigen Spareinlagen - ein Vorteil, der jedoch bereits in den 70er Jahren erodiert, als die Einleger angesichts steigender Zinsen und Inflationsraten zu höherverzinslichen Einlageformen wechseln.

Die Bruttozinsspanne der Sparkassen erweist sich auf diese Weise als sehr konjunkturabhängig. Bereits in den Jahren 1974/75 sinkt die Spanne aufgrund steigender Zinsen um 0,3%, ein Rückgang von fast 20%[2]. Bedeutend schärfer und existenzbedrohend fällt der Rückgang der Bruttozinsspanne in den Jahren 1981/82 aus. Hier wird der Zinsniveaueffekt durch die ausgeprägt inverse Zinsstruktur noch verschärft, so daß die Sparkassen 1982 mehr für ihre Einlagen bezahlen müssen, als sie im Kreditgeschäft verdienen. Angesichts dieses Ertragseinbruches ist es erstaunlich, daß überhaupt so viele Sparkassen die beiden Jahre überleben.

Noch pointierter wird die Entwicklung wiedergegeben, wenn man die Margen betrachtet, die sich bei Realkrediten und Spareinlagen ergeben. Im Kerngeschäft zeigt sich, wie der markante Anstieg der Finanzierungskosten 1981 die Teilzinsspanne[3] vollkommen aufzehrt und negativ werden läßt (Abbildung 10). Die Zinserlöse aus dem Kreditgeschäft wachsen bedeutend langsamer als die Zinskosten. Dieser Effekt kehrt sich jedoch nach 1982 um, und die Spanne der

---

1) Siehe Anhang 3. Als Bezugsgröße wurde das arithmetische Mittel der Bilanzsumme zwischen den jeweiligen Beständen zum Jahresende verwendet.

2) Vgl. hierzu auch Kane (1985) S. 87 ff.

3) Definiert als Differenz von Zinseinkommen aus Realkrediten und Pfandbriefen (MBS) und Zinszahlungen auf Spareinlagen, geteilt durch den durchschnittlichen Bestand an den jeweiligen Positionen.

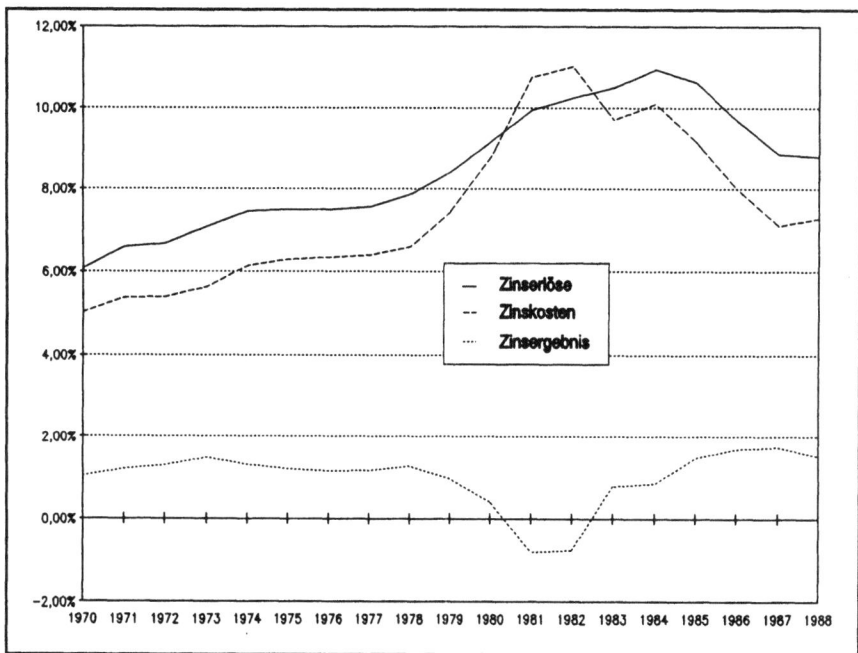

Abbildung 10: Rentabilität von Hypothekar- und Einlagengeschäft bei Sparkassen 1970-90

Sparkassen aus dem Kerngeschäft verbessert sich, da die Einlagenzinsen schneller fallen als die Kreditzinsen.

Bei solchen Zinsschwankungen stecken die Sparkassen jedoch in einem Dilemma, das es ihnen nicht erlaubt, in gleichem Maße von Zinssenkungen zu profitieren, in dem sie bei steigenden Sätzen verlieren. Die Nachfrage nach Realkrediten ist in Hochzinsphasen aufgrund der zinsempfindlichen Wohnungsbauinvestitionen rückläufig. Der Portefeuilleumsatz verhält sich daher antizyklisch. Während die Kreditnehmer bei steigenden Zinsen an den Konditionen festhalten, refinanzieren sie die Kredite bei rückläufigen Zinsen zu günstigeren Konditionen. Dadurch vergrößert sich die durchschnittliche Kapitalbindungsdauer bei steigenden Zinsen[1]. Diese Optionseigenschaft[2] der langfristigen Kredite wird durch ein gegenläufiges Verhalten der Einleger konterkariert, die

---

1) Vgl. Carron (1982), Carron (1983), Kopcke (1981) und Ozanne (1984).

2) Es handelt sich um eine Option in dem Sinne, das der Kreditnehmer im Falle der vorzeitigen Kündigung eine Strafgebühr zu entrichten hat, wenn er die Option ausüben will. Vgl. hierzu Carron / Brumbaugh (1989). Ein weiteres Problem ist die Annuitätentilgung, durch deren frühe Kapitalrückflüsse das Wiederanlagerisiko steigt, vgl. Carron (1982).

sich mit ihren langfristigen Einlagen genau entgegengesetzt verhalten. Auf diese Weise verlieren die Sparkassen beim Zinsanstieg Ende der 70er Jahre mehr, als sie in der folgenden Niedrigzinsphase gewinnen konnten. Hier konnte lediglich die alte Relation zwischen Zinserlös und Zinskosten wieder hergestellt werden. Die Verluste der Jahre 1981/82 konnten auf diese Weise nachträglich nicht kompensiert werden[1].

Die Savings and Loan Associations gehen 1980 zu variabel verzinslichen Hypotheken über. Diese mindern den Einfluß der Festzinspositionen zunächst nur graduell, da ein großer Altbestand an langfristigen Krediten die Bilanzen dominiert[2]. Variabel verzinsliche Kredite waren seit dem Ende der 60er Jahre eine Reaktion der Märkte auf die gestiegenen Zinsrisiken. Analog zu den auf den Euromärkten verbreiteten Floating Rate Notes der Geschäftsbanken[3], begannen kalifornische Savings and Loan Associations bereits 1975 eine Adjustable Rate Mortgage (ARM) anzubieten[4]. Nach der bundesweiten Einführung der ARM durch das FHLBB im Jahre 1981, erlangt sie schnell eine große Verbreitung und erzielt in den folgenden Jahren einen Anteil von bis zu 60 % der Neukreditvergabe[5]. Viele Savings and Loan Associations gehen beim Zinsrisiko zu einer Mischstrategie über, bei der die festverzinslichen Kredite am Sekundärmarkt veräußert werden und die ARMs im Portefeuille verbleiben[6]. Durch die Einführung der ARM vermindern sich nach 1982 die Schwankungen der Bruttozinsspanne, und die Ertragsentwicklung der Savings and Loan Associations stabilisiert sich.

Neben der Umstrukturierung ihres herkömmlichen Geschäfts mit Hilfe der ARMs haben die Sparkassen die Alternative, eine Diversifizierungsstrategie außerhalb des Hypothekargeschäfts zu verfolgen. Betrachtet man die Zuwachsraten in den neuen Geschäftssparten (Tabelle 9), so zeigt sich, daß ein wesentli-

---

1) Siehe Carron (1982), Carron (1983), Woerheide (1984) und Kap. I.3.1.2.

2) Siehe Kap. I.3.1.

3) Siehe Burns (1988) S. 16 ff.

4) Bei den ARM wurde eine jährliche Anpassung der Zinskonditionen an die Umlaufrendite von Treasury Bills mit entsprechender Laufzeit vereinbart. Es müssen dabei jedoch auch Zinscaps vereinbart werden, die den Anstieg Verzinsung sowohl absolut (in der Regel +/- 6 % über die Gesamtlaufzeit) als auch innerhalb bestimmter Zeiträume (in der Regel +/- 2 % pro Jahr) begrenzen. Auf diese Weise verbleibt ein Teil des Zinsrisikos bei den Sparkassen. Siehe Woerheide (1984) S. 71-76. Kaufman (1989) gibt einen Überblick über eine ganze Reihe von weiteren Innovationen im Hypothekarkredit, die im inflationären Klima der 70er Jahre entstanden. Eine weitere Neuerung stellten die Home Equity Loans dar. Diese enstanden in Folge des Tax Reform Acts von 1986, der die steuerliche Abziehbarkeit von Zinszahlungen auf Hypotheken beschränkte. Siehe Weseman et. al. (1987).

5) Siehe Department of Commerce (1991)

6) Vgl. Brumbaugh (1988).

Tabelle 9: Deregulierung des Aktivgeschäfts

Bereiche	Wachstum (%) 1980-88	Anteil am Bilanzvolumen (%) 1980	Anteil am Bilanzvolumen (%) 1988
Hypothekargeschäft		76,8%	60,1%
1-4 Familienhäuser	23%	66,5%	38,5%
Mehrfamilienhäuser	118%	6,0%	6,2%
Mortgage Backed Securities	639%	4,4%	15,4%
Dereguliertes Geschäft	360%	7,5%	23%
Commercial Real Estate	180%	6,3%	7,7%
Firmenkredite	1.600%	0,3%	2,4%
ADC-Kredite	380%	0,9%	4,4%
Konsumentenkredite	300%	2,7%	1,8%
Direktinvestitionen	1.400%	0,7%	2,2%
Real Estate	500%	0,2%	0,5%
Service Corp.	900%	0,5%	1,7%
Bilanzwachstum	140%	84,3%	83,1%

Quelle: Barth et. al. (1989), eigene Berechnungen

cher Teil des Bilanzwachstums nach 1980 von den deregulierten Aktivitäten getragen wurde. So wuchs das klassische private Hypothekengeschäft um lediglich 23% bei einem Gesamtwachstum der Aktiva um 140%. Dementsprechend vervierfachte sich im gleichen Zeitraum das deregulierte Geschäft der Sparkassen.

Bei ihrer Expansion suchten die Savings and Loan Associations die Ansatzpunkte der Diversifizierung aus ihrem herkömmlichen Geschäft heraus. So ist der kommerzielle Realkredit keine gänzlich neue Geschäftssparte. Bereits vor der Deregulierung finanzierten die Savings and Loan Associations Mehrfamilienhäuser. Hier handelte es sich überwiegend um Renditeobjekte privater Investoren. Rein kommerzielle Realkredite zur Finanzierung von Immobilienprojekten waren vor 1980 nur den einzelstaatlichen Savings and Loan Associations gestattet, wie es bspw. in Texas der Fall war. Die Deregulierung ermöglicht es allen Sparkassen, am einsetzenden Immobilienboom zu partizipieren. Eine besondere Spielart stellen dabei die riskanten ADC-Kredite dar, die eng mit den Direktinvestitionen verwandt sind. Hierbei handelt sich um die unternehmerischen Aktivitäten der Savings and Loan Associations außerhalb des Bankenbereichs. Diese wurden in Service Corporations ausgegliedert, denen es erlaubt ist, beliebigen Aktivitäten nachzugehen. Auf diese Weise konnte eine Savings and Loan Association bspw. im Immobilienbereich selbst als Investor auftreten oder als Makler tätig werden. Der Konsumentenkredit (Ratenkredit, Leasing, Kreditkarten) stellt eine logische Erweiterung des Angebots im Hinblick auf den bereits bestehenden Privatkundenstamm dar.

Tabelle 10: Einfluß der Portefeuille-Deregulierung auf die GuV 1980-88

% der Bilanzpositionen bzw. % des Gesamterlöses

Bereiche	1980		1986		1988	
	Anteil	Rendite	Anteil	Rendite	Anteil	Rendite
Altgeschäft						
Hypothekarkredite	70,6	9,34	54,0	10,65	53,9	9,62
Erlöse	79,5		67,8		70,5	
Mortgage Banking						
Loans serviced / held	3,2	-	18,7	-	30,1	-
Provisionen	4,8		9,6		-	
Wertpapiergeschäft						
Investment assets	0,5	179,00	4,2	25,15	5,3	20,50
Erlöse	9,9		11,1		12,6	
Immobiliengeschäft						
Aktiva	13,6	0,33	22,6	0,21	16,7	-
Erlöse	0,5		0,5		-	
Kreditgeschäft						
Aktiva	1,4	23,26	5,6	12,41	6,1	11,34
Erlöse	3,6		7,3		8,2	

Quelle: Brumbaugh / Carron (1987), Carron / Brumbaugh (1989), eigene Berechnungen. Die Anteile ergeben sich jeweils in % der Bilanzsumme und in % des Gesamterlöses. Die Rendite berechnet sich aus den gewichteten Anteilen; Ausnahme: Mortgage Banking.

Ähnlich verhält es sich im Firmenkreditbereich, wo die unmittelbaren Anknüpfungspunkte wiederum im Immobilienbereich und in der Baubranche lagen. Das Kreditgeschäft zeichnet sich vor allem durch kurzfristige Konditionen aus, die es ermöglichen, das Zinsrisiko zu reduzieren.

Der Einfluß der Deregulierung auf die Bruttozinsspanne der Savings and Loan Associations läßt sich nur in einem groben Raster erfassen. Bis 1980 werden 80% aller Zinserlöse im Hypothekarbereich erzielt. Dieser Anteil reduziert sich bis 1988 auf 72% der Erlöse. Entsprechend verdoppelte sich der Beitrag der übrigen Aktivitäten von 6,5% auf 13,3% aller Zinserlöse. Die in Tabelle 10 vorgenommene Aufschlüsselung der Zinserlöse einzelner Sparten ergibt ein ähnliches Bild. Hierbei muß jedoch beachtet werden, daß der Ausweis von Beständen und Erträgen zeitlich auseinanderfällt, so daß eine Bestimmung der exakten durchschnittlichen Ertragsraten nicht immer möglich ist[1].

---

1) Vgl. Brumbaugh / Carron (1987) S. 373 f.

Der Firmen- und Konsumentenkredit weist eine klare Rentabilitätsentwicklung auf, die verdeutlicht, daß hier Erträge erwirtschaftet wurden, die eine positive Spanne ermöglichen. Gering bleibt jedoch der Anteil dieses Geschäfts, das sich gegen die Konkurrenz der bestehenden Geschäftsbanken nur langsam ausweiten ließ. Die Wertpapiere (Investment Assets) werden unter Rentabilitäts- wie auch unter Liquiditätsgesichtspunkten gehalten. Hier erwirtschafteten die Savings and Loan Associations per Saldo vergleichsweise hohe Renditen, was auf eine erfolgreiche Zinsspekulation hindeutet. Hier müßten jedoch die Abschreibungen auf die Bestände mit einbezogen werden. Dies ist bei den vorliegenden Zahlen jedoch nicht möglich.

2.2 Die Entwicklung der Nettozinsspanne

Die Nettozinsspanne weist dank einer stabilen Bedarfsspanne während der 70er Jahre eine sehr enge Korrelation mit der Bruttozinsspanne auf. Die Bedarfs-spanne entspricht dabei wegen des fast nicht vorhandenen Gebühreneinkom-mens im wesentlichen den Betriebskosten, die in etwa 1% der Aktiva aus-machen[1].

Die Situation ändert sich in den 80er Jahren, als die Bedarfsspanne zu wachsen beginnt, bis sie 1988 fast den gesamten Zinsüberschuß aufzehrt. Dieser Anstieg verhindert es, daß die Nettozinsspanne und damit auch die Rentabilität in den 80er Jahren wieder das Niveau der 70er Jahre erreicht. Dies ist erstaunlich, da sich im Zuge der Fusionswelle und der Expansion der Jahre 1983/84 die durchschnittliche Betriebsgröße erhöht (Tabelle 7). Die Betriebs-ausgaben steigen jeweils um 25% pro Jahr an und damit schneller als die Bilanzsumme, die lediglich um 17-19% zunahm[2]. Die Fusionen und das Bilanz-wachstum in diesen Jahren haben daher keinen kostensparenden Effekt auf die Savings and Loan Associations.

---

1) Einen besonderen Kostenfaktor stellten in den 70er Jahren die Sachleistungen dar, die die Savings and Loan Associations im Einlagenwettbewerb erbringen mußten. Da sich die Knapp-heitsverhältnisse nicht in den durch die Regulation Q festgelegten Zinssätzen widerspiegeln konnten, waren viele Sparkassen, aber auch Geschäftsbanken gezwungen, Einlagen durch Werbeprämien - ähnlich wie z. B. bei der Werbung von Zeitungsabonnements - zu aquirieren, bzw. zu erhalten. Hierbei handelt es sich um Kosten in nicht unbeträchtlicher Höhe, die im Zuge der Deregulierung der Habensätze in das zinsabhängige Ergebnis verlagert wurden. In einer empirischen Untersuchung über das Ausmaß dieser Kostenverlagerung zeigte *Brewer* (1989), daß bei einer Gruppe von Savings and Loan Associations aus zwei Bundesstaaten die steigenden Zinskosten zum großen Teil durch verminderte Ausgaben im Betriebsbereich kom-pensiert wurden. Vgl. Brewer (1989) S. 9.

2) Siehe Abbildung 5 in Kap. I.3.2.1.

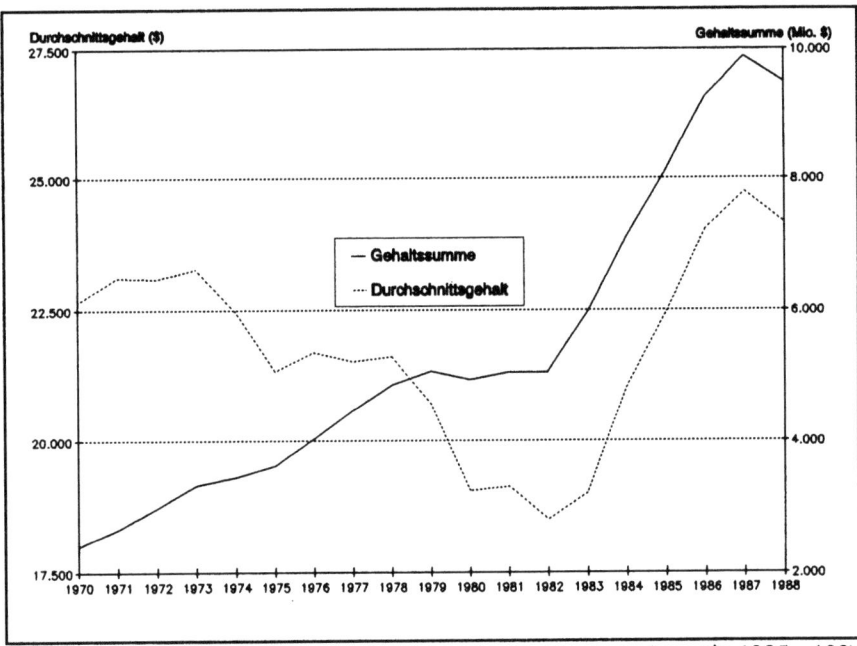

Abbildung 11: Entwicklung der Reallöhne im Sparkassensektor ($, 1985 = 100)

Gehaltssumme: Personalaufwand aller FSLIC-versicherten Savings and Loan Associations, rechter Maßstab (mio $); *Durchschnittsgehalt:* Personalaufwand pro Beschäftigten, linker Maßstab ($); jew. zu Konsumentenpreisen von 1985 (CPI-Reihe aus IWF, International Financial Statistics)

Ein wesentlicher Kostenanstieg ist im Personalaufwand zu verzeichnen, der sich von 1980 bis 1988 real verdoppelt (Abbildung 11). Es vermindert sich in diesem Zeitraum zwar die Zahl der rechtlich selbständigen Unternehmen, nicht jedoch die Summe aller betriebenen Filialen, die nahezu konstant bleibt. Die Beschäftigtenzahl in diesen Filialen steigt von 1980-1988 um 50%, und das Durchschnittsgehalt erhöht sich real um 30%. Die Deregulierung macht offenbar mehr und qualifizierteres Personal notwendig. Gleichzeitig ermöglicht der technologische Fortschritt aber auch Produktivitätszuwächse, wodurch sich die durchschnittliche Bilanzsumme je Angestellter um 45% von 2,4 Mio. $ auf 3,5 Mio $ steigert. Diese Rationalisierungseffekte reichten jedoch nicht aus, um den Kostenanstieg aufzufangen[1].

Eine mögliche Ursache für den gestiegenen Personalaufwand ist das in den 80er Jahren verstärkt betriebene Mortgage Banking. Hierbei übernehmen die

---

1) Hier können sich langfristig Lernkurveneffekte positiv auswirken.

Savings and Loan Associations lediglich die Aquisition und Abwicklung von Hypothekarkrediten, ohne diese jedoch selbst im Portefeuille zu halten. Die für diese Dienstleistungen entstehenden Kosten konnten höchstwahrscheinlich nicht vollständig durch Gebühreneinnahmen abgedeckt werden.

Ein besonderer Kostenfaktor sind die Anlaufkosten der Neugründungen. Zwischen 1980 und 1986 werden 492 neue Savings and Loan Associations konzessioniert, deren sunk costs den Sparkassensektor belasten. Analog enstehen Kosten in nicht unbeträchtlicher Höhe für die Abwicklung insolventer Savings and Loan Associations. Gemeint sind hier insbesondere Gerichts- und Anwaltskosten, die bei einer Auseinandersetzung zwischen insolventen Sparkassen und den Aufsichtsbehörden anfallen. Nicht umsonst werden die Anwälte und Wirtschaftsprüfer, die in den Auseinandersetzungen für beide Parteien arbeiten, als die Hauptprofiteure der Sparkassenkrise bezeichnet[1]. Ein weiterer Faktor ist in den Aufwendungen zu erkennen, die den Sparkassen bei der wachsenden Zahl von Zwangsvollstreckungen entstehen. Hinzu kommen ab 1986 die Unterhaltskosten für den Bestand an Sicherungsübereignungen, die die Sparkassen aufgrund der Immobilienkrise nicht veräußern können.

Eine Belastung stellen auch die wachsenden Prämien für die Einlagenversicherung dar. Die Prämie beträgt bis 1985 0,083% aller inländischen Depositen. Hiervon brauchte jedoch bis in die 70er Jahre hinein, angesichts der laufenden Überschüsse und wachsender Reserven der FSLIC, nur ein Teil durch die Sparkassen bezahlt werden. Der Rest wurde jeweils nachträglich als Rabatt gewährt. Angesichts wachsender Betriebsverluste der FSLIC aus der Abwicklung von Insolvenzen fallen diese Rabatte am Beginn der 80er Jahre weg. 1985 wird dann, angesichts der sich weiter verschlechternden Lage der FSLIC, die Prämie durch das Special Assessment von 0,125% der inländischen Einlagen auf insgesamt 0,208% der Einlagen erhöht, eine Steigerung um 150%. Die zusätzlichen Kosten für Savings and Loan Associations betragen etwa 1 Mrd. $ (bezogen auf das Einlagevolumen von 1985) und erhöhen die Betriebskosten im Vergleich zum Vorjahr um etwa 7%.

2.3 Die Zusammensetzung des Jahresüberschusses

Der Jahresüberschuß und die Nettozinsspanne weisen bei den Savings and Loan Associations in den 70er Jahren zunächst keine nennenswerten Differenzen auf. Der Saldo der außerordentlichen Erträge und Aufwendungen ist bis 1980 nahezu ausgeglichen. Der wesentliche Grund ist das geringe Ausfallrisiko der

---

1) Vgl. Barth / Bartholomew / Labich (1989).

Tabelle 11: Saldo der außerordentlichen Erträge und Aufwendungen

(Mio. $)

	1984	1985	1986	1987	1988	1989
A. o. Erträge aus Aktivaverkäufen	805	2.348	-520	2.736	2.239	1.220
Wertberichtigungen	0	0	0	-9.395	-13.860	-13.405
Saldo der Erträge und Aufwendungen	1.965	2.787	1.061	-7.778	-10.855	-12.185

Quelle: OTS (1989) Tab. B1 und United States League (1989). Nicht alle ao. Ert. und Aufw. sind aufgeführt.

privaten Hypothekarkredite, das nur in geringem Umfang Wertberichtigungen erforderlich macht.

Tabelle 11 zeigt die Entstehung des Saldos bei den außerordentlichen Erträgen und Aufwendungen seit 1984. In der turbulenten Periode zu Beginn der 80er Jahre erhöhen die Sparkassen ihren Jahreserfolg mangels laufender Zinsüberschüsse durch die Veräußerung von Aktiva und durch die Neubewertung des materiellen Anlagevermögens[1]. Ermöglicht wird dies durch die RAP-Bilanzierungsansätze des FHLBB. Diese bieten die Möglichkeit, die Verluste aus Aktivaverkäufen als deferred losses zu aktivieren. Auf diese Weise werden die Verluste über einen längeren Zeitraum gestreckt, während die laufenden Gewinne in voller Höhe verbucht werden. Der Bestand an Deferred Losses und Appraised Equity stieg bis 1986 auf 13 Mrd. $. Bei einer linearen Abschreibung über 20 Jahre bedeutete dies eine Belastung von jährlich ca. 600 Mio. $.

Ein großes Problem stellen ab 1987 die Wertberichtigungen auf notleidende Kredite dar. Das schlagartige Auftauchen dieser Belastung in Tabelle 11 reflektiert zum Teil lediglich die geänderten aufsichtsrechtlichen Vorschriften und das entschlossenere Vorgehen der Bankenaufsicht bei der Bewertung der Kreditqualität. Es ist davon auszugehen, daß ein Großteil dieser Belastungen bereits früher auftraten. Da die tatsächlichen Kosten der Sparkassenkrise erheblich über den in Tabelle 11 aufgeführten Werten liegen, ist davon auszugehen, daß nur ein Bruchteil der Forderungsausfälle bis 1989 wertberichtigt wurde. Eine Ursache für den Anstieg des Ausfallrisikos sind die ARMs. Hier wird das Zinsrisiko von der Bank zum Kreditnehmer verlagert, woraus ein höheres Ausfallrisiko resultiert. Hinzu kommen die Verluste im Immobilienbereich im Südwesten der USA, die insbesondere texanische Savings and Loan Associations treffen.

Abschließend gibt Tabelle 12 Aufschluß über die Verwendung des Jahresabschlusses und die Kapitalbildung bei den Savings and Loan Associations. Im genossenschaftlich organisierten Sparkassenbereich wird traditionell der weitaus

---

1) Neubewertung des Anlagevermögens im Rahmen von Appraised Equity-Kapital.

Tabelle 12: RAP-Eigenkapital der FSLIC-versicherten Sparkassen

	1983	1984	1985	1986
Jahresüberschuß	1.945	1.013	3.720	590
./. Dividenden	245	138	161	304
= Gewinnrücklagen	1.700	875	3.559	590
+ FSLIC NWC's	1.006	192	2.666	-491
+ Subordinated Debt	107	714	1.001	1.350
+ RAP-Erleichterungen	1.442	1.137	1.132	-461
+ Zusätzliches Kapital	2.942	927	357	4.320
= Eigenkapitalzuwachs	7.197	3.845	8.715	5.308

Quelle: FSLIC (1987) Tab.I&III, Brumbaugh (1988) Tab. 2-4, S. 45, OTS (1989) Tab. A11, S. A-14, eigene Ber.

größte Teil der Überschüsse thesauriert und zur Bildung von Genossenschafts-kapital verwendet. In den 80er Jahren reichen die Gewinne allein jedoch nicht mehr aus, um eine ausreichende Kapitalbasis zu gewährleisten. Dies veranlaßt zahlreiche Savings and Loan Associations, die Rechtsform in eine Aktienbank zu ändern. Es zeigt sich, daß die Savings and Loan Associations erhebliche Anstrengungen unternehmen, ihr Eigenkapital durch Kapitalzufuhr von außen zu verbessern. Dieses gelingt auch vielen solventen Unternehmen, während die insolventen verstärkt auf die RAP-Erleichterungen zurückgriffen. Aufgrund der anhaltend schwachen Ertragslage gelingt es den Savings and Loan Associations jedoch nicht, ihre Kapitalbasis nach den Verlusten in den Jahren 1980-1982 wieder auszuweiten.

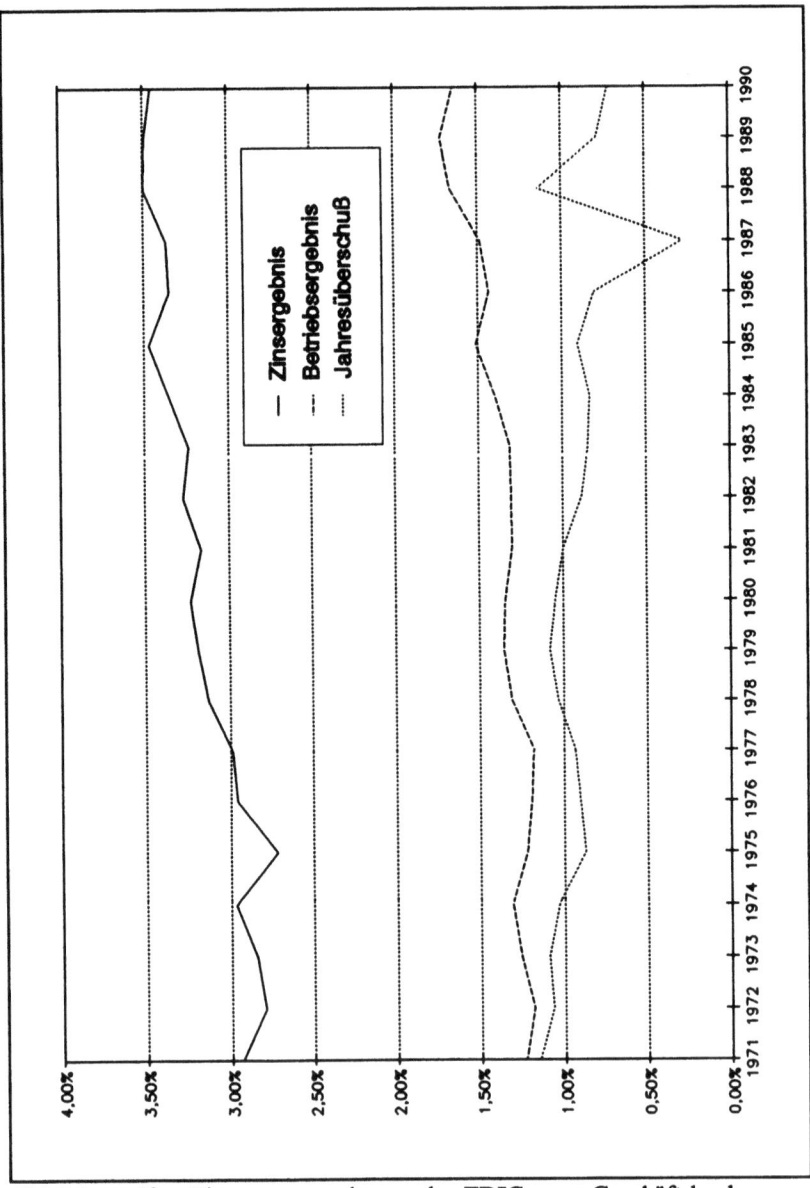

Abbildung 12: Zinsspannenrechnung der FDIC-vers. Geschäftsbanken

3. Rentabilitätsvergleich von Sparkassen und Geschäftsbanken

3.1 Die Bruttozinsspanne

Analog zu den für die Sparkassen durchgeführten Untersuchungen wird im folgenden Abschnitt die Entwicklung der Geschäftsbankenrentabilität mit Hilfe der Gesamtzinsspannen untersucht. Dabei kann nicht erwartet werden, daß sich die Spannen entsprechen, da die beiden Institutsgruppen unterschiedlichen Geschäften nachgehen. Zu erwarten ist vielmehr, daß sich die Spannen erheblich unterscheiden, wobei jedoch die Rentabilität der beiden Gruppen über den Zeitablauf ein ähnliches Niveau aufweist. Nur dann kann die Wettbewerbssituation als ausgewogen betrachtet werden.

Die Bruttozinsspanne der Geschäftsbanken liegt im Zeitraum 1970-1990 erheblich über derjenigen der Sparkassen (Abbildung 12)[1]. Die Ursachen hierfür sind vor allem auf der Passivseite zu erkennen: Den Banken stehen zinslose Sichteinlagen in Höhe von etwa 20 % der Bilanzsumme zur Verfügung, die die durchschnittlichen Finanzierungskosten senken[2]. Zusätzlich verfügen die Banken über einen höheren unverzinslichen Eigenkapitalanteil, dessen Bedienung nicht in den Zinskosten verrechnet ist. Eine weitere günstige Finanzierungsquelle stellen die Eurogelder dar, die sich die Großbanken auf dem internationalen Kapitalmarkt mindestreservefrei beschaffen. Vom Niveau der Bruttozinsspanne allein lassen sich noch keine unmittelbaren Rückschlüsse auf die Rentabilität ziehen. Es zeigt sich aber die, im Vergleich zu den Sparkassen, erheblich stabilere Entwicklung der Spanne. Der Einfluß der Festzinspositionen ist geringer und bewahrt die Banken in den Jahren 1981/82 vor einem Ertragseinbruch.

Vergleicht man die Margen im Kredit- und Einlagengeschäft der Sparkassen aus Abbildung 10 mit den entsprechenden Margen der Geschäftsbanken aus Abbildung 13, so sind die Unterschiede noch deutlicher zu erkennen. In der kritischen Phase 1979-82 steigen die Finanzierungskosten bei den Banken und Sparkassen gleichermaßen. Die Banken können jedoch, bei verminderter Spanne, den größten Teil der Zinssteigerungen durch eine Anpassung der Sollzinsen auffangen. Dafür wirkt sich dann der Rückgang des Zinsniveaus seit 1983 bei den Zinserlösen der Geschäftsbanken entsprechend stärker aus. In der Gesamtheit erweist sich der Geschäftsbankensektor als bedeutend stabiler gegenüber Zinsschwankungen. Die Ausweitung der Marge bei den Geschäftsbanken von 6 % auf 8 % zwischen 1970 und 1990 ist bemerkenswert und schlägt sich auch in einer Erhöhung der gesamten Bruttozinsspanne um 0,5 % nieder.

---

1)   Siehe Anhang 4.
2)   Diesen standen entsprechende unverzinsliche Mindestreserven gegenüber.

134

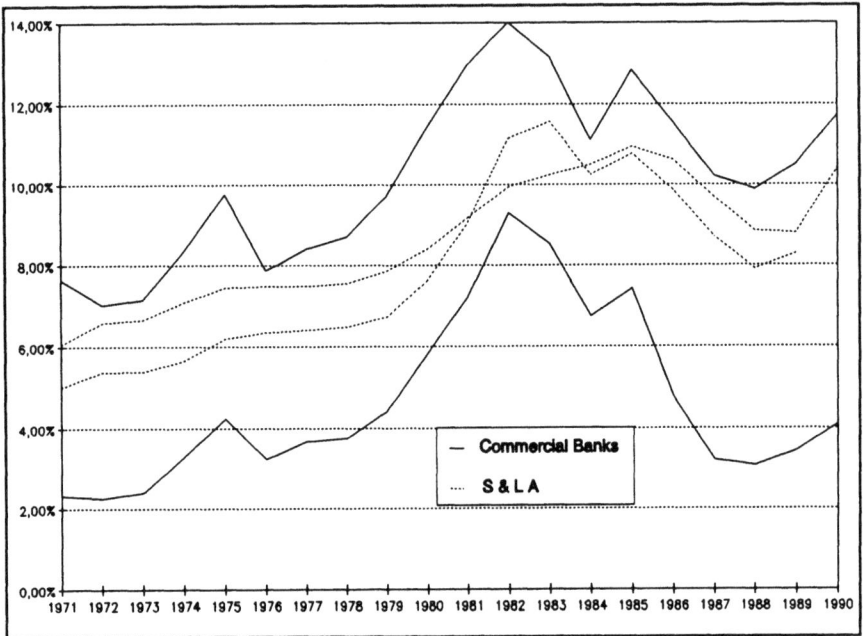

Abbildung 13: Rentabilität von Einlagen- und Kreditgeschäft bei FDIC-versicherten Commercial Banks 1970-1990

Die Bruttozinsspanne weist nach Größenklassen gegliedert jedoch erhebliche Schwankungen auf, wie eine Aufschlüsselung für die Jahre 1984-90 ergibt (Abbildung 14). Hierin zeigt sich die Spezialisierung innerhalb des Geschäftsbankensektors. Es ergibt sich ein direkter Zusammenhang zwischen Betriebsgröße und Zinsspanne. Die großen Money Center Banks arbeiten dabei mit einer bedeutend geringeren und instabileren Spanne als die kleineren Banken. Gerade die Spanne der kleineren regionalen Banken, die von ihrer Struktur her den Savings and Loan Associations am ähnlichsten sind, liegen weit über dem Durchschnitt und sind in dem betrachteten Zeitraum sehr stabil[1]. Insofern verzerren die Großbanken den Vergleich zugunsten der Savings and Loan Associations.

---

1)   Andererseits betrieben die kleinen Geschäftsbanken in der Hochzinsphase ein ähnliches Geschäft wie die Savings and Loan Associations und hatten zumindest teilweise ähnliche Probleme wie die Sparkassen. Vgl. Carron (1982).

3.2 Die Nettozinsspanne

Der hohen Bruttozinsspanne der Geschäftsbanken steht eine entsprechende Bedarfsspanne gegenüber, die die Nettozinsspanne auf das Niveau der Sparkassen bringt. Die im Vergleich zu den Sparkassen erhöhten Kosten der Banken resultieren dabei aus der Abwicklung des Zahlungsverkehrs bzw. der Quersubventionierung der Sichteinlagen. Hierbei handelt es sich um einen Posten, der bei Sparkassen kaum ins Gewicht fällt. Ebenso kann das Auslandsgeschäft der Großbanken als kostenintensiver eingeschätzt werden.

Auffällig ist die Tatsache, daß sich die Nettozinsspannen beider Institutsgruppen in den 70er Jahren entsprechen, während sich in den 80er Jahren eine zunehmende Lücke ergibt, die offenbar durch die ansteigenden Kosten bei den Sparkassen verursacht wird. Allerdings sind auch die Geschäftsbanken nicht in der Lage, die erhöhte Bruttozinsspanne vollständig in eine verbesserte Nettozinsspanne umzusetzen. Interessant ist hierbei wiederum eine Aufschlüsselung nach Größenklassen. Durch die unterschiedliche Kostenstruktur bei großen und kleinen Banken ist die Reihenfolge der einzelnen Zinsspannen im Vergleich zur Bruttozinsspanne umgekehrt. Jedoch gelingt es auch den weniger rentablen kleinen Banken, ihre Nettozinsspanne im Gegensatz zu den Savings and Loan Associations zu verbessern.

Die Versicherungsprämien der FDIC sollen nicht unerwähnt bleiben: Sie verharren bis 1989 auf dem Niveau von 0,083 %, liegen also seit 1985 0,125 % unterhalb der FSLIC-Prämien. Für die Commercial Banks resultiert hier ein Wettbewerbsvorteil. Dieser wird verstärkt durch die Großbanken mit ihren ausländischen Depositen, da die Prämien lediglich auf inländische Einlagen bezahlt werden müssen.

Bezogen auf die Nettozinsspanne läßt sich abschließend feststellen, daß auch die Geschäftsbanken in den 80er Jahren einem Kostendruck ausgesetzt sind, welcher jedoch geringer ist als bei den Sparkassen. Die Kosten können dabei durch eine verbesserte Bruttozinsspanne kompensiert werden, so daß sich die Nettozinsspanne insgesamt leicht steigert. Probleme treten jedoch sowohl bei den sehr kleinen Banken als auch bei den Großbanken auf. Die Ursachen hierfür sind unterschiedlich: Während die Kleinbanken aufgrund ihrer geringen Betriebsgrößen und der damit verbundenen Kosten gegenüber den übrigen Banken verlieren, leiden die Großbanken unter einer sinkenden Bruttozinsspanne, die nicht durch eine niedrigere Bedarfsspanne ausgeglichen werden kann.

136

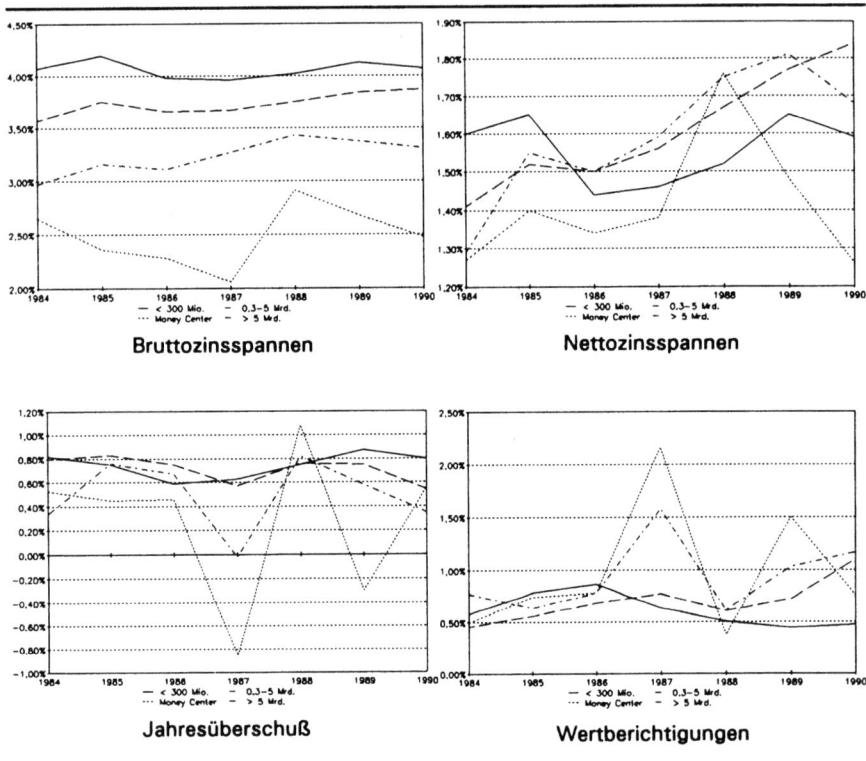

Bruttozinsspannen

Nettozinsspannen

Jahresüberschuß

Wertberichtigungen

Abbildung 14: Zinsspannen der Commercial Banks nach Größenklassen 1984-1990

Quelle: Brunner et. al. (1991)

3.3 Der Jahresüberschuß

Zwischen Jahresüberschuß und Nettozinsspanne besteht bei den Geschäftsbanken, anders als bei den Sparkassen, während des gesamten Zeitraums eine
Differenz, die im wesentlichen auf höhere Risikokosten im Kreditgeschäft
zurückzuführen ist. Nur ein kleiner Teil der Kredite bei Geschäftsbanken ist
durch Grundpfandrechte besichert und hat die vergleichsweise hohen Bonitäts-
eigenschaften von privaten Hypothekarkrediten. So ist das außerordentliche
Ergebnis durchweg unausgeglichen und mindert den Jahreserfolg. Dies wird
jedoch durch die höheren Zinsspannen kompensiert. Es ergibt sich aber bei den
Geschäftsbanken im Zeitablauf eine Schere zwischen Betriebsergebnis und
Jahresüberschuß, die 1987 die Gewinne der Banken auf den Nullpunkt drückt.
Das Jahr 1987 ist das schlechteste Jahr der Banken nach dem Debakel der 30er
Jahre[1]. Die Verbesserung im folgenden Jahr stellt nur eine vorübergehende
Erscheinung dar, da bereits 1989 und verstärkt 1990 die Ertragsentwicklung
erneut rückläufig ist.

Die Ursachen dieser Entwicklung sind bei den Großbanken zu suchen. Hier
ist auf das internationale Engagement (Stichwort: Internationale Schuldenkrise)
zu verweisen. Die hohen Wertberichtigungen des Jahres 1987 werden vor allem
durch notleidende Kredite dieser Banken verursacht. Dennoch läßt sich auch für
den gesamten Sektor ein steigender Trend feststellen, der auch bei den übrigen
Banken 1989 und 1990 einen Anstieg der Wertberichtigungen zur Folge hat.
Hier werden auch die Geschäftsbanken von den Problemen des Immobilien-
marktes und von der einsetzenden Rezession erfaßt. Es ist somit kaum verwunderlich, daß die Zahl der Bankeninsolvenzen in die Höhe schnellt und die
FDIC vor wachsende Probleme stellt[2]. Insofern zeichnet der Jahresüberschuß
ein gänzlich anderes Bild vom Erfolg der Geschäftsbanken in den 80er Jahre.
Höhere Zinserlöse werden offenbar ähnlich wie bei den Sparkassen mit gestiegenen Kreditrisiken erkauft.

4. Die Mortgage Finance Revolution

Nach der Untersuchung der Zinsspannen bei den Sparkassen und Geschäftsbanken soll nun noch kurz auf die langfristigen Ertragsaussichten der Sparkassen eingegangen werden. Hierbei geht es um die Frage, ob es in der Zukunft
eine besondere Rolle für die Savings and Loan Associations als spezialisierte
Realkreditfinanzierer geben kann.

---

1) Vgl. Wolfson / McLaughlin (1989).

2) Vgl. Brumbaugh / Carron / Litan (1989) S. 250 - 258

138

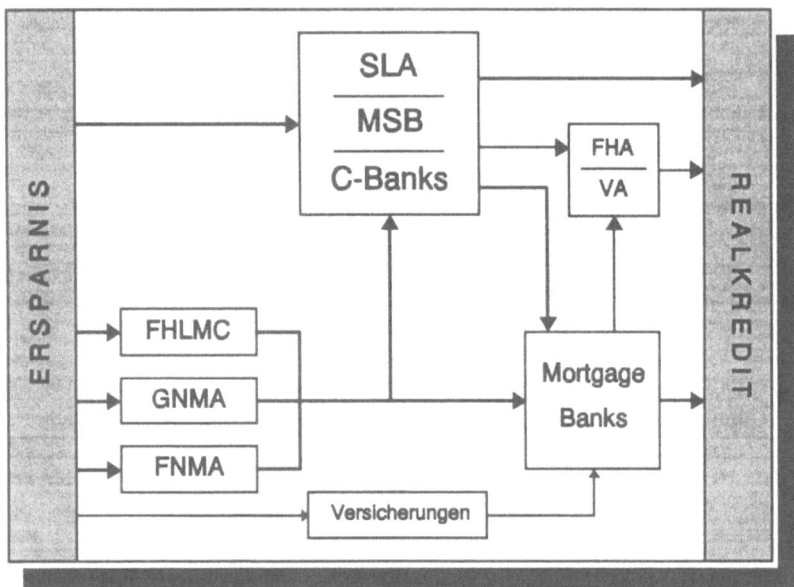

Diagramm 11: Struktur des privaten Hypothekenmarktes in den USA

Als Mortgage Finance Revolution werden die durch den Trend zur Verbriefung ausgelösten Veränderungen im Hypothekengeschäft bezeichnet. Beim Hypothekarkreditmarkt handelt es sich um den volumenmäßig größten Kapitalmarkt in den USA. Dies erklärt sich vor allem aus der Tatsache, daß über 60% aller Amerikaner ein Eigenheim besitzen und daß die Förderung von Wohneigentum seit den 30er Jahren einen hohen sozialpolitischen Stellenwert besitzt[1].

Diagramm 11 veranschaulicht die Struktur des Realkreditmarktes in den USA. Hier sind die Savings and Loan Associations nicht die einzigen Intermediäre. Unmittelbare Konkurrenten sind die Geschäftsbanken und die Mutual Savings Banks, die ebenfalls in private Hypotheken investieren. Seit Beginn der 70er Jahre bilden jedoch vor allem die sogenannten Mortgage Pools eine wachsende Konkurrenz für die Savings and Loan Associations. Zu den Pools werden die öffentlich-rechtliche Federal National Mortgage Association (FNMA oder FannieMae), die vom FHLBS betriebene Federal Home Loan Mortgage Corporation (FHLMC oder Freddie Mac) und die staatliche Government National Mortgage Association (GNMA oder Ginnie Mae) gezählt.

---

1) Vgl. hierzu Rosen (1981), Weicher (1988) und Ball (1990).

Die FNMA funktioniert dabei wie eine große Savings and Loan Association, indem sie Hypothekenkredite ankauft und im Portefeuille hält. Seit 1981 finanziert sich die FNMA über die Emission von Pfandbriefen, den sogenannten Mortgage Backed Securities (MBS). Die GNMA ging 1968 aus der FNMA hervor und hat als staatliche Behörde die Aufgabe, den Sekundärmarkt für MBS zu entwickeln. Zu diesem Zweck betreibt die GNMA die Verbriefung von staatlich garantierten Hypothekenschulden der privaten Haushalte ohne selbst als Investor aufzutreten. Die FHLMC verfolgt seit 1970 die selbe Zielsetzung. Aufgabe aller drei Institutionen ist es, den Innovationen im Hypothekenbereich durch Demonstrationseffekte und Marktpflege Vorschub zu leisten, um auf diese Weise den Hypothekarkredit für einen breiten Kreis von Investoren zugänglich zu machen. Bis 1982 traten die FNMA und die FHLMC dabei vor allem als antizyklische Investoren auf dem Markt auf, als die Savings and Loan Associations in Hochzinsphasen von Disintermediation betroffen waren[1].

Alle drei Mortgage Pools sind Treuhandvermögen, deren Vermögen in handelbare Wertpapiere umgewandelt wird und dann überwiegend an institutionelle Anleger verkauft werden. Ein wesentliches Problem bei der Verbriefung stellt die Ausgestaltung des Fondskonzepts dar. Bei den zu Beginn verwendeten Pass Through Securities werden alle eingehenden Zins- und Tilgungszahlungen direkt an die Anteilseigner weitergeleitet. Dadurch sahen sich die Anleger einem nicht unbeträchtlichen Risiko der vorzeitigen Tilgung durch die Kreditnehmer ausgesetzt. Um diesen Problem zu begegnen, wurde Mitte der 80er Jahre mit der Collaterized Mortgage Obligation (CMO) ein alternatives Anleihekonzept entwickelt. Der CMO liegt ein Auszahlungsmanagement zugrunde, bei dem der Anleger zwischen Tranchen unterschiedlicher Fristigkeit wählen kann[2]. Diese Wertpapiere erfreuen sich seit dem Beginn der 80er Jahre einer wachsenden Beliebtheit. Die Ursachen hierfür sind zum einen in den Schwierigkeiten der Savings and Loan Associations in der Hochzinsphase zu sehen. Zum anderen führen aber sinkende Informations- und Transaktionskosten zunehmend zu einer Ausschaltung der Intermediäre.

Ein wesentlicher Faktor beim Erfolg der MBS ist das geringe Bonitätsrisiko der zugrundeliegenden Kreditportefeuilles. Dies ergibt sich aus der besonderen Form der Besicherung, vor allem aber aus den verschiedenen Formen von Kreditversicherungen und Garantien auf diese Kredite. Etwa 60% aller privaten Hypothekarkredite sind versichert, wobei die staatlichen Behörden - die Federal Housing Agency und die Veterans Association - einen Marktanteil von etwa 60% besitzen. Die restlichen 30% werden von privaten Versicherern übernommen. Zusätzlich garantiert die GNMA als staatliche Behörde alle ihre

---

1) Siehe Weicher (1988) S. 310 ff..

2) Siehe Brumbaugh / Carron (1987) und Ball (1990) Kap. 6, Appendix 2

Tabelle 13: Realkreditmarkt der USA 1980-1989

Marktanteile in %

	SLA's		C-Banken		Pools & Trusts	
	Gesamt	1-4 Family	Gesamt	1-4 Family	Gesamt	1-4 Family
1980	41,3	43,5	18,0	16,6	17,9	19,4
1981	39,5	41,6	18,1	16,3	18,8	20,8
1982	35,3	36,4	18,4	16,1	22,2	25,9
1983	34,2	32,3	18,1	15,2	24,3	29,9
1984	34,5	31,6	18,4	14,7	24,8	31,5
1985	33,0	28,8	18,6	14,2	26,3	34,4
1986	29,7	23,5	19,2	13,7	29,4	39,5
1987	28,9	25,9	19,9	14,1	30,7	42,1
1988	28,2	25,8	20,6	14,3	31,1	42,2
1989	25,4	22,7	21,5	15,2	33,0	44,6

1-4 Family: Ein- bis Vierfamilienhäuser; Quelle: Dept. of Census (1991), Tab. 821; OTS (1989), Tab. C-1

Emissionen von MBS. Die staatlichen Garantien, besonders der GNMA, stellen eine nicht unbeträchtliche Subvention der MBS dar[1].

Einen Anhaltspunkt über das Ausmaß der Verschiebungen, die durch die Verbriefung ausgelöst wurden, gibt die in Tabelle 13 aufgeführte Entwicklung der Marktanteile einzelner Kapitalgeber am Bestand von Hypothekarkrediten. Bezogen auf den Gesamtmarkt ging der Marktanteil der Sparkassen zwischen 1980 und 1989 von 41% auf 25% des ausstehenden Realkredits zurück, wobei der Rückgang bei den privaten Hypotheken für Ein- und Mehrfamilienhäuser noch ausgeprägter verlief. Im gleichen Umfang wie die Sparkassen Marktanteile verloren, gewannen die Mortgage Pools Marktanteile dazu. Ihr Anteil am Markt für Ein- und Mehrfamilienhäuser stieg von 19% auf 45% des Marktvolumens. Der Anteil der Geschäftsbanken verminderte sich hingegen nur leicht von 17% auf 15% des Marktvolumens.

Für die Sparkassenbranche ist diese Entwicklung sowohl mit Vor- als auch mit Nachteilen verbunden. Die Vorteile dieses Konzepts liegen für die Sparkassen vor allem in der Möglichkeit, kurzfristig Teile ihrer Aktiva zu liquidisieren bzw. umgekehrt kurzfristig innerhalb des engen regulativen Rahmens Investitionsmöglichkeiten zu finden. MBS weisen im Hinblick auf die Liquidität und auf die regionale Diversifizierung positive Effekte auf. Viele Sparkassen reduzieren den Anteil der Realkredite in ihren Portefeuilles bewußt zugunsten anderer Aktivitäten und konzentrieren sich im Hypothekarbereich ganz auf den

---

1) Siehe Weicher (1988).

Dienstleistungsaspekt, indem sie allein die Akquisition und Abwicklung des Kreditgeschäfts übernehmen. Die zugrundeliegenden Forderungen verkaufen sie dann auf dem Sekundärmarkt. Hierbei wird eine Gewichtsverschiebung vom zinsabhängigen Einkommen hin zum stabileren Gebühreneinkommen angestrebt. Zugleich können auf diese Weise, unter Schonung des Eigenkapitals, Mittel für andere Bereiche freigesetzt werden. Dieses spezielle Marktsegment ist aber auch mit den Mortgage Banks[1] besetzt, reinen Finanzdienstleistern, die sich auf die Vergabe von Hypothekarkrediten spezialisiert haben. Im Bereich der Aquisation von Hypothekarkreidten gelingt es den Sparkassen jedoch auch in den 80er Jahren ihren Marktanteil an den Vertragsabschlüssen von über 40% zu halten; sie konnten ihn aber auch nicht wesentlich erweitern[2]. Bezüglich des reinen Mortgage Bankings, muß man sich bei den Savings and Loan Associations angesichts der in Kap. III.2.2 dargestellten Kostenentwicklung der Sparkassen allerdings fragen, inwieweit diese Aktivität tatsächlich kostendeckend erfolgt.

Die Savings and Loan Associations weiten aber auch ihre Bestände an MBS erheblich aus. Deren Anteil steigt zwischen 1980 und 1989 von 4,4% der Aktiva auf 15,4% der Aktiva[3]. In der Expansionsphase 1983-85 stellen die MBS eine sofort verfügbare und vertraute Investitionsmöglichkeit dar, deren lange Restlaufzeiten bei rückläufigen Zinsen entsprechende Spekulationsgewinne versprachen[4]. *Carron / Brumbaugh* (1989) stellten jedoch fest, daß die MBS, unter Berücksichtigung der Refinanzierungskosten, bei vollständig gehedgter Position für die Savings and Loan Associations nur selten eine rentable Investition darstellten[5]. Obwohl es keine Informationen über die Restlaufzeiten der von den Savings and Loan Associations gehaltenen MBS gibt, ist daher zu vermuten, daß viele Savings and Loan Associations die MBS für Zinsspekulationen verwenden.

Problematisch sind vor allem die langfristigen Implikationen der Disintermediation. Als Investoren besitzen die Sparkassen angesichts ihrer schwachen Eigenkapitalposition und den hohen Finanzierungskosten kaum noch einen komparativen Vorteil gegenüber anderen Portefeuillehaltern, insbesondere den institutionellen Anlegern. Deren Konkurrenz mindert die Margen, die die Sparkassen im Hypothekarkreditgeschäft erzielen können. So kommen *Brumbaugh / Carron / Litan* (1989) in Bezug auf den 1987 eingeführten QTL-Test zu der Schlußfolgerung:

---

1) Vgl. Ball (1990) S. 106 und Diagramm 1.
2) Vgl. White (1991)
3) Siehe Tabelle 17.
4) Siehe Abbildung 5.
5) Vgl. die Studie von Carron / Brumbaugh (1989).

> Now that mortgages can easily be originated and then resold into the secondary
> market through the "securitization" of mortgage finance, the profit margins on
> traditional mortgage lending have been virtually eliminated. Indeed the only way
> thrifts can profit from holding long term mortgages is to make interest rate bets.[1]

Hierbei handelt es sich um eine Entwicklung, die auch die Geschäftsbanken betrifft und zwar sowohl im Realkreditbereich[2], als auch im Firmen- und Konsumentenkredit. So stieg das Volumen an Commercial Paper von 1986 bis 1990 um über 70% auf über 550 Mrd. $[3]. Hiervon profitieren vor allem die Kunden mit guter Bonität. So waren auch die Banken gezwungen, im Firmenkredit neue, riskantere Geschäfte zu tätigen. Ein Beispiel hierfür ist die Finanzierung von Unternehmenskäufen, den Leveraged Buy Outs. Der Anteil dieser Finanzierungen am gesamten Firmenkredit stieg bis 1988 auf 11,5% aller Forderungen im Bereich Firmenkredit[4]. Auch die Banken veräußern Teile ihres Kreditportfeuilles und beschränken sich auf die Abwicklung und Akquisation von Kreditgeschäften[5]. Dies ist vor allem im Hinblick auf die strengeren Eigenkapitalanforderungen des FIRREA notwendig. Langfristig besteht sowohl bei den Geschäftsbanken als auch bei den Sparkassen die Gefahr, daß sich die Margen in allen Kreditsparten weiter vermindern, da die Kreditmärkte für weitere Investoren geöffnet werden. Der durch den FIRREA verschärfte QTL-Test für die Sparkassen kann in diesem Zusammenhang in der Zukunft zu erneuten Rentabilitätsproblemen der Sparkassen führen.

5. Ist die Deregulierungspolitk gescheitert?

Die Analyse zeigt, daß die Savings and Loan Associations während der 80er Jahren nicht zu ernsthaften Konkurrenten der Geschäftsbanken wurden. Diese sahen sich zwar was den Trend zur Sekuritisierung angeht ähnlichen Problemen wie die Savings and Loan Associations ausgesetzt, konnten diese Probleme aber besser meistern. Die sich verschlechternde Kreditqualität erweist sich als ein generelles Phänomen, von dem beide Gruppen betroffen sind. Sowohl bei den Savings and Loan Associations als auch bei den Geschäftsbanken macht sich dabei das Problem der schlechten regionalen Diversifizierung bemerkbar und so kommt es auch bei den Geschäftsbanken zu einem Ansteigen der Insolvenz-

---

1) Brumbaugh / Carron / Litan (1989) S. 281.
2) Zur Rolle der MBS bei den Commercial Banks vgl. Brunner / Duca / McLaughlin (1991) S. 509.
3) Siehe THE ECONOMIST, *Survey of World Banking*, 22.5.1992, S. 10.
4) Siehe Brumbaugh / Litan (1990) S. 9, Wolfson / McLaughlin (1989) S. 463 ff.
5) Siehe Wolfson / McLaughlin (1989) S. 464.

rate. Die Geschäftsbanken waren jedoch von der Hochzinsphase nicht annähernd so geschwächt wie die Sparkassen.

Vor dem Hintergrund des Schicksals der Sparkassen stellt sich nach den obigen Betrachtungen die Frage, inwieweit auch die Deregulierungspolitik Ursache der Sparkassenkrise gewesen ist, bzw. warum die Deregulierung bei den Sparkassen gescheitert ist. Die These, daß einzelne Maßnahmen, die mit der Deregulierungspolitik verbunden waren, Insolvenzen von Sparkassen verursachten, wurde bereits in einer relativ frühen Phase des Sparkassendebakels aufgestellt. Hieraus resultierte ein Trend zur Re-Regulierung. Bereits 1983 sprachen sich beide Einlagenversicherer die FSLIC und die FDIC gegen die Verwendung von Brokered Deposits aus. Diese stellten aus ihrer Sicht ein wesentliches Instrument für das unkontrollierte Wachstum und die folgende Insolvenz einzelner Unternehmen dar. Eine entsprechende Beschränkung des Versicherungsumfangs für solche Einlagen hatte jedoch keinen Erfolg, da ihr die gesetzliche Grundlage fehlte. Brokered Deposits waren eine Folge der Habenzinsderegulierung und der wachsenden technischen Möglichkeiten, die die Verwaltung solcher Mittel erst ermöglichten. Auf der Aktivseite stellten die Direct Investments die umstrittenste Anlageform dar. Nachdem die Direct Investments 1980 eingeführt worden waren erließ das FHLBB bereits 1985 wieder Beschränkungen für die Verwendung dieser Instrumente. Dem lag die Einschätzung zugrunde, daß einzelne Klassen von Aktiva Insolvenzen verursachen würden. Mit dieser Haltung begründete das FHLBB den Trend zu einer Re-Regulierung des Sparkassensektors, die sich 1987 und verschärft 1989 im Qualified Thrift Lender Test (QTL) niederschlug, der erneut die Rolle der Sparkassen als Realkreditfinanzierer festschrieb[1].

Die in diesem Abschnitt der Arbeit durchgeführte Zinsspannenuntersuchung und der Vergleich mit den Geschäftsbanken führen jedoch zu anderen Schlußfolgerungen. Das Hauptproblem der Sparkassen in den 80er Jahren war die schlechte Ausgangslage, die durch eine zu spät erfolgte Deregulierung der Sparkassenportefeuilles verursacht wurde. Die Zinsspannen zeigen deutlich, daß die Sparkassen in ihrem bestehenden Korsett nicht hätten überleben können. Nach der Deregulierung war es insbesondere die starke Expansion der Sparkassen, die die Betriebskosten und die Kreditausfälle in die Höhe treibt. Die Expansion erfolgte gezwungenermaßen - wie sonst hätten die Sparkassen ihre Rentabilität nach 1982 wiedererlangen können? - zu einem Zeitpunkt und in Bereichen, die die Sparkassen in den folgenden Jahren überproportional unter den regionalen und sektoralen Problemen des Südwestens leiden lassen.

---

1) Hier ergab sich freilich in manchen Bundesstaaten die Möglichkeit, von einer Savings and Loan-Konzession zu einer Mutual Savings Bank-Konzession zu wechseln und auf diese Weise den QTL zu umgehen. Siehe HANDELSBLATT Nr. 204, 22.10.1990.

In dieser Hinsicht ging die Deregulierung nicht weit genug, da sie keine über-
regionalen Zusammenschlüsse in großem Umfang zuließ.

Eine plötzliche Umorientierung der Sparkassen zu bankähnlichen Struktu-
ren konnte angesichts der großen langfristig gebundenen Altbestände an Realkrediten nicht erwartet werden. Hier ist die Deregulierung nicht gescheitert,
sondern wurde in ihrer Wirkung von denjenigen, die sich von ihr eine Lösung
der akuten Probleme versprachen, überschätzt. Die Zuwachsraten und Renditen
aber, die die Sparkassen im Bankgeschäft zu verzeichnen hatten verdeutlichen,
daß es sich hierbei grundsätzlich um den richtigen Weg handelt. Eine Reregulierung in Form des QTL-Tests kann hier nur schädlich sein.

Letztlich waren es vor allem die offenen insolventen Unternehmen, die die
Verluste im Sparkassensektor zu verantworten hatten. Dies läßt sich an der
leichten Verbesserung der Situation ablesen, die eintrat, als 1988 damit begonnen wurde, in großem Umfang alle negativ und schlecht kapitalisierten Unternehmen zu schließen. Wie bereits im vorangegangenen Abschnitt beschrieben,
nutzen diese Unternehmen die Möglichkeiten, die die Deregulierung und die
Schwächen des Aufsichtssystems ermöglichten, aggressiver als andere Unternehmen und schädigen dadurch die gesamte Branche durch den Vertrauensverlust, höhere Versicherungsprämien und höhere Finanzierungskosten. Durch
diese Politik, die es überschuldeten Unternehmen ermöglichte jahrelang weiter
zu existieren, wurde die Deregulierung konterkariert, indem eine der logischen
Folgen gesteigerten Wettbewerbs, nämlich das Ausscheiden ineffizienter Anbieter, verzögert wurde. Dies war vor allem durch den Trend zur Verbriefung
notwendig geworden, der die Sparkassen in ihrer bestehenden Form überflüssig
machte. Hierbei handelte es sich jedoch um ein allgemeines Phänomen, das alle
auch die Geschäftsbanken betraf und das auch durch eine Reregulierung nicht
rückgängig gemacht werden kann.

Hauptleidtragende der Fehler der späten 70er Jahre und der 80er Jahre sind
somit die überlebenden solventen Sparkassen, die in Zukunft unter den verfehlten Reregulierungsmaßnahmen, gestiegenen Versicherungsprämien und
einem allgemeinen Vertrauensverlust zu leiden haben. Genau davon profitierten
die Geschäftsbanken, denen insbesondere 1989 und 1990 große Teile des
Sparkassengeschäfts zuflossen. Letztlich wird den verbleibenden Sparkassen
nichts anderes übrigbleiben, als die komplizierte Ausgestaltung des amerikanischen Bankensystems zu nutzen und selbst zu einer Geschäftsbanken-Kon-
zession zu wechseln. Der Sparkassensektor als solches hat de facto bereits
aufgehört zu existieren.

Resümee

In dieser Arbeit wurde dargestellt, wie die Sparkassenkrise, ausgelöst durch einen exogenen Schock durch die Geldpolitik, im Verlauf der 80er Jahre zu einer Finanzkrise der Superlative eskalierte. Die Ursache hierfür ist in der restriktiven Portefeuilleregulierung durch den HOLA von 1933 in Kombination mit der Einlagenversicherung FSLIC und den seit 1980 vom FHLBB gewährten Eigenkapitalhilfen an überschuldete Savings and Loan Associations zu erkennen. Bei der Sparkassenkrise handelt es sich nicht allein um ein historisches Ereignis. Die Krise offenbarte vielmehr Schwächen im politischen System, in der Bankenregulierung und in der Einlagenversicherung, die auch heute noch unverändert anzutreffen sind.

Der polit-ökonomische Aspekt der Sparkassenkrise ist sicherlich die auffälligste Facette der Krise. Für den Außenstehenden sind die Entscheidungen, die von seiten des Kongresses, der Regierung und des FHLBB zur Eskalation der Krise beitrugen, aus ökonomischer Perspektive nur schwer nachzuvollziehen. Die Sparkassenkrise ist ein Beispiel für eklatantes Staatsversagen auf allen Ebenen der Exekutive, Legislative und der Judikative. Ursache hierfür ist der von Kane so treffend beschriebene Principal-Agent Nexus zwischen FHLBB, Kongreß und Steuerzahler bzw. Wähler. FHLBB und Kongreß handelten als Agenten nicht im Interesse ihres Principals des Steuerzahlers. Dennoch handelten sie rational in bezug auf die vorhandenen Anreize, die das politische System, dem auf Wiederwahl setzenden Politiker setzt. Insofern ist lediglich das Ausmaß der finanziellen Folgen der Entscheidungen bemerkenswert, nicht jedoch die Verhaltensweisen, die diese Folgen heraufbeschworen.

Aus der Perspektive der Bankenregulierung betrachtet, offenbart sich in der Sparkassenkrise der Strukturwandel, von dem das Bankensystem insgesamt betroffen ist. Die Sparkassen sahen sich mit dem wachsenden Druck durch volatilere Zinsen, Finanzinnovationen und den entsprechenden Reaktionen der Aufsichtsbehörden und des Gesetzgebers konfrontiert. Letztlich existiert die Wettbewerbsnische der amerikanischen Sparkassen schon seit den 70er Jahren nicht mehr. Finanzinnovationen ermöglichten sowohl die Umgehung der Regulation Q und die Umgehung der Sparkassen selbst durch die Mortgage Backed Securities. Seitens der Regulierung hielt man jeweils zu lange an den bestehenden Regulierungsmaßnahmen der 30er Jahre fest und vollzog die Anpassung zu spät. Dies verursachte für die Sparkassen die fundamentalen Rentabilitätsprobleme und zwang diese zu Investitionen mit hohen Zins- und Bonitätsrisiken.

Der dritte Aspekt betrifft die Einlagenversicherung FSLIC. Hier wurde das Zusammenwirken von expliziter Versicherungsprämie und impliziten Schutzmechanismen gegen Moral Hazard nicht beachtet, als man 1980 auf den Kurs der Capital Forbearance schwenkte. Eigenkapitalerleichterungen hätten allenfalls kurzfristig und gegen entsprechende Auflagen gewährt werden dürfen. Stattdessen vertraute man seitens des Gesetzgebers und des FHLBB blindlings auf die Deregulierung, die ja zu Beginn der 80er Jahre auch sehr "en vogue war. Unter einem Einlagenversicherungssystem mit fixer Prämie bedeutete jedoch Deregulierung nicht mehr Markt, da ein wesentlicher Preis- und Informationsmechanismus, nämlich der für Risiko, außer Kraft gesetzt war.

Das Fazit lautet somit, daß sich ähnliche Verhaltensweisen wiederholen können und zwar nicht nur in den USA, sondern auch in anderen Ländern. In den USA besteht die Einlagenversicherung auch nach dem FDICIA in ihren Grundzügen unverändert fort. Die Regulierung des Sparkassensektors wurde durch den QTL wieder verschärft und entspricht in ihren Ansätzen weiterhin denen der Vergangenheit. Schließlich überlebte auch das politische System dieses Debakel nahezu unbeschadet.

Literaturverzeichnis

Adams, James R. (1990), *The Big Fix: Inside the S&L Scandal, How an Unholy Alliance of Politics and Money Destroyed Americas Banking System*. New York: Wiley 1990

Altman, Edward J. (Hrsg.) (1987), *Handbook of Financial Markets and Institutions*. New York: Wiley 1987

Bagehot, Walter (1873), *Lombard Street*. Reprint, Homewood: Irwin 1962

Balbirer, Sheldon D. / Jud, G. Donald / Lindahl, Frederick W. (1992), Regulation, competition, and abnormal returns in the market for thrifts. *Journal of Financial Economics* 31(1992)1, S. 107 - 131

Balderston, Frederic E. (1985), *Thrifts in Crisis, Structural Transformation of the Savings and Loan Industry*. Cambridge (Mass.): Ballinger 1985

Ball, Michael (1990), Under one Roof: Retail Banking and the International Mortgage Finance Revolution. New York: St.Martins Press 1990

Baltensperger, Ernst (1990), The Economic Theory of Banking Regulation. In: Richter. R./Furubotn, E.G., *The Economics and Law of Banking Regulation*, Occasional Papers Vol.2 Winter 1989/90 Center for the Study of the New Institutional Economics, Saarbrücken S. 1-22

Baltensperger, Ernst / Dermine, Jean (1987), The Role of Public Policy in Insuring Financial Stability: A Cross-Country Comparison Perspective. In: Portes / Swoboda (Hrsg.): *Threats to International Financial Stability*, London: Cambridge University Press 1987

Barth, James R. / Bradley, Michael G. (1989), Thrift Deregulation and Federal Deposit Insurance. *Journal of Financial Services Research* 2(1989) S. 231-259

Barth, James R. / Bartholomew, Phillip F. / Labich, Carol J. (1989), Moral Hazard and the Thrift Crisis: An Analysis of the 1988 Resolutions. In: Federal Reserve Bank of Chicago (Hrsg.): *Proceedings of the 25th Annual Conference of Bank Structure and Competition*, Chicago: Federal Reserve Bank of Chicago 1989 S. 344-384.

Barth, James R. / Bartholomew, Phillip F. / Bradley, Michael G. (1990), Determinants of Thrift Institution Resolution Costs. *Journal of Finance* 45(1990)3 S. 731-754

Barth, James R. / Brumbaugh, R. Dan / Sauerhaft, Daniel / Wang, George H.K. (1985a), Thrift Institution Failures: Causes and Policy Issues. In: Federal Reserve Bank of Chicago (Hrsg.): *A Conference on Bank Structure and Competition*, Chicago 1985 S. 184-216

Barth, James R. / Brumbaugh, R. Dan / Sauerhaft, Daniel / Wang, George H.K. (1985b), Insolvency and Risk Taking in the Thrift Industry: Implications for the Future. *Contemporary Policy Issues* 3(1985)5 S. 1-21

Barth, James R. / Brumbaugh, R. Dan / Sauerhaft, Daniel / Wang, George H. K. (1989), Thrift Institution Failures: Estimating the Regulators Closure Rule. In: Kaufman, G. G. (Hrsg.): *Research in Financial Sevices Vol. 1 1989, Private and Public Policy*, Greenwich (Con), London: JAI Press 1989, S. 1-24.

Barth, James R. / **Hudson, Carl H.**/ **Page, Daniel E.** (1991), The Need to Reform the Federal Deposit Insurance System. *Contemporary Policy Issues*, 9(1991)1 S. 24-35

Barth, James R. / **Regalia, Martin A.** (1988), The Evolving Role of Regulation in the Savings and Loan Industry. In: England, C. / Huertas, T. (Hrsg.): *The Financial Services Revolution, Policy Directions for the Future*, Boston u.a.: Kluwer 1988, S. 113-164

Becker, Wolf-Dieter (1987), Das Grundproblem der Bankenregulierung. In: Schneider, D.: *Kapitalmarkt und Finanzierung*, Schriften des Vereins für Socialpolitik NF Band 165, S. 399-409, Berlin: Duncker & Humblot 1987

Benston, George J. (1986), *An Analysis of the Causes of Saving and Loan Association Failures*. New York: Salomon Brothers Center for the Study of Financial Institutions, Monograph Series in Finance and Economics 1985-4/5

Benston, George J. (1986a), Federal Regulation of Banking, Historical Overview. In: Kaufman, G.G. / Kormendi, R.C. (Hrsg.): *Deregulating Financial Services*, Cambridge (Mass.): Ballinger 1986, S. 1-47

Benston, George J. (1989), Direct Investments and FSLIC Losses. In: Kaufman, G. G. (Hrsg.): *Research in Financial Sevices Vol. 1 1989, Private and Public Policy*, Greenwich (Con), London: JAI Press 1989, S. 25-78

Benston, George J. (1990), Market-Value Accounting by Banks: Benefits, Costs and Incentives. In: Kaufman, George G. (Hrsg.): *Restructuring the American Financial System*, Boston u.a.: Kluwer 1990

Benston, George J. / **Eisenbeis, Robert A.** / **Horvitz, Paul M.** / **Kane, Edward J.** / **Kaufman, George G.** (1986), *Perspectives on Safe and Sound Banking: Past-Present-Future*. Cambridge (Mass.): MIT-Press 1986

Benston, George J. / **Kaufman, George G.**(1988), *Risk and Solvency Regulation of Depository Institutions: Past Policies and Current Options*. Salomon Brothers Center for the Study of Financial Institutions, Monograph Series in Finance and Economics 1988-1

Bernanke, Ben S. (1983), Nonmonetary Effects of the Financial Crisis in the Propagation of the Great Depression. *American Economic Review* 73(1983)3, S. 257-276

Bernstein, Leopold A. (1974), *Financial Statement Analysis, Theory, Application, and Interpretation*. Homewood (Ill.): Irwin 1974

Blair, Roger D. / **Heggestad, Arnold A.** (1978), Bank Portfolio Regulation and the Probability of Failure. *Journal of Money, Credit and Banking*, 10(1978)1, S. 88-93

Blank, Thomas (1991), *Finanzinnovationen und Geldpolitik*. Berlin: Duncker & Humblot 1991

Bordo, Michael D. (1989), The Lender of Last Resort: Some Historical Insights. In: Federal Reserve Bank of Chicago (Hrsg.): *Proceedings of the 25th Annual Conference of Bank Structure and Competition*, Chicago: Federal Reserve Bank of Chicago 1989 S. 177-195.

Borch, Karl H.(1990), *Economics of Insurance*. Amsterdam: North Holland 1990

Brewer, Elijah (1989), Full Blown Crisis, Half Measure Cure. *Economic Review*, Federal Reserve Bank of Chicago 13(1989)6 S.2-17

Brumbaugh, R. Dan (1988), *Thrifts under Siege*. Cambridge (Mass.): Ballinger 1988

Brumbaugh, R. Dan / Carron, Andrew S. (1987), Thrift Industry Crisis: Causes and Solutions. *Brookings Papers on Economic Activity* (1987)1 S. 349-377

Brumbaugh, R. Dan / Carron, Andrew S. / Litan, Robert E. (1989), Cleaning Up the Depository Institutions Mess. *Brookings Papers on Economic Activity* (1989)1 S. 243-295

Brumbaugh, R. Dan / Litan, Robert E. (1989), The S&L Crisis: How to Get Out and Stay Out. *Brookings Review* Spring 1989, S. 3-13

Brumbaugh, Dan R. / Litan Robert E. (1990), Banks Are Worse Off Than You Think. *Challenge* 33(1990)1 S. 4-12

Brumbaugh, R. Dan / Litan, Robert E. (1991), Ignoring Economics in Dealing with the Saving and Loan and Commercial Banking Crisis. *Contemporary Policy Issues* 9(1991)1 S. 36-53

Brunner, Allan D. / Duca, John V. / McLaughlin, Mary M. (1991), Recent Developments Affecting the Profitability of Commercial Banks. *Federal Reserve Bulletin* 77(1991)7 S. 505 - 527

Brunner, Allan D. / Hancock, Diana / McLaughlin, Mary M. (1992), Recent Developments Affecting the Profitability of Commercial Banks. *Federal Reserve Bulletin* 78(1992)7 S. 459 - 483

Büschgen, Hans E. (1991), *Bankbetriebslehre*. 3. Aufl., Wiesbaden: Gabler 1991

Burns, Arthur F. (1988), *The Ongoing Revolution in American Banking*. Washington: AEI 1988

Buser, Stephen A. / Chen, Andrew H. / Kane, Edward J. (1981), Federal Deposit Insurance and Optimal Bank Capital. *Journal of Finance,* 35(1981)1 S. 51-60

Calomiris, Charles W. (1989), Deposit Insurance, Lessons from the Record. *Economic Perspectives,* Federal Reserve Bank of Chicago 13(1989)3 S.10-30

Calomiris, Charles W. (1990), Is Deposit Insurance Necessary? A Historical Perspective. *Journal of Economic History* 50(1990)2 S.283-296

Calomiris, Charles W. / Hubbard, R. Glenn / Stock, James H. (1986), The Farm Debt Crisis. *Brookings Papers on Economic Activity,* (1986)2, S. 441-479

Carron, Andrew S. (1982), *The Plight of the Thrift Industry*. Washington D.C.: Brookings Institution 1982

Carron, Andrew S. (1982a), Financial Crisis: Recent Experience in U. S. and International Markets. *Brookings Papers on Economic Activity,* 1982:2, S. 395-418

Carron, Andrew S. (1983), *The Rescue of the Thrift Industry*. Washington D.C.: Brookings Institution 1983

Carron, Andrew S. / Brumbaugh, R. Dan (1989), The Future of Thrifts in the Mortgage Market. In: Federal Reserve Bank of Chicago (Hrsg.): *Proceedings of the 25th Annual Conference of Bank Structure and Competition*, Chicago: Federal Reserve Bank of Chicago 1989 S.385-400.

Clair, Robert T. (1984), Deposit Insurance, Moral Hazard, and Credit Unions. *Economic Review*, Federal Reserve Bank of Dallas July 1984 S. 1-13.

Clair, Robert T. / Tuckner, P.K. (1989), Interstate Banking and the Federal Reserve: A Historical Perspective. *Economic Review*, Federal Reserve Bank of Dallas, November 1989

Department of Commerce (1991), *U.S. Industrial Outlook 1991*. Washington: Department of Commerce 1991

Deutsche Bundesbank (1976), Die Ertragsentwicklung im Bankgewerbe. *Monatsberichte* 28(1976)11, S. 16

Deutsche Bundesbank (1990), Die Währungsunion mit der Deutschen Demokratischen Republik. *Monatsberichte* 42(1990)7, S. 14-29

DiCagno, Daniela (1990), *Regulation and Banks' Behaviour Towards Risk*. Aldershot: Dartmouth 1990

Diamond, Douglas W. (1984), Financial Intermediation and Delegated Monitoring. *Review of Economic Studies* (1984)

Diamond, Douglas W. / Dybvig Phillip H. (1983), Bank Runs, Deposit Insurance, and Liquidity. *Journal of Political Economy* 91(1983)3, S. 401-419

Dotsey, Michael / Kuprianov, Anatoli (1990), Reforming Deposit Insurance: Lessons from the Savings and Loan Crisis. *Economic Review*, Federal Reserve Bank of Richmond, 76(1990)2, S. 3-28

Duca, John V. / McLaughlin, Mary M. (1990), Developments Affecting the Profitability of Commercial Banks. *Federal Reserve Bulletin*, 76(1990)7, S. 477-499

Dwyer, Gerald P. / Gilbert, R. Alton (1989), Bank Runs and Private Remedies. *Review*, Federal Reserve Bank of St. Louis 71(1989)3 S. 43-61

Eichler, Ned (1989), *The Thrift Debacle*. Berkeley u.a.: University of California Press 1989

Ely, Bert (1985), Yes - Private Sector Depositor Protection is a Viable Alternative to Federal Deposit Insurance. In: Federal Reserve Bank of Chicago (Hrsg.): *A Conference on Bank Structure and Competition*. Chicago 1985.

Emerson, Guy (1934), Guaranty of Deposits under the Banking Act of 1933. *Quarterly Journal of Economics*, 48(1934) Februar, S. 229-244. Abgedruckt in: Kaufman, George G. (Hrsg.): *Restructuring the American Financial System*. Boston u.a.: Kluwer 1990 S. 9-22

England, Catherine (1985), A Proposal For Introducing Private Deposit Insurance. In: Federal Reserve Bank of Chicago (Hrsg.): *A Conference on Bank Structure and Competition*. Chicago 1985.

151

England, Catherine / Huertas, Thomas (Hrsg.) (1988), *The Financial Services Revolution, Policy Directions for the Future.* Boston u.a.: Kluwer 1988

Euromoney (1986), Supplement on Savings and Loans. *Euromoney,* Juni 1986

Fama, Eugene F. (1980), Banking in the Theory of Finance. *Journal of Monetary Economics* 6(1980)1, S. 39-57

Farbritius, M. M. / Borges, W. (1989), *Saving the S&L: The U.S. Thrift Industry and the Texas Experience 1950-1988.* New York: Praeger 1989

Federal Deposit Insurance Corporation (1990), *Statistics on Banking.* Washington: FDIC 1990

Federal Reserve Bank of Boston (Hrsg.) (1981), *The Future of the Thrift Industry.* Conference Series No. 24, Boston: Federal Reserve Bank of Boston 1981

Federal Reserve Bank of Chicago (Hrsg.) (1985), *A Conference on Bank Structure and Competition.* Chicago: Federal Reserve Bank of Chicago 1985

Federal Reserve Bank of Chicago (Hrsg.) (1989), *Proceedings of the 25th Conference on Bank Structure and Competition.* Chicago: Federal Reserve Bank of Chicago 1989

Flannery, Marc J. / Protopapadakis, Aris A. (1984), Risk Sensitive Deposit Insurance Premia: Some Practical Issues. *Business Review,* Federal Reserve Bank of Philadelphia, September / Oktober 1984 S. 3-10.

Flannery, Marc J. (1989), Pricing Deposit Insurance When the Insurer Measures Risk With Error. In: Federal Reserve Bank of Chicago (Hrsg.): *Proceedings of the 25th Annual Conference of Bank Structure and Competition.* Chicago: Federal Reserve Bank of Chicago 1989 S. 70-100..

Flood, Mark D. (1990), On the Use of Option Pricing Models to Analyse Deposit Insurance. *Review,* Federal Reserve Bank of St. Louis 72(1990)1 S. 19-35

Francke, Hans-Hermann (1985), Finanzinnovationen in den USA. Geldpolitische Konsequenzen und Übertragungsrelevanz für die Bundesrepublik Deutschland. In: Cansier, D. / Kath, D. (Hrsg.), *Öffentliche Finanzen, Kredit und Kapital.* Berlin: Duncker & Humblot 1985, S. 497-514.

Franke, Günter / Hax, Herbert (1990), *Finanzwirtschaft des Unternehmens und Kapitalmarkt.* 2. Aufl., Berlin u. a.: Springer 1990

Friedman, Milton (1960), *A Program for Monetary Stability.* New York: Fordham University Press 1960

Friedman, Milton / Schwartz, Anna J.(1963), *A Monetary History of the United States 1867-1960.* Princeton: Princeton University Press 1963

Gart, Alan (1985), *Banks, Thrifts, and Insurance Companies Surviving the 1980s.* Lexington, Toronto: Lexington 1985

Geisst, C.R. (1988), *A Guide to Financial Institutions.* Basingstoke: Macmillan 1988

Gibson, William E. (1974), Deposit Demand, "Hot Money", and the Viability of Thrift Institutions. *Brookings Papers on Economic Activity* (1974)3, S. 593-632

Gilbert, R. Alton (1990), Market Discipline of Bank Risk: Theory and Evidence. *Review, Federal Reserve Bank of St. Louis*, 72(1990)1 S. 3-18

Golembe, Carter H. (1989), Long Term Trends in Bank Regulation. *Journal of Financial Services Research* 2(1989), S. 171-183.

Gondring, Hanspeter (1989), *Finanzmärkte im Wandel, Strukturveränderungen im Finanzsystem der USA.* Frankfurt a.M.: Knapp 1989

Goodhart, Charles A. E. (1989), *Money, Information and Uncertainty.* 2. Aufl. Basingstoke, London: McMillan 1989

Grossman, Richard S. (1992), Deposit Insurance, Regulation, and Moral Hazard in the Thrift Industry: Evidence from the 1930's. *American Economic Review* 82(1992)4, S. 800-821.

Hagemüller, Karl Friedrich / Jakob, Adolf-Friedrich (1988), *Der Bankbetrieb Band III: Rechnungswesen, Bankpolitik.* 5. Aufl., Wiesbaden: Gabler 1988

Hart, Oliver D. / Jaffee, Dwight D. (1974), On the Application of Portfolio Theory to Depository Financial Intermediaries. *Review of Economic Studies* 41(1974)1, S. 129-147

Hill, Edward W. (1990), The S&L Bailout: Some States Gain And Many More Loose. *Challenge* 33(1990)3, S. 37-45

Horvitz, Paul M. (1983), The Case Against Risk Related Deposit Insurance Premiums. *Housing Finance Review* (1983) S.253-263

Horvitz, Paul M. (1989), The FSLIC South West Plan. *American Economic Review* 79(1989)2

Horvitz, Paul M. (1989a), Implications of the Texas Experience For Financial Regulation. In: Federal Reserve Bank of Chicago (Hrsg.): *Proceedings of the 25th Annual Conference of Bank Structure and Competition*, Chicago: Federal Reserve Bank of Chicago 1989 S. 301-311.

Horvitz, Paul M. (1990), The Collapse of the Texas Thrift Industry: Causes of the Problems and Implications for Reform. In: Kaufman, George G. (Hrsg.): *Restructuring the American Financial System.* Boston u.a.: Kluwer 1990

Horvitz, Paul M. / Pettit, R. Richardson (1981), Short-Run Financial Solutions for Troubled Thrift Institutions. In: Federal Reserve Bank of Boston (Hrsg.): *The Future of the Thrift Industry*, Conference Series No. 24. Boston: Federal Reserve Bank of Boston 1981, S. 44-67

Hütz, Gerhard (1990), *Die Bankenaufsicht in der Bundesrepublik Deutschland und in den USA, Ein Rechtsvergleich.* Berlin: Duncker & Humblot 1990

Illing, Gerhard (1985), *Geld und asymmetrische Information.* Berlin u.a.: Springer 1985

Jaffee, Dwight M. (1981), The Future Role of Thrift Institutions in Mortgage Lending. In: Federal Reserve Bank of Boston (Hrsg.): *The Future of the Thrift Industry*, Conference Series No. 24. Boston: Federal Reserve Bank of Boston 1981, S. 164-180

Jaffee, Dwight M. (1989), Symposium on Federal Deposit Insurance for S&L Institutions. *Journal of Economic Perspectives* 3(1989)4 S. 3-9

Jensen, Michael C. / Meckling, William (1976), Theory of the Firm: Managerial Behaviour, Agency Costs and Ownership Structure. *Journal of Financial Economics* 3(1976)4, S. 305-60

Kane, Edward J. (1985), *The Gathering Crisis in Federal Deposit Insurance*. Cambridge (Mass.): MIT Press 1985

Kane, Edward J. (1987), Danger of Capital Forbearance: The Case of the FSLIC and "Zombie" S&L's. *Contemporary Policy Issues* 5(1987)1 S. 77-83

Kane, Edward J. (1988), The Interaction of Financial and Regulatory Innovation. *American Economic Review* 78(1988)2, S. 328-334

Kane, Edward J. (1989), *The S&L Insurance Mess: How Did It Happen?* Washington D.C.: Urban Institute Press 1989

Kane, Edward J. (1989a), *How Incentive Incompatible Deposit Insurance Funds Fail*. National Bureau of Economic Research Working Paper Nr.2836, Februar 1989

Kane, Edward J. (1989b), The High Cost of Insufficiently Funding the FSLIC Shortage of Explicit Capital. *Journal of Economic Perspectives* 3(1989)4 S. 31-47

Kane, Edward J. (1989c), Changing Incentives Facing Financial-Services Regulators. *Journal of Financial Services Research* 2(1989), S. 265-274

Kane, Edward J. (1990), Principal Agent Problems in S&L Salvage. *Journal of Finance* 45(1990)3 S. 755-764

Kareken, John H. / Wallace, Neil (1978), Deposit Insurance and Bank Regulation: a Partial Equlibrium Exposition. *Journal of Business* 51(1978)3 S. 413-138

Kareken, John H. (1983), Deposit Insurance Reform; or, Deregulation is the Cart, Not the Horse. *Quarterly Review*, Federal Reserve Bank of Minneapolis 7(1983)2 S. 1-9.

Kareken, John H. (1983a), The First Step in Bank Deregulation: What about the FDIC? *American Economic Review* 73(1983)2 S.198-203

Kareken, John H. (1986), Federal Bank Regulatory Policy: A Description and Some Comments. *Journal of Business*, 59(1986)1, S. 3-48

Kareken, John H. / Wallace, Neil (1978), Deposit Insurance and Bank Regulation: A Partial Equilibrium Exposition. *Journal of Business* 51(1978)3, S. 413-438

Kaufman, George G. (1982), Measuring Interest Rate Risk: A Primer. *Economic Perspectives*, Federal Reserve Bank of Chicago (1982) Jan/Feb, S. 446-62

Kaufman, George G. (1989), *The U.S. Financial System, Money, Markets and Institutions*. 4. Aufl. Englewood Cliffs: Prentice Hall 1989

Kaufman, George G. (1990) The Savings and Loan Rescue of 1989: Causes and Perspectives. In: Kaufman, George G. (Hrsg.): *Restructuring the American Financial System*. Boston u.a.: Kluwer 1990, S. 57-69

154

Kaufman, Geoge G. (Hrsg.) (1989b), *Research in Financial Sevices* Vol. I 1989, *Private and Public Policy*. Greenwich (Con), London: JAI Press 1989

Kaufman, George G. (Hrsg.) (1990a), *Restructuring the American Financial System*. Boston u.a.: Kluwer 1990

Kaufman, George G. / Kormendi, Roger C. (Hrsg.) (1986), *Deregulating Financial Services*. Cambridge (Mass.): Ballinger 1986

Keeley, Michael C. / Furlong, Frederick T. (1989), Capital Regulation and Bank Risk Taking: A Note. *Journal of Banking and Finance* 13(1989)4, S. 883-891

Keeley, Michael C. / Furlong, Frederick T. (1990), A Reexamination of Mean Variance Analysis of Capital Regulation. *Journal of Banking and Finance*, 14(1990)1, S. 69-84

Keeton, William R. (1984), Deposit Insurance and the Deregulation of Deposit Rates. *Economic Review*, Federal Reserve Bank of Kansas City, April 1984, S. 28-46

Koehn, Michael / Santomero, Anthony M. (1980), Regulation of Bank Capital and Portfolio Risk. *Journal of Finance* 35(1980)5 S. 1235-1244

Kopcke, Richard W. (1981), The Condition of Massachusetts Savings Banks and California Savings and Loan Associations. In: Federal Reserve Bank of Boston (Hrsg.): *The Future of the Thrift Industry*. Conference Series No. 24, Boston: Federal Reserve Bank of Boston 1981, S. 1-33

Kormendi, Roger C. / Bernard, Victor L. / Pirrong, S. Craig / Snyder, Edward A. (1989), *Crisis Resolution in the Thrift Industry*. Boston u.a.: Kluwer 1989

Krümmel, Hans-Jakob (1983), Nachrangiges Haftkapital als haftendes Eigenkapital im Bankenaufsichtsrecht. *ZIP, Zeitschrift für Wirtschaftsrecht*, (1983)12, S. 1518-1525

Krümmel, Hans-Jakob (1984), Schutzzweck und Aufsichtseingriff - Über den Run auf Bankschalter und seine Verhinderung. *Kredit und Kapital* 17(1984)4, S. 475-489

Link, Thomas J. / Hartung, Andreas R. (1991), Vorstoß der US-Regierung zur Bankenreform. *Die Bank* (1991)3, S. 132-137.

Litan, Robert E. (1987), *What Should Banks Do?* Washington: AEI Press 1987

Litan, Robert E. (1990), Getting Out of the Thrift Crisis, Now! *Brookings Review* Winter 1990/91, S.6-14

Mahoney, Patrik I. / White, Alice P. (1985), The Thrift Industry in Transition. *Federal Reserve Bulletin* 70(1985)3 S. 139-156

Markus, Allan J. / Shaked, Israel (1984), The Valuation of FDIC Deposit Insurance Using Option-pricing Estimates. *Journal of Money Credit and Banking* 16 (1984)4, S. 446-460.

Mayer, Martin (1990), *The Greatest Ever Bank Robbery*. New York: Scribner 1990

McCarthy, Ian S. (1980), Deposit Insurance: Theory and Practice. *International Monetary Fund Staff Papers* 27(1980)3 S. 578

Meeker, Larry G. / Gray, Laura (1987), A Note on Non-Performing Loans as an Indicator of Asset Quality. *Journal of Banking and Finance* 11(1987)1, S. 161-168

Meltzer, Alan (1967), Major Issues in the Regulation of Financial Institutions. *Journal of Political Economy* 75(1967)4, Supplement S.482-500.

Mengle, David L. (1990), Market Value Accounting and the Bank Balance Sheet. *Contemporary Policy Issues* 8(1990)2, S.82-94

Merton, Robert C. (1977), An Analytic Derivation of the Cost of Deposit Insurance and Loan Guarantees. *Journal of Banking and Finance* 1(1977), S. 3-11.

Merton, Robert C. (1978), On the Cost of Deposit Insurance When There Are Surveillance Costs. *Journal of Business* 51(1978)3, S. 439-452

Miles, James A. / Kim, Taheo (1988), On the Valuation of FDIC Deposit Insurance: An Empirical Study Using Contingent Claims Analysis. *Journal of Business and Economics* 27(1988)4, S. 47-68

Mishkin, Frederic S. (1992), An Evaluation of the Treasury Plan for Banking Reform. *Journal of Economic Perspectives* 6(1992)1, S. 133-153

Mishkin, Frederic S. (1992a), *The Economics of Money, Banking, and Financial Markets*. 3. Aufl. New York: HarperCollins 1992

Münzer, Christoph (1992), *Bankenaufsicht im Spannungsfeld von statischen Kontrollinteressen und innovativer Dynamik der Finanzmärkte*. Pfaffenweiler: Centaurus 1992

Murphy, Neil B. / Rodgers, Ronald (1987), Commercial Banking. In: Altman, E. J. (Hrsg.), *Handbook of Financial Markets and Institutions*. New York: Wiley 1987

Oechler, Eckard (1992), Wertpapierleihe und Repo-Geschäfte in bankenaufsichtlicher Perspektive. *Die Bank* (1992)10, S. 567-574

Oesterlin, Sybille (1979), *Die Bankenzinsspanne, Eine theoretische und empirische Untersuchung für die Bundesrepublik Deutschland*. Dissertation Freiburg 1979

Office of Thrift Supervision (1989), *Savings & Home Financing Source Book*. Washington: OTS 1989

Organization for Economic Cooperation and Development (1989), *Competition in Banking*. Paris: OECD 1989

Ozanne, Larry (1984), The Financial Stakes in Due-On-Sale: The Case of California's State Chartered Savings and Loans. *American Real Estate And Urban Economics Association Journal* 12(1984)4, S. 473-494

Pilzer, Paul / Deitz, Robert (1989), *Other Peoples' Money*. New York: Simon and Schuster 1989

Pizzo, Stephen / Fricker, Mary / Muolo, Paul (1989), *Inside Job: The Looting of America's Savings And Loans*. New York: McGraw-Hill 1989

Portes, Richard / Swoboda, Alexander (Hrsg.)(1987), *Threats to International Financial Stability*. London: Cambridge Univ. Press 1987

156

Rosen, Kenneth T. (1981), A Comparison of European Housing Finance Systems. In Federal Reserve Bank of Boston (Hrsg.): *The Future of the Thrift Industry*, Federal Reserve Bank of Boston Conference Series Nr.24, 1981, S. 144-160

Rudolph, Paula M. (1989), The Insolvent Thrifts of 1982: Where Are They Now? *American Real Estate and Urban Economics Association Journal* 17(1989)4, S. 450-462

Schierenbeck, Henner (1987), *Institutionelle Bankbetriebslehre*. Stuttgart: Poeschel 1987

Schmidt, Dirk (1976a), Die Reform der Einlagensicherung. *Sparkasse* 93(1976)2 S. 47-51

Schmidt, Dirk (1976b), Die Sicherungsfonds der Sparkasenorganisation. *Sparkasse* 93(1976)3, S. 86-89

Schmidt, Dirk (1976c), Der Einlagensicherungsfonds des Privaten Bankgewerbes. *Sparkasse* 93(1976)4, S. 132-137

Schmidt, Dirk (1976d), Die Einlagensicherung der Kreditgenossenschaften. *Sparkasse* 93(1976)9, S. 321-325

Schmidt, Dirk (1990), Unsere erfolgreiche Einlagensicherung. *Zeitschrift für das Gesamte Kreditwesen* 43(1990)6, S. 278-290

Schneider, Dieter (1990), *Investition, Finanzierung und Besteuerung*. 6. Aufl. Wiesbaden: Gabler 1990

Schneider, Dieter (Hrsg.) (1987a), *Kapitalmarkt und Finanzierung*. Schriften des Vereins für Socialpolitik NF Band 165, Berlin: Duncker & Humblot 1987

Schönfelder, Bruno (1991), Theorien über Schalterstürme und geeignete Gegenmaßnahmen: Eine kritische Analyse. *Kredit und Kapital* 24(1991)4, S. 508-523.

Schoenmaker, Dirk (1992), *Home Country Deposit Insurance?* LSE Financial Markets Group, Special Paper Nr. 43, London: London School of Economics, Januar 1992.

Scott, Kenneth E. (1987), The Defective Design of Federal Deposit Insurance. *Contemporary Policy Issues* 5(1987)1 S. 92-99

Scott, Kenneth E. (1989), Never Again: The S&L Bailout Bill. In Richter, R./Furubotn, E.G., *The Economics and Law of Banking Regulation*, Occasional Papers Vol.2 Winter 1989/90 Center for the Study of the New Institutional Economics, Saarbrücken, S.33-56

Sessions, William S. (1990), The FBI's War on Bank Fraud: Facts and Figures. *Challenge* 33(1990)4 S. 57-59

Short, Eugenie D. / O'Driscoll, Gerald P. (1983), Deregulation and Deposit Insurance. *Economic Review*, Federal Reserve Bank of Dallas September 1983 S. 11-23.

Shoven, John B. / Scott, B. Smart / Waldvogel, Joel (1992), Real Interest Rates and the Savings and Loan Crisis: The Moral Hazard Premium. *Journal of Economic Perspectives* 6(1992)1, S. 155-167

Silverberg, Stanley C. (1990), *The Savings and Loan Problem in the United States*. World Bank Working Paper WPS 351, März 1990

Sinn, Gerlinde / Sinn Hans-Werner (1991), *Kaltstart, Volkswirtschaftliche Aspekte der deutschen Vereinigung*. Tübingen: Mohr (Paul Siebeck) 1991

Sprague, Irwin H. (1986), *Bailout: An Insiders Account of Bank Failures and Rescues*. New York: Basic Books 1986

Strunk, Norman / Case, Fred (1988), *Where Deregulation Went Wrong: A Look at the Causes Behind Savings and Loan Failures In the 1980s*. Chicago: United States League of Savings Institutions 1988

Stützel, Wolfgang (1964), *Bankpolitik - heute und morgen*. 2. Aufl. Frankfurt/M: Knapp 1964

Tichy, Gunther (1990), Bankengröße und Effizienz. *Kredit und Kapital*, 23(1990)3, S. 358-388

Todd, Walker F. (1988), *Lessons of the Past and Prospects for the Future in Lender of Last Resort Theory*. Federal Reserve Bank of Cleveland Working Paper Nr. 8805, August 1988

United States Department of the Treasury (1991), *Modernizing the Financial System: Recommendations for Safer, More Competitive Banks*. Washington: U. S. Government Printing Office 1991

United States League of Savings Institutions (1989), *Savings Institutions Sourcebook 1989*. Chicago: U.S. League of Savings Institutions 1989

Viner, Jacob (1936), Recent Legislation and the Banking Situation. *American Economic Review* 26(1936)1 Suppl. S. 106-119

Vogel, Thomas (1990), *Bankenregulierung, Die Zielsetzungen Einlegerschutz und Stabilität des Bankensystems*. Dissertation Würzburg 1990

Voigt, Heinz (1962), *Schutz der Bankdepositen, Eigenarten der Sicherung von Einlagen bei Kreditinstituten*. Dissertation Frankfurt 1962

Wallison, Peter J. (1990), *Back From the Brink, A Practical Plan for Privatizing Deposit Insurance and Strenghening Our Banks and Thrifts*. Washington: AEI 1990

Wang, George H.K. / Sauerhaft, Daniel (1989), Examination Ratings and the Identification of Problem / Non-Problem Thrift Institutions. *Journal of Financial Services Research* 2(1989) S. 319-342

Weicher, John C. (1988), The Future Structure of the Housing Finance System, in: Haraf, W. (Hrsg.): *Restructuring Banking*. Washington: AEI Press 1988, S. 296-336.

Weseman, Eric G. / Piazolo, Marc R. / Francois, Mary-Lynne / Pafenberg, Forrest W. (1987), *Home Equity Loans: The Instrument and the Market*. Washington: National Association of Realtors 1987

White, Lawrence J. (1989), The Reform of Federal Deposit Insurance. *Journal of Economic Perspectives* 3(1989)4 S. 11-29

White, Lawrence J. (1990), Problems of the FSLIC: A Former Policy Maker's View. *Contemporary Policy Issues* 8(1990)2 S. 62-81

White, Lawrence J. (1991), *The S&L Debacle, Public Policy Lessons for Bank and Thrift Regulation*. New York / Oxford: Oxford University Press 1991

Woerheide, Walter J. (1984), *The Savings and Loan Industry, Current Problems and Possible Solutions*. Westport (Conn.), London: Quorum 1984

Wolfson, Martin H. / McLaughlin, Mary M. (1989), Recent Developments in the Profitability and Lending Practices of Commercial Banks. *Federal Reserve Bulletin*, 75(1989)7, S. 461-484

Anhang I:
Übersicht über Regulierungsgesetze 1980 - 1991

1. Depository Institutions Deregulation and Monetary Control Act (DIDMCA), März 1980

Abschaffung der Regualtion Q über einen Zeitraum von 6 Jahren bis zum März 1986 unter der Aufsicht des neugegründeten Depository Institution Deregulation Committee.

Erhöhung der Einlagegarantie von FDIC und FSLIC von 40.000 $ auf 100.000 $ pro Einlage.

Bundesweite Einführung von NOW (Negotiable Order of Withdrawal) Konten für Privatkunden bei allen Banken und Savings and Loan Associations.

Erlaubnis für Kreditkartenausgabe und Vermögensverwaltung durch Savings and Loan Associations mit Bundeskonzession.

Ausweitung der Investitionsmöglichkeiten für Savings and Loan Associations:

20 % der Aktiva dürfen in Konsumentenkredite, Commercial Paper und private Schuldverschreibungen investiert werden.

3 % der Aktiva dürfen in "Service Corporations" investiert werden.

Savings and Loan Associations dürfen ADC (Aquisition, Development, and Construction) Kredite vergeben.

Die Wucherzinsverordnungen (usury laws) der Einzelstaaten werden ausser Kraft gesetzt.

Savings and Loan Associations dürfen Mutual Capital Certificates ausgeben, welche zum Eigenkapital zählen.

Mindestreservepflicht bei der Federal Reserve Bank für kurzfristige Einlagen für allen Banken und Sparkassen (8 jährige Übergangsphase).

2. Garn-St.Germain Depository Institutions Act, Dezember 1982

Ausweitung der Eigenkapitalhilfen für Savings and Loan Associations durch Net Worth Certificates

Erweiterte Befugnisse der Aufsichtbehörden für den Umgang mit insolventen Savings and Loan Associations.

Einführung eines Kontos mit variabler, marktmäßiger Verzinsung in kleiner Denominierung (Money Market Deposit Account).

Abschaffung des Zinsdifferentials innerhalb der Regulation Q zwischen Einlagen bei Banken und Sparkassen bis zum 1.1.84.

Abschaffung der einzelstaatlichen Verbote von Due-On-Sale Klauseln.

Savings and Loan Associations mit Bundeslizenz dürfen Sichteinlagen von Firmenkunden entgegen nehmen.

Erleichterung der Zulassungsbedingungen für neue Savings and Loan Associations und des Konzessionswechsels zur Savings Bank Charter.

Abschaffung der Beleihungsobergrenzen (Loan-to-Value-Limits) für Hypothekarkredite.

Ausweitung der Investitionsmöglichkeiten für Savings and Loan Associations:

40 % der Aktiva dürfen in mit Hypotheken besicherte Firmenkredite investiert werden.

30 % der Aktiva dürfen in Konsumentenkredite investiert werden.

Jew. 10 % der Aktiva dürfen in Firmenkredite und Leasinggeschäfte investiert werden.

Möglichkeiten für Bank-Holding Companies Savings and Loan Associations zu erwerben.

FDIC und FSLIC sollen Reformplan für die Depositenversicherung entwickeln.

3. Tax Reform Act, Oktober 1986

Senkung des Grenzsteuersatzes bei der Körperschaftssteuer von 46 % auf 34 % des Gewinns.

Reduzierung der Abschreibungsmöglichkeiten von 40 % auf 8 % des steuerpflichtigen Gewinns.

Einführung eines 3 jährigen Verlustrücktrags und eines 15 jährigen Verlustvortrags bei Sparkassen für die Verluste aus den Jahren 1982 - 1985.

4. Competitive Equality Banking Act (CEBA), August 1987

Rekapitalisierungsplan für die FSLIC:

FHLBB darf über die neu gegründete Financing Corporation (FICO) 10,825 Mrd. $ aufnehmen, jedoch max. 3,75 Mrd. $ pro Jahr.

Die FICO erhält im Gegenzug Anteile an der FSLIC.

Die FICO wird mit den Gewinnen der FHLB's finanziert. Rückzahlung des Kapitals durch den Kauf von Staatspapieren.

Aufbringung der Zinsen aus dem Prämieneinkommen der FSLIC.

Einjähriges Moratorium für alle Savings and Loan Associations, die von der FSLIC zur FDIC wechseln wollen. Danach eine Strafprämie von 0,83 % der Einlagen.

Abschaffung des Special Assessments der FSLIC solange das FHLBB nichts anders bestimmt.

Senkung der Eigenkapitalvorschriften auf 1/2 % der Aktiva über 3 Jahre für alle Savings and Loan Associations, die durch regionale Wirtschaftsentwicklung negativ betroffen sind.

Zins-Cap auf die Konditionenanpassung bei variabel verzinsliche Hypothekarkredite (ARM) an private Haushalte.

Neuer "Qualified Thrift Lender Test" (QTL) erfordert, daß mindestens 60% aller materiellen Aktiva in Wohnungsbau oder verbundene Bereiche investiert werden (home mortgages, home improvement loans, loans on and equity investments in residential real estate, mobile home loans, loans and investments aquired through foreclosure or liquidation, investments in state housing corporations, direct obligations of the FHLBS, FNMA, FHLMC, GNMA, mortgage backed securities and their derivatives, service corporations in mortgage portfolio servicing and real estate development).

Keine FHLB Advances mehr an Institute, die keinen QTL Status haben.

Wiederholt die "Full Faith and Credit" Erklärung des Kongreß.

5. Financial Institutions Recovery, Reform, and Enforcement Act (FIRREA), August 1989

Abschaffung des FHLBB und Übertragung der Befugnisse an das neue Office of Thrift Supervision (OTS) unter dem Dach des Finanzministeriums (Treasury).

Gründung des Federal Housing Finance Board (FHFB) als Aufsichtsbehörde für die FHLB's.

Banken und Credit Unions, die mindestens 10% ihrer Aktiva in Realkredite investieren erhalten Zugang zu FHLB-Advances.

Gründung der Resolution Trust Corporation (RTC) zur Übernahme und Liquidierung aller insolventen Institute, die bei der FSLIC versichert waren, innerhalb von drei Jahren.

Aufnahme von 50 Mrd. $ durch die Resolution Finance Corporation bis 1991 für einen Zeitraum von 30 Jahren. Finanzierung aus Steurgeldern, Prämienaufkommen der FSLIC, Kapital der FHLB's und Gewinnen der FHLB's.

Übertragung der Aufgaben der FSLIC an die FDIC. Gründung von zwei getrennten Einlagensicherungsfonds für Sparkassen - "Savings Associations Insurance Fund" (SAIF) - und für Banken - "Bank Insurance Fund" (BIF) unter der Regie FDIC.

Erlaubnis an die FDIC die Prämien falls notwendig bis auf 0,32 % der inländischen Einlagen zu erhöhen. Jeder der beiden Fonds muß mindestens 1,25 % der versicherten Aktiva erreichen.

Prämien	1990	1991	1994	1998
Banken:	0,12 %	0,15 %		
SLA's:	0,23 %		0,18 %	0,15 %

Eigenkapital der Sparkassen muß bis 1994 auf 3 % der materiellen Aktiva (TAP) steigen.

Großkredite werden auf 15 % des TAP-Eigenkapitals beschränkt.

Verschärfter QTL-Test erfordert, daß ab 1991 mind. 70 % aller Aktiva in Wohnungsbaukredite oder ähnliche Bereiche investiert werden.

Beschränkung der Investitionsmöglichkeiten:

Kommerzielle Realkredite werden auf das vierfache des Eigekapitals beschränkt.

Generelles Verbot von Junk Bond Investitionen.

Beschränkung der Direktinvestitionen einzelstaatlich konzessionierter Savings and Loan Associations auf das Niveau der bundesstaatlich konzessionierten Institute.

6. Brady-Vorschlag, Februar 1991

Regulierung der Geschäftsbanken

Abschaffung des Interstate Banking Verbots

Banken dürfen mit Wertpapieren handeln

Banken dürfen mit Versicherungen handeln

Bankenaufsicht

Zusammenfassung der bundesstaatlichen Behörden, OCC, OTS und der Aufsichtsfunktion der FDIC in einer einheitlichen Behörde

Federal Reserve Bank übernimmt Aufsicht über einzelstaatlich konzessionierte Banken und Thrifts.

Früheres, an das Eigenkapital gekoppeltes, Eingreifen der Behörden und weniger Rechtsmittel der Banken um sich gegen Maßnahmen der Aufsichtsbehörden zu wehren (Fünf-Stufen Plan).

Neubewertung des Eigenkapitals durch häufigere Prüfung und striktere Rückstellungen.

Einlagenversicherung

Reduzierung des Umfanges

100 000 $ pro Einleger pro Bank plus 100 000 $ in Pensionskonten (IRA).

Kein Schutz mehr für Brokered Deposits

Einschränkung der Too-Big-to-fail Doctrine.

Prämienstruktur

Risikoabhängige Prämien in Abhängigkeit vom Eigenkapital

7. Federal Deposit Insurance Corporation Improvement Act, November 1991

FDIC erhält 70 Mrd $ zur Sanierung der Sparkassen und Geschäftsbanken

Brokered Deposits bleiben auf gut kapitalisierte Institute beschränkt

Federal Reserve muß LoLR bei insolventen Banken begrenzen

5 Stufen Plan für das Eingreifen des Einlagenversicherers

FDIC darf Risikoabhängige Prämien verlangen.

FDIC Vorschlag April 1992:

Erhöhung der BIF Prämien von 23 c auf 27-30 c pro 100 $ inländische Einlagen ab 1993.

10 % Rabatt für besonders gut kapitalisierte Institute.

Quelle: Zusammengestellt aus Kane (1989), Barth / Bradley (1989), Barth / Hudson / Page (1991), Brewer (1989), Mishkin (1992), Link / Hartung (1991), Brewer (1989), THE ECONO-MIST: The *Cooks spoil the broth*, 30.11.1991 und *Funny for some*, 11.4.1992.

Anhang II:
Wichtige Erlasse des FHLBB 1980-1988

1980

Eigenkapital	Senkung der Eigenkapitalanforderungen von 5 % auf 3 % der Aktiva, Einführung neuer RAP-Standarts.
Aktivgeschäft	Ausweitung der Beleihungsgrenze für durch Einfamilienhäuser gesicherte Kredite auf über 90 % des Wertes.
Passivgeschäft	Ausweitung der Refinanzierungsmöglichkeiten durch FHLB Advances von 50 % der Spareinlagen auf 50 % der Aktiva.

1981

Eigenkapital	Eigenkapitalanforderungen auf 3 % gesenkt
Aktivgeschäft	Bundesweite Einführung von variabel verzinslichen Hypotheken bei freier Vereinbarung des Referenzzinssatzes und der Anpassungsbedingungen. Entspricht einer Ausweitung der seit 1979 bestehenden, sehr restriktiven Bedingungen. Zusätzlich werden weitere Formen des Hypothekarkredits zugelassen ("Graduated Payment, Balloon Payment und Reverse Annuity" Kredite).
	Liberalisierung der Aufsicht über die von Savings and Loan Associations betriebenen "Service Corporations".
	Ausweitung der erlaubten Futures Geschäfte auf alle Basiswerte in die Savings and Loan Associations investieren dürfen.
Passivgeschäft	Einführung des "All Savers Certificate" als steuerbegünstigte Sparform ausschließlich bei Savings and Loan Associations für die Monate Nov/Dez.

1982

Eigenkapital	Nachrangige Verbindlichkeiten (subordinated debt) und Mutual Capital Certificates dürfen zum Eigenkapital gezählt werden.

Die Differenz zwischen Markt und Buchwert von bestimmten Aktiva wie Landbesitz dürfen als "appraised equity" zur Berechnung des Eigenkapitals verwendet werden.

Die Net Worth Certificates, Verbindlichkeiten der FSLIC, dürfen zum Eigenkapital gerechnet werden, wenn die Eigenkapitalquote unter 3 % der Aktiva sinkt.

Aktivgeschäft

Jede Art von Option darf von den Savings and Loan Associations ver- und gekauft werden.

Konsumgüter-Leasing wird zugelassen.

Jede Art von Kredit darf auf "Mobil Homes" vergeben werden.

Passivgeschäft

Unbegrenzte Mittelaufnahme außerhalb des FHLB Systems erlaubt.

Einlagenversicherung

Erstmalig Ankündigung von zusätzlichen Beitragsforderungen - "Special Assessments" - an die Mitglieder der FSLIC.

1983

Eigenkapital

Die Umwandlung von Genossenschaften in Aktienbanken wird erleichtert.

Aktivgeschäft

Bis maximal 11 % des Aktivportfolios dürfen im Rahmen des Firmenkreditgeschäfts in Junk Bonds investiert werden.

Besicherungsgrenzen werden für die meisten Kredite völlig abgeschafft.

Passivgeschäft

Die maximale Laufzeit der FHLB Advances wird von 10 auf 20 Jahre erhöht. Gleichzeitig dürfen die FHLB's FSLIC-versicherte auch Advances ohne Sicherheiten gewähren.

Einlagenversicherung

Die FSLIC wird verpflichtet, ihre Unterstützung durch Net Worth Certificates auszuweiten.

Für neue Mitglieder des FHLBS gelten höhere Eigenkapitalanforderungen.

1984

Eigenkapital	3-jähriges Moratorium auf den Mehrheitserwerb von Aktien an umgewandelten Genossenschaften.
Aktivgeschäft	Das Managment der Savings and Loan Associations muß regelmäßig das Zinsrisiko planen und kontrollieren.
Passivgeschäft	Savings and Loan Associations dürfen über Tochtergesellschaften Gelder aufnehmen.
Einlagenversicherung	Zusammen mit der FDIC wird der Versicherungsschutz für Einlagen von Finanzmaklern - "brokered deposits" - auf 100 000 $ pro Makler beschränkt. Diese Regelung wird wenige Wochen später durch ein Gericht für unzulässig erklärt.
	Verschärfte Anforderungen an das Management von neuen Mitgliedern.

1985

Eigenkapital	Erhöhung der Eigenkapitalanforderungen in abhängigkeit vom Bilanzwachstum: Institute mit einem Bilanzvolumen von mehr als 100 Mio. $ dürfen maximal ihre Bilanzsumme um maximal 25 % pro Jahr ausweiten. Eigenkapital wird nun vierteljährlich berechnet im Gegensatz zu einem 5 jährigem gleitenden Durchschnitt.
Aktivgeschäft	Direktinvestitionen in Aktien oder Grundbesitz werden auf maximal 10 % der Aktiva oder maximal 200 % des Eigenkapital beschränkt. Institute deren Eigenkapital unter 3 % liegt dürfen Direktinvestitionen nur bis max. 200 % des Eigenkapitals und nur nach Genehmigung durch das FHLBB vornehmen. Gleichzeitig müssen Reserven in Höhe von 10 % aller seit 1985 getätigten Direktinvestitionen gebildet werden.
Passivgeschäft	Der Anteil von durch Finanzmakler getätigten Einlagen an den gesamten Einlagen wird auf 5 % beschränkt, wenn das Eigenkapital des betreffenden Instituts unter 3 % sinkt.
Einlagenversicherung	FSLIC verlangt eine zusätzliche Prämie von 0,125 % der Einlagen von ihren Mitgliedern.
	Ein Teil der insolventen Savings and Loan Associations wird verstaatlicht und von der FSLIC im Rahmen des Management Consignment Programms selbst weitergeführt in der Hoffnung später einen Käufer zu finden.

Die FSLIC darf nun selbst die Einstufung der Kreditqualität bei ihren Mitgliedern vornehmen und entsprechende Rückstellungen veranlassen (asset classification).

1987

Eigenkapital	Erhöhung des Mindesteigenkapitals von 3% auf 6% der Aktiva über einen Zeitraum. Sowohl Eigenkapitalnachweis der Institute als auch erwartete Einnahmen sollen berücksichtigt werden.
Aktivgeschäft	Genehmigungspflicht von Direktinvestitionen für alle Institute.
	Gebühreneinkommen aus Kreditgeschäften müssen über die gesamte Laufzeit des Kredits verteilt werden.
Einlagenversicherung	1 Jähriges Moratorium auf den Wechsel von FSLIC zu FDIC Versicherungsschutz.

Quelle: Barth / Bradley (1989), Kane (1989)

ANHANG III: ZINSSPANNENRECHNUNG DER FSLIC-VERSICHERTEN SPARKASSEN 1970-1990

	1970	1971	1972	1973	1974	1975	1976	1977	1978	1979
Zinserträge	6,28	6,50	6,60	6,97	7,31	7,36	7,54	7,73	8,06	8,66
Zinsaufwand	4,68	4,79	4,79	5,03	5,54	5,70	5,74	5,77	5,96	6,74
Bruttozinsspanne	**1,60**	**1,71**	**1,81**	**1,94**	**1,78**	**1,66**	**1,80**	**1,95**	**2,10**	**1,92**
Verwaltungsaufwand	1,16	1,14	1,14	1,19	1,25	1,28	1,28	1,28	1,28	1,31
Provisionen	0,24	0,33	0,37	0,32	0,27	0,31	0,37	0,41	0,37	0,33
Bedarfsspanne	*0,92*	*0,81*	*0,77*	*0,87*	*0,97*	*0,96*	*0,91*	*0,87*	*0,91*	*0,98*
Nettozinsspanne	**0,68**	**0,91**	**1,04**	**1,08**	**0,80**	**0,70**	**0,88**	**1,08**	**1,19**	**0,94**
Außerord. Saldo	0,03	0,04	0,02	-0,02	-0,03	-0,02	0,02	0,02	0,00	0,02
Jahresüberschuß	**0,71**	**0,94**	**1,06**	**1,06**	**0,78**	**0,67**	**0,90**	**1,11**	**1,19**	**0,96**
Steuern	0,15	0,23	0,29	0,30	0,24	0,21	0,27	0,34	0,37	0,29
Gewinnspanne	**0,56**	**0,71**	**0,77**	**0,76**	**0,54**	**0,47**	**0,63**	**0,77**	**0,81**	**0,67**
Average Assets	164	185	218	251	277	309	357	417	482	541
Average Capital	12	12	14	16	17	19	20	23	26	30
Eigenkapitalrendite	9,86	14,09	16,84	17,11	12,47	11,24	15,88	20,09	21,65	17,31
Gesamtkapitalrendite	5,39	5,73	5,85	6,09	6,31	6,37	6,64	6,88	7,14	7,71

ANHANG III (FORTSETZUNG)

	1980	1981	1982	1983	1984	1985	1986	1987	1988	1989	1990
Zinserträge	9,14	9,91	10,07	10,17	10,62	10,30	9,41	8,50	8,53	8,71	8,37
Zinsaufwand	7,98	9,90	10,29	9,13	9,51	8,60	7,48	6,68	6,87	7,50	6,80
Bruttozinsspanne	**1,16**	**0,02**	**-0,22**	**1,04**	**1,11**	**1,70**	**1,94**	**1,83**	**1,66**	**1,21**	**1,57**
Verwaltungsaufwand	1,34	1,39	1,46	1,65	1,72	1,91	2,05	2,00	1,84	2,05	2,13
Provisionen	0,30	0,28	0,41	0,63	0,58	0,51	0,51	0,40	0,24	0,74	0,58
Bedarfsspanne	*1,03*	*1,11*	*1,05*	*1,02*	*1,14*	*1,40*	*1,55*	*1,60*	*1,60*	*1,30*	*1,55*
Nettozinsspanne	**0,13**	**-1,10**	**-1,27**	**0,01**	**-0,02**	**0,29**	**0,39**	**0,22**	**0,06**	**-0,09**	**0,02**
Außerord. Saldo	0,07	0,13	0,40	0,33	0,22	0,27	-0,09	-0,64	-0,83	-0,94	-0,61
Jahresüberschuß	**0,20**	**-0,96**	**-0,87**	**0,34**	**0,20**	**0,57**	**0,29**	**-0,42**	**-0,78**	**-1,03**	**-0,59**
Steuern	0,07	-0,24	-0,24	0,08	0,09	0,20	0,28	0,22	0,15	0,06	0,09
Gewinnspanne	**0,13**	**-0,72**	**-0,63**	**0,26**	**0,11**	**0,36**	**0,01**	**-0,64**	**-0,93**	**-1,08**	**-0,68**
Average Assets	594	640	679	759	898	1.024	1.117	1.207	1.301	1.300	1.167
Average Capital	32	30	27	29	35	42	49	49	51	39	27
Eigenkapitalrentabilität	3,71	-20,35	-22,08	8,75	5,07	13,86	6,62	-10,30	-19,90	-33,92	-25,08
Gesamtkapitalrentabilität	8,18	8,94	9,42	9,47	9,71	9,17	7,77	6,26	6,09	6,47	6,21

Quellen: Federal Savings and Loan Insurance Corporation, Office of Thrift Supervision, Federal Deposit Insurance Corporation

ANHANG IV: ZINSSPANNENRECHNUNG DER FDIC-VERSICHERTEN COMMERCIAL BANKS 1970-1990

	1970	1971	1972	1973	1974	1975	1976	1977	1978	1979
Zinserlöse	5,25	5,15	5,03	5,93	6,95	5,74	6,41	6,52	7,30	8,68
Zinskosten	2,14	2,21	2,24	3,09	3,98	3,03	3,45	3,53	4,17	5,49
Bruttozinsspanne	**3,11**	**2,94**	**2,79**	**2,84**	**2,97**	**2,72**	**2,96**	**2,99**	**3,13**	**3,19**
Verwaltungsaufwand	2,48	2,47	2,36	2,34	2,45	2,35	2,43	2,45	2,50	2,54
Provisionen	0,72	0,77	0,75	0,76	0,79	0,86	0,67	0,64	0,68	0,71
Bedarfsspanne	*1,76*	*1,70*	*1,61*	*1,59*	*1,66*	*1,50*	*1,76*	*1,81*	*1,82*	*1,83*
Nettozinsspanne	**1,35**	**1,23**	**1,18**	**1,26**	**1,31**	**1,22**	**1,19**	**1,18**	**1,31**	**1,35**
Außerord. Saldo	-0,16	-0,08	-0,11	-0,17	-0,28	-0,35	-0,29	-0,25	-0,28	-0,27
Jahresüberschuß	**1,18**	**1,15**	**1,07**	**1,09**	**1,03**	**0,87**	**0,90**	**0,93**	**1,03**	**1,08**
Steuern	0,35	0,30	0,26	0,26	0,23	0,18	0,21	0,23	0,28	0,28
Gewinnspanne	**0,84**	**0,85**	**0,81**	**0,83**	**0,80**	**0,69**	**0,69**	**0,70**	**0,76**	**0,80**
Average Assets	582	614	696	793	881	1.008	1.139	1.261	1.424	1.600
Average Capital	41000	42.475	46.112	50.998	56.374	62.492	69.103	75.765	83.349	92.330
Eigenkapitalrendite	18,55	18,69	18,20	19,41	20,18	19,77	20,14	19,81	21,81	22,77
Gesamtkapitalrendite	3,45	3,51	3,45	4,34	5,27	4,25	4,68	4,72	5,45	6,81

ANHANG IV: (FORTSETZUNG)

	1980	1981	1982	1983	1984	1985	1986	1987	1988	1989	1990
Zinserträge	10,00	11,91	11,29	9,58	10,32	9,48	8,39	8,24	8,88	9,87	9,58
Zinsaufwand	6,77	8,74	8,02	6,34	6,97	6,01	5,04	4,88	5,38	6,38	6,13
Bruttozinsspanne	**3,23**	**3,17**	**3,27**	**3,24**	**3,35**	**3,47**	**3,35**	**3,36**	**3,50**	**3,49**	**3,45**
Verwaltungsaufwand	2,63	2,76	2,92	2,95	3,04	3,14	3,18	3,27	3,31	3,36	3,46
Provisionen	0,75	0,90	0,96	1,03	1,09	1,18	1,27	1,40	1,47	1,59	1,65
Bedarfsspanne	*1,88*	*1,86*	*1,96*	*1,92*	*1,95*	*1,96*	*1,92*	*1,88*	*1,84*	*1,77*	*1,81*
Nettozinsspanne	**1,35**	**1,30**	**1,31**	**1,31**	**1,40**	**1,51**	**1,43**	**1,49**	**1,66**	**1,72**	**1,64**
Außerord. Saldo	-0,30	-0,30	-0,42	-0,47	-0,57	-0,61	-0,63	-1,21	-0,52	-0,93	-0,92
Jahresüberschuß	**1,05**	**1,00**	**0,89**	**0,85**	**0,83**	**0,90**	**0,80**	**0,28**	**1,14**	**0,79**	**0,72**
Steuern	0,26	0,24	0,18	0,18	0,19	0,22	0,19	0,18	0,33	0,30	0,23
Gewinnspanne	**0,79**	**0,76**	**0,71**	**0,67**	**0,64**	**0,69**	**0,62**	**0,09**	**0,81**	**0,49**	**0,48**
Average Assets	1.774	1.942	2.111	2.268	2.425	2.619	2.836	2.970	3.065	3.215	3.344
Average Capital	102	113	124	135	147	162	176	181	189	201	212
Eigenkapitalrendite	18,13	17,09	15,05	14,18	13,59	14,52	12,83	4,41	18,08	12,44	11,00
Gesamtkapitalrendite	7,82	9,74	8,90	7,19	7,80	6,90	5,83	5,15	6,50	7,16	6,83

Quelle: Federal Deposit Insurance Corporation